大学生
心理健康教育
教师用书

手把手教你打造
体验式课堂

申子姣 夏翠翠 主编

宗敏 涂翠平 副主编

人民邮电出版社
北京

图书在版编目（CIP）数据

大学生心理健康教育教师用书：手把手教你打造体验式课堂 / 申子姣，夏翠翠主编. -- 北京：人民邮电出版社，2023.1
ISBN 978-7-115-60352-4

Ⅰ. ①大… Ⅱ. ①申… ②夏… Ⅲ. ①大学生－心理健康－健康教育－高等学校－教学参考资料 Ⅳ. ①G444

中国版本图书馆CIP数据核字(2022)第201042号

内 容 提 要

本书是为了帮助高等院校心理健康教育课程的授课教师提升教学技能、提升课堂教学质量而编写的。全书共三部分，包括如何更好地发挥本书的价值、大学生心理健康教育课程设计和多元化教学设计及课程建设。第一部分从积极心理学指导下的教学理念、开展教学设计的思路、提高教学效果的方法与技巧以及心理健康教育教学队伍建设的建议几方面介绍如何更好地发挥本书的价值。第二部分介绍十七堂课的课程设计，包括课程导学及班级团队建设、大学生心理健康、大学生健全自我意识塑造、大学生人格发展与心理健康、大学生学习心理、生涯规划与大学生活设计、大学生的人际关系（含两堂课）、大学生健康恋爱及性心理的培养（含两堂课）、大学生情绪管理（含两堂课）、大学生压力管理与挫折应对、心理咨询、大学生常见精神障碍及应对、大学生生命教育与心理危机应对和学期收获盘点。第三部分介绍常用主题的课程设计、视频教学及设计思路、案例教学及设计思路、课前调研及示例、服务学生课程准备的材料及助教管理的经验与方法，并对教师教学推荐了相关资源。

本书适合作为高校大学生心理健康教育课程的教师用书，也可以作为思想政治工作者、学生工作者和辅导员辅导大学生成长与发展的参考用书。

- ◆ 主　编　申子姣　夏翠翠
　　副主编　宗　敏　涂翠平
　　责任编辑　孙　澍
　　责任印制　王　郁　陈　犇
- ◆ 人民邮电出版社出版发行　　北京市丰台区成寿寺路 11 号
　　邮编　100164　　电子邮件　315@ptpress.com.cn
　　网址　https://www.ptpress.com.cn
　　北京七彩京通数码快印有限公司印刷
- ◆ 开本：787×1092　1/16
　　印张：12.5　　　　　　　　2023 年 1 月第 1 版
　　字数：312 千字　　　　　　2025 年 7 月北京第 5 次印刷

定价：59.80 元

读者服务热线：(010)81055256　印装质量热线：(010)81055316
反盗版热线：(010)81055315

党的十九大报告明确指出，要"加强社会心理服务体系建设，培育自尊自信、理性平和、积极向上的社会心态"。《健康中国行动（2019—2030年）》更是把人民的身心健康提升到国家战略层面。大学生作为国家的栋梁，其身心健康的水平对国家未来的发展具有深远的影响。在学生"三观"（世界观、人生观、价值观）形成的重要时期，高校利用课堂教学渠道进行的心理健康教育工作，决定着学生当前及未来相当长一段时间的心理健康整体水平。教育部办公厅2011年印发的《普通高等学校学生心理健康教育课程教学基本要求》将高校学生心理健康教育课程的性质精准地确定为"集知识传授、心理体验与行为训练为一体的公共课程"，并进一步全面明确了教学目标和主要教学内容。

在具体落实教育部相关要求的过程中，高校学生心理健康教育仍然存在着许多问题与不足，想要真正打造这样"三位一体"的课程非常不容易，最大的难点是心理健康教育队伍的建设。许多高校的心理健康教育课程由非心理学背景的教师授课，在缺少足够知识储备的背景下，教学内容的专业性较为欠缺，深度不够，教师自身的教学信心也易受打击。即使是专业的心理健康教育教师，在教学过程中也面临诸多问题和挑战：如果教师单纯重视知识传授，不注重互动性，则无法满足学生情感和技能上的需求；如果教师过于重视营造活泼的教学氛围，每堂课都开展一系列游戏活动，这样虽然可以带给学生诸多欢乐，但少了深入的复盘和反思，学生实际的收获会非常有限；有的教师因为工作繁忙，备课时间有限，课件更新较慢，课程内容的时效性较差，案例与学生所处时代相距甚远，对学生来说，迁移应用难度较大，对行为的改变促进作用也不足。如何突破传统的教学模式，创新教学设计形式，提升教师的授课信心和能力，实现高校学生心理健康教育课程的教学目标，成了亟待解决的问题。

为了有效提升高校学生心理健康水平，北京师范大学党委学生工作部心理健康教育与咨询中心副研究员夏翠翠主编了教材《大学生心理健康教育》，该书的第1版和第2版有幸被全国上百所高校使用，获得了广大师生的充分肯定。为了进一步提升教材品质，更好地服务广大师生，该书第3版在第2版的基础上进行了全方位、精细化的修订：（1）更新了理论和知识点，加入脑科学的最新理论与研究成果，注重身心一体的健康理念；（2）增加了心理自测的内容，帮助学生更全面地了解自己；（3）增加了素质拓展和思想引领内容，以更好地发挥心理健康教育的积极作用；（4）深化和扩展了心理咨询和精神障碍的内容，进一步增加学生对常见心理问题与求助方式的知识储备。改版后的教材内容新颖、案例丰富、知识立体、形式多样，能够充分激发学生的阅读兴趣，满足学生对知识的需求，还能被用作"自助手册"，以增加学生对自己的理解，全面提升学生的心理素养。

但仅有优质的教材是不够的，教师如何教，仍需要更多的引领、示范和支持。为了帮助高校的心理健康教育教师提高教学技能，提高心理健康教育课程的教学质量，我们基于北京师范大学30多年来的心理健康教育教学实践和"心教练"团队[1]的队伍建设经验，历经了数十次大小规模的讨论，总结编写了这本与夏翠翠主编的《大学生心理健康教育（慕课版 第3版）》教材相配套的教师用书，细致而全面地给出"集知识传授、心理体验与行为训练为一体的公共课程"的教学样例，并针对心理健康教育课程建设过程中常见的痛点、难点给出我们的解决方案。针对每个部分涉及的主题，我们都仔细地梳理和打磨课程目标与逻辑，采用互动体验式课程设计，为学生创造丰富多元的心理体验机会，帮助学生在活动的开展、复盘、交流、分享、实践、总结中夯实核心知识，在课后实际行动中开展行为训练，从而进一步获得积极心理体验，形成良性循环。同时，我们还给出了心理健康教育教学队伍建设的建议，为来自不同专业、拥有不同教学经验的辅导员提供新的职业发展思路，帮助更多任课教师上好心理健康教育课程。本书提供的教学设计有以下亮点。

（一）目标清晰，重点难点突出

每一课的设计都基于核心的教学目标，设定了清晰的逻辑主线。每个活动都有特定的设计意图和需要讲解的核心知识点，大大降低了教师对教材大量知识点进行筛选和整合的难度。教学过程的设计充分结合学生生活实际，高效利用课堂教学时间，把关键问题讲深、讲透，以促进学生的深度改变。

（二）通道多元，促进知识获得

每一课都为学生提供了从多个维度感知核心知识点的机会。学生在活动中对核心知识点有了多维度的感知后，先通过分享和交流对知识进行初步概括，再听取教师结合教材进行的讲解，从而会更加深入地理解这些核心知识，产生更为深刻的印象，也更容易把"知道"转化为"做到"。

（三）构思精巧，课堂体验性强

每一课的设计都是环环相扣的，每一个活动都承载着丰富的意图，兼具承上启下的功能，在逻辑上深入浅出地引导学生提升心理素质。活动设计追求高度的体验性，不论是大班教学还是小班教学都可以采用。课堂上不只有思想的交锋，还有情感的碰撞，能让学生拥有"走心"体验。

（四）以小见大，促进行为改变

课程设计的以小见大体现为3个方面：一是通过教学过程的精心设计，帮助学生把在课堂活动中微小的体验与实际生活中的行为模式相关联，促进学生对自己的觉察和理解，激发改变的动力；二是借由布置行动作业环节，布置花小力气就能完成的任务，引发学生大的改变；三是借由课程思政模块，将课堂上个人的学习收获提升到国家与民族需要的层面。

（五）示例丰富，极具可操作性

每个活动都设计了指导语参考，以避免教师心里明白但说不清楚的尴尬；对于容易出现问题、可以变通的地方都给出了注意事项作为提醒，对于常见问题也给出了示例和解答，具有很强的可操作性。

（六）春风化雨，"育心""育德"统一

每一课都结合国家和时代的需求，提出了融合心理健康教育方针政策的背景、方向与落脚

---

[1] 北京师范大学为满足学生对心理健康教育的需求，搭建高质量的课程体系，提升心理健康教育课程教学质量，于2013年年初组建了"心教练"团队，专门承担心理健康教育必修和选修课程的教学工作。团队成员由心理咨询中心的人员及各院系对心理健康教育课程教学感兴趣的辅导员组成，基于积极心理学和中华优秀传统文化的理念，运用个体心理辅导和团体心理辅导的技术，开展心理健康教育课程教学。经过近10年的探索与实践，"心教练"团队建立了一套比较稳定、高效的培养机制，培养了一批能够有效完成心理健康教育通识课程教学的师资队伍。

点，给教师指明了以小见大地开展思想政治教育的切入点，精心整理了可体现价值理念及精神追求的小故事，便于教师对课程进行总结时讲解引用，以润物细无声的方式达到心理育人的目的。

本书由申子姣、夏翠翠任主编，宗敏、涂翠平任副主编。两位主编经过反复讨论，确定本书编写的立意、原则，拟定全书的框架、体例及各章的主要内容。本书一共包括三个部分：第一部分为如何更好地发挥本书的价值，第二部分为大学生心理健康教育课程设计，第三部分为多元化教学设计及课程建设。本书第一部分和第二部分中关于课程导学、自我意识、人际关系、恋爱及性心理、情绪管理、压力管理与挫折应对、总结课的内容，以及第三部分的一、四、五、六由申子姣主笔；第二部分关于心理健康概述、人格发展、学习心理、生涯规划、心理咨询、精神障碍、生命教育的内容；第三部分的二、三、七由夏翠翠主笔。本书初稿完成后，由宗敏和涂翠平两位副主编结合配套教材编写的原则及经验，进一步补充完善了课程思政小故事和备选活动的相关内容，并为全书的编写提供了有益的意见及建议。全书由申子姣和夏翠翠共同完成统稿。

本书的教学设计与补充材料包含北京师范大学"心教练"团队授课教师的经验与智慧，在此感谢聂振伟、陆晓娅、杨眉、熊汉忠、陈清文、陈飞星研发的专项课程与教学设计对本书编写的启发，尤其要感谢承担了大学心理课程教学任务，不断优化教学设计，经常参与备课讨论，为本书的编写提供了丰富的思路与素材的教师们，他们是宋振韶、胡志峰、张英俊、张蔚、史佳鑫、黄利、王瑞敏、李晓雪、吕晓慧、姜云君、倪佳琪、王颖、祁雪晶、孙舒平、刘卫荣、苏静、郭智芳、殷实、徐河、刘芳南、李妍君、林小群、王秀丽、崔艳丽、邱化民、张新颖、杜静、毛燕、魏炜、潘珊珊、郭晓川、贾思远、张翼飞、杨晨。还要特别感谢的是"心教练"团队的历任团长——廖文婷、杨一鸣、成鸣、苏选艳，他们四位带领和组织近百名助教，为课程建设贡献了重要的力量。

作　者
2022年5月

目录

CONTENTS

第一部分　如何更好地发挥本书的价值

第二部分　大学生心理健康教育课程设计

第三部分　多元化教学设计及课程建设

第一部分

如何更好地发挥本书的价值

高校学生心理健康教育课程是集知识传授、心理体验和行为训练为一体的公共课程。教师需要注重理论联系实际，可以运用体验式教学的方式充分调动学生参与的积极性，培养学生的实际应用能力。为了尽可能达到这样的目标，本书基于"心教练"团队多年的实践经验，针对教学中常见的痛点和难点问题，给出了一种充分运用教师和学生自身的积极资源提升教学效果的示例。考虑到心理测验的实施需要教师接受专业的培训、遵守专业伦理，视频素材涉及版权问题，因而本书第二部分没有采用视频教学和心理测试教学的设计，有专业胜任力的教师可以灵活应用本书配套的主教材中提供的心理测试素材帮助学生增加对自身的了解。本书第三部分将对视频教学及其设计思路进行介绍。

在第一部分，我们首先介绍本书课程设计背后的教学理念，然后介绍开展教学设计的思路，并提供有助于提高教学效果的方法和技巧供教师参考，最后给出心理健康教育教学队伍建设的建议。

 # 积极心理学指导下的教学理念

我们认为，高校学生心理健康教育不是针对"健康"或"不健康"的教育，而是针对学生这个"人"的教育。做好心理健康教育工作，高校需要依靠的不是"教师"这个角色，而是承担教学任务的"人"。

（一）教师应如何看待学生

教师首先应意识到，必修课的教学对象是全体学生，他们整体的心理健康水平是达标的，有心理问题或潜在心理危机的学生只占少数。相较于心理咨询和心理干预，教师要做的是预防心理问题和促进心理健康发展的工作。

我们鼓励教师以积极的视角看待学生，相信每个学生都有足够的积极正向的经验。当学生真的遇到一些外在的困扰，或者表现出一定的行为问题时，教师要相信学生本身不是问题，相信学生在遇到问题时拥有充足的可以解决问题的积极资源。

基于这种对学生的认识，教师在整个教学过程中都要以好奇的态度对待学生的表现，不随意给学生贴负面的标签；要充分挖掘学生积极正向的经验，相信他们可以给出超越自身认知的答案；要与学生建立平等的互动关系，营造更包容、更多元的课堂氛围，不把自己当成唯一正确的权威，开放地面对学生的质疑和挑战，信任学生的思维能力和创造能力，虚心向学生学习，以更加开放的心态做到教学相长。

（二）教师应如何看待自己

我们认为，要想上好心理健康教育这门课，最重要的是教师本身要有相对成熟的人格和相对健康的心理状态，关心学生的感受，对学生有好奇心。在此基础上，教师还需要掌握教材涉及的心理学知识，能够运用心理辅导的核心技术，在课堂上灵活满足学生临时性的知识和技能需求。

就像相信学生拥有足够的积极正向的经验一样，教师也应相信自己拥有所需的一切内在资源以成功应对教学中的挑战。无论外向还是内敛，无论善于演讲输出还是善于提问倾听，无论是否拥有心理学专业的学历背景，无论是专职的心理健康教师还是院系的辅导员、班主任，教师在教学过程中都具有不同的优势，都可以带给学生丰富的体验。大量实践发现，热衷于心理健康教学、认真备课、真诚对待学生的辅导员们收获的评教得分经常超过学校的专职心理咨询师，有的还被学生称为最喜欢的"心理老师"。很多学生在社交媒体上公开表达对讲授心理健康教育课程的辅导员的欣赏和喜爱。

我们鼓励教师在正视、接纳和提升自己的不足之外，更多地关注自己的优势。比如，专职心理咨询师有更丰富的理论功底与带领技巧，辅导员则掌握了学生日常生活中丰富的案例，对自己学院学生的现实情况有更多了解，也有更方便介入的工作机制、更丰富的支持资源。因此，在遇到问题和困难时，教师要多思考如何解决问题，而不只是找自身的错误或不足，陷入自责和愧疚的漩涡。

（三）教师应如何看待教学效果

我们认为，在心理健康教育的课堂上，学生在认知、情感、行为上的改变不是靠教师单纯输送既定的知识"教"出来的，而是靠教师自身呈现出来的生命状态"影响"出来的。就像研究发现的"孩子会成为怎样的人，更多取决于父母是怎样的人，而不是父母做了什么"一样，教师是怎样的人可能比教师讲了什么更重要。

我们希望教师树立对自己教学的信心。这种信心并不重点体现在专业知识的积累上，而是体现在自己对学生的了解和贴近以及课程设计的科学性上。当代大学生对心理健康的关注程度比以往任何一个时期都要高，作为"互联网的原住民"，他们有异常丰富的知识获取途径，看过很多书和文章，懂得很多心理学的原理，但苦于"知道却做不到"。若单论知识讲解的生动性，绝大多数授课教师都拼不过那些"网红博主""知名UP主"或阅读量"10W+的撰稿人"，但在教室中进行的线下交流与互动是网络途径没有的，这是教师发挥独特作用的主场。心理健康教育课堂还必须有"心"元素，即情绪或情感体验、人与人之间真诚的互动和交流。运用本书提供的互动体验式课程设计，教师可以激发学生的情绪及情感体验。教师通过课堂上与学生的互动，促进学生将感性体验与理性思考相结合，最终引导学生将所学用于生活的具体实践中，从而达到增强学生心理调节能力、促进学生身心和谐发展的教学目标。我们在前期进行的大量教学实践中，收获了许多学生对互动式体验课堂非常积极的反馈。

二 开展教学设计的思路

本书对写作体例进行了精心的设计，每个设计的背后都有诸多细致的考量，凝聚着编者多年一线教学实践的经验和智慧。在这里我们对设计思路进行介绍，使大家理解我们设计的初衷，帮助大家更好地结合本校学生的实际情况调整具体的教学细节。

在课程设计上，我们特意安排了用于建立"师生工作同盟"的课程导学，以及包含回顾和告别要素的总结课，体现出对师生关系、生生关系和小组教学共同体的重视。同时，我们还在第三部分提供了"大学新生的适应与发展""营建良好的宿舍关系""原生家庭与个人成长"等大学生比较关注的教学主题的设计实例。在每课的设计上，我们都先提炼出教学目的和教学内容，明确设计的出发点和方向，重视学生的体验性和活动后的反思过程。我们在教学设计中，把每个活动和素材用深、用透，一环扣一环地引导学生借助课堂活动，达到使学生能够结合自身体验思考理论内容的教学目标。

（一）教学目的统领设计主线

第二部分每课的教学目的和教学内容都经历了数次讨论和打磨，后续的活动设计和具体引导紧紧围绕它们展开。每课的内容都非常丰富，如果教师想要面面俱到就必然讲授比例过重，浮于表面。因此，我们把教学重点和难点确定在学生最需要的能力提升上，进而确定核心知识点。为避免重复，本书对知识点的描述比较简略。比如学习心理这一课，我们将学生可以通过自主阅读教材达到的目标全部略过，将重点放在"成长型心理模式"上。学生很容易理解该心理模式，但是真正培养学生的该心理模式是不容易的，我们就需要在课堂上通过精巧的设计帮助学生找到并发展自己的成长型心理模式。再比如心理咨询这一课，如果教师不是心理咨询师，很难在理论上讲得深入全面，学生读完教材就可以知道心理咨询是自己在遇到困难时可以求助的专业力量，而教师在课堂上的重点则是帮助学生在心理咨询核心理念的指导下，提升自我觉察和心理保健的能力。

（二）教学过程环环相扣，层层深入

我们在本书第二部分甄选了兼顾大班和小班的教学需求，贴近学生实际，实操难度不大的活动。在形式上，除了小组讨论与分享外，我们还在书中穿插了现场阅读、肢体练习、纸笔练习、绘画涂鸦、社会计量、冥想体验、角色扮演等多种栏目，以提升学生兴趣。

为了尽量接近理想的课堂效果，我们细致地打磨了参考指导语，贴近学生当下的体验，设计过程性问题，引导学生回顾活动过程中事件的具体信息，帮助学生关注自身在认知、情绪、躯体、动作层面上的反应线索，促使学生进一步了解自己。活动完成后明确教师应总结的要点，进行理论高度提升与实际应用。整个活动过程中应该注意的要点、需要规避的问题以及可以结合学生情况灵活调整的方法，我们都列在注意事项中。我们还提供了许多备选活动，以满足更多教学需求。当然，具体总结时，除了我们列举的要点，如何更好地把学生分享的内容进行提炼，就需要教师自主发挥了。

针对视频教学，本书推荐了相关慕课，在第三部分推荐了每堂课可以选用的视频素材，并介绍了视频教学的常用设计流程和注意事项。

（三）行动作业贴切、具体、可行

行动作业都是根据课堂讨论的逻辑设计的，有助于增强学生开展实践活动的兴趣。我们设计了诸如觉察日记、改善人际关系的小实践、专业资源的收集等多种多样的行动作业，操作具体、可行性强，降低了学生的畏难情绪，保障了实际效果。

有的教师不愿给学生布置作业，担心学生有不满情绪，或者加重学生的学习负担。教师应该意识到，布置作业的目的不是增加学生的学习负担，而是提高教学效果，帮助学生进步。有条件的学校可以安排一定的实践学时，专门用于完成行动作业。

三　提高教学效果的方法与技巧

在实际教学工作中，很多方法和技巧可以帮助我们提高教学效果，这些方法与技巧背后都有心理学理论的指导，且已经广泛被运用于本书课程设计的过程中。在这里，我们按照教学过程对这些方法和技巧进行整体梳理并补充设计思路，供各位教师在结合第二部分具体课程设计开展教学实践时参考。

（一）课前准备阶段

1. 调研学生

建构主义的教学理念更关注学生的主观能力，将调研和满足学生的需求视为教学设计中至关重要的部分。以往的研究发现，学生对课程的需求是否得到满足会直接影响他们的学习动机和学习效率。充分调研学生的需求有助于教师更准确地进行备课，更好地应对课堂上的意外状况。

在课程开始前，教师就可以调研学生的学习动机、课程期待和课程困惑，以便选择更贴合学生需求的授课形式与内容。教师也可以选择在每周上课前，结合课程设计开展更具体的调研，节约课上临时调研的时间。

2. 自我准备

有了可参考的教学设计后，对教学效果影响最大的是教师自身的状态。想要上好一堂课，教师首先要有意识地进行自我准备，主要包括以下两个方面。

一是长期的能力准备，包括有意识地阅读心理健康教育的参考书目以提升自己的知识储备，积极参加备课等与教研相关的活动以提升自己的教学能力，有意识地提升自我觉察的能力，完善自己的人格等。

二是课前的状态准备，包括选择恰当的服饰妆容，以饱满的热情迎接教学工作；充分熟悉PPT课件的内容和教学流程，备好教学材料，做到心中有数；通过自我暗示提升信心，呈现自己最好的状态。如果担心准备的内容过多，可以提前明确最核心的教学目标并尽力达成，做好讲不完的准备；如果担心自己准备的内容不够，可以提前备好富余的内容。总之，不打无准备之仗。

3. 场地准备

对心理健康教育课程而言，场地会对师生关系、小组关系的建立产生影响，因此教师可以有意识地布置场地，安排助教提前将黑板擦净，播放暖场音乐，甚至进行一些心理课的特别布置。比如可以为每位学生准备一个信封和一张卡片，在每次课前带到教室，请大家自愿在卡片上填写欣赏、肯定某位同学的话语，塞到信封中；可以把提前做的调研结果打印出来贴在教室门上，供学生了解；还可以在课前播放与课程主题相关的暖场视频或PPT，以形成心理课的特殊氛围，帮助学生建立心理上的仪式感。

（二）课上教学阶段

1. 把握好学生的情感状态

从整个学期的视角来看，学生大多会经历从紧张、生涩、试探，到敢于表达冲突性的观点、提出挑战，再到相互信任、团队共创，最后到感情深厚、不舍分离这几个阶段。教师需要在各个阶段帮助学生向下个阶段发展，例如在开始的紧张、试探阶段有意识地营造接纳、开放、包容的氛围，鼓励学生多表达，少做评判或总结性回应；在冲突和挑战阶段保持接纳和稳定，鼓励学生多表达其观点背后的思考和理由，促进深度交流；在团队共创阶段，给学生更多交流分享的机会，避免过度干预；在最后的分离阶段，给学生表达情绪的机会。

从每周2个课时的视角来看，教师要注意学生的情绪状态。在活动开始前，教师要起带领作用，利用热身活动来热场，帮助学生进一步做好活动准备；在活动进行阶段，学生情绪高涨甚至偏浮躁时，教师要能通过对学生情绪、想法、内在心理活动的提问，帮助学生冷静下来并体验和觉察内心；在深化和分享阶段，教师需要激发学生学习和改变的热情，留下意味深长的结尾。

2. 充分调动学生参与课堂的积极性

调动学生参与课堂的积极性的最好方式是设置能够引发学生兴趣、与学生平时的生活息息相关、学生又不那么熟悉的活动和内容。因为不同高校的学生差异极大，所以教师不能单纯依赖本书的设计，需要在本书的基础上补充与自己的学生更为匹配的案例，安排更贴合自己学生的讨论话题。教师要注意讲解和活动穿插进行，为学生安排不同的参与形式。

教师也可以灵活设置规则及强化手段，保障学生参与，例如要求学生在课堂上不能使用手机和计算机，不能看与课程无关的书；或设置丰富的加分奖励机制，给予得分高的个人或小组额外的展示机会和更多为班级做贡献的机会。

教师要有意识地观察学生的参与情况，对课程做出及时的调整。例如通过学生的眼神（回避、闪烁、迎视、空洞）、姿态（端正、趴着）、动作（做小动作、记笔记）、声音（积极回应、小声敷衍）等线索，判断学生注意力是否集中。教师也可以走到学生身边暗示其保持注意力，或者随机点名提问。

如果有可能，教师要有意识地训练自己表达的生动性及感染力，避免用平淡无味的方式讲话，而要结合面部表情和语音语调的变化，配合肢体语言，更生动地与学生交流，调动学生的情绪。

3. 巧用互动控制课堂节奏

课堂节奏对教学效果的影响是巨大的，我们在设计时主要是基于互动来把控课堂节奏的。互动形式是非常多元的，包括教师与学生之间的互动、学生与学生之间的互动、人与情境的互动等，这些互动会从不同的层面促进学生相互学习和启发。教师在互动时，首先要明确互动的目标是什么，吸引注意、调整氛围、还是设置悬念，这就决定了互动时机和模式的选择，例如，互动在开场阶段、转场阶段、还是在遇到分歧和困惑的时候进行，师生互动还是生生互动，用语言互动还是用肢体互动。教师还要注意，在互动结束时，别忘了表达欣赏与感谢并回到教学主线。

4. 灵活应对课堂上的意外状况

意外状况是教学中会经常遇到的，教师要在备课时就设想可能出现的意外状况，并提前做好准备，这样才能在发生意外状况时保持镇定，把控好教学节奏，赢得学生的尊重。

当面对学生的质疑和挑战时，教师首先要保持情绪的稳定，面带微笑地确认学生质疑或挑战的具体内容是什么，也可以询问其他学生的意见以进一步核查，不必急于给出答案，而应多问一问提问的学生，他觉得应该采用怎样的方式来调整教学、改进这个问题。在整个确认与核查的过程中，教师可以更清晰地了解问题的关键，有足够的时间做出回应的准备。教师如果确实存在不足或错误，就应坦然承认，给学生做出真诚的表率。如果学生的建议确实更具可行性，那么教师就应真诚地表达对学生的欣赏和感谢，并在接下来的课程设计中予以完善。如果学生的质疑不具建设性，那么教师要注意关注这个学生真正的需求并简要给予回应，从而化解冲突，回到教学主线。

当学生提出超出教师知识面的问题时，教师首先要表现出欣赏学生的好奇心，赞扬其能提出一个好问题，如果时间有限，问题也比较偏离主题，不妨直接承认自己确实不太了解相关的情况，鼓励学生课后自主查询相关的信息，或课后再与自己深入交流。如果学生的提问与主题相关，也有一定的价值，教师可以借助团体的力量，邀请班级其他同学给出一些答案，教师只需进行简要的总结即可。如果想要更深入地帮助学生，教师可以探寻一下学生问这个问题的原因，这样也许可以绕过知识性的答案本身，直接从原因层面给予更有价值的回应。

当提问遭遇冷场时，教师首先要反思自己的提问是不是太抽象或宽泛，导致学生不知道该如何回答，若是则应修改提问的方式，问得更具体一些，比如把开放式问题换成封闭式问题，这样学生就能给出回应了。如果学生只是因为不好意思或害怕说错而不敢回答，那么教师可以表明答案没有对错，只有视角的不同，鼓励学生积极回答。如果学生仍然不愿回答，可以指定学生回答，开启互动的形式，或者运用沉默技巧，直到有人愿意打破沉默主动回答问题为止。需要提醒的是，教师要结合学生具体的课堂表现，判断学生是否对课程内容感兴趣，若学生整体反响达不到预期，也可以将讨论的话题转到课程内容上来，与学生共同讨论接下来要讲解的内容。

当学生的发言过长，其他学生表现出不耐烦时，教师要及时、有策略地打断学生的发言，保障更多学生的课堂参与度。打断的方式很多，比如教师可以态度温和地直接表达"我需要打断你一下"，然后请学生更为简短地表达核心的思想，或者帮助学生总结刚才表达的核心内容，或以提问的方式引导学生将余下的还没表达的核心观点讲出来。如果学生的表达正在情绪的历程当中，比如声情并茂地细致讲述着自己的故事，教师在打断前可以先做共情的工作，然后再鼓励学生发表核心的观点。

当学生在活动中有激烈的情绪表现，甚至有离开座位的冲动时，教师可以在安排好其他学生需要完成的任务后，走到该学生面前更细致地了解情况，并进行简要的安抚。要注意不要因为个别学生而影响整个班级的教学进程，如果安抚所需的时间比较长，也可以安排助教进行陪护。

教师要有意识地在课前就准备好第二套方案，以保障自己在设备发生故障时也可以继续讲授。比如提前打印好PPT做提示，或者请助教把PPT的相关内容发送到学生群中，或者对刚刚所讲的内容进行小结、设置小组讨论、课堂分享，然后请助教尽快请技术人员前来解决故障。切记不要花费太多时间亲自排除故障，而要推动课程按既定节奏继续进行。

（三）课后实践阶段

1. 设置课后反馈

在每次课程结束后，教师应邀请学生匿名填写一份调研问卷（示例参见本书第三部分），内容包括对本次课程设计的评分、最喜欢的环节、对本次课程主题的困惑及对课程和教师的建议等。课后收获与反馈调研不仅能帮助教师了解课程的总体效果和组织课程的有效方式，还能帮助学生梳理并内化所学内容，其中对课程和教师的建议还能帮助教师改进课程设计，对本次课程主题的困惑则可以通过教师推荐相关的课外阅读材料予以补充解答。

在整个学期的课程结束时，教师需通过调研来收集学生对整个学期课程的反馈。调研内容包括对整个学期的课程内容和教学的评价、本课程主题中收获最大的是哪几个、对教师及助教的建议等。填写问卷的过程可以帮助学生巩固本学期的所学所得，夯实在课程中的收获。调研结果也是课程评估的重要依据和教师进行下轮课程准备的重要参考。

2. 利用好网络平台

为方便教学信息的及时传达，补充阅读材料的及时分享，建议由助教提前建立班级群，鼓励学生将课上练习及行动作业的结果和感受分享到班级群中，延续课堂重点知识的讨论。同时，学生如果遇到与课程教学主题相关的困惑也可以发到群中，教师应鼓励其他学生以实名或匿名的方式，给予观点上的反馈、情感上的支持或行动上的建议，最后教师或助教进行梳理和总结，帮助学生学以致用。

四 心理健康教育教学队伍建设的建议

要想保障心理健康教育课程有好的教学效果，就需要加强心理健康教育教学队伍建设。本书主编申子姣老师目前主要负责北京师范大学心理健康教育课程建设的工作，且作为"心教练"团队的负责人，每周开展集体学习、备课、磨课，有效提升了"心教练"团队教师的互动式授课技能和实践技能。"心教练"团队的辅导员们教授的形势与政策课、心理健康教育课和主题班会课，都取得了良好的效果，学生的参与度和满意度大幅提升。经过数年的探索，"心教练"团队建立了一套比较稳定、高效的培养机制，培养了一批能够有效达成心理健康教育课程教学目的的教学骨干，可以为高校心理健康教育教学队伍的培养提供借鉴。各高校心理健康教育课程建设的负责人也可以借助本书开展教学队伍的建设工作。

（一）统一教学理念，增强成员的价值感和归属感

我们在实践过程中发现，课程建设过程中培训和备课的风格会直接影响教学队伍中成员的教学风格，就像"心理咨询"与"咨询督导"中会存在"平行过程"一样。当培训与备课的风格可以有效达成知识传授、心理体验与行为训练"三位一体"的效果时，经培训上岗的教师也更容易结合自己的体验，开展集知识传授、心理体验与行为训练为一体的课程。同时，因为心理健康教育课程特别需要教师有意识地营造出支持、接纳、鼓励表达与分享的安全氛围，所以教学团队的组织者也需要特别重视对教师的支持、鼓励和认可，给予教师一定的发挥与创造的空间。

因此，团队组织者需在团队中普及积极心理学视角下的教学理念，重视教师自身的心理健康及心理需求，为教师提供减压、交流、解决工作生活中具体困惑的机会，帮助教师提升心理健康水平。邀请新教师旁听成熟教师的课程，邀请收获较多学生好评的教师分享感悟与经验，进而提升成熟教师的价值感和新教师的教学信心。

（二）定期开展集体备课，提升教学能力

团队组织者应定期带领教师进行集体备课。下面提供几种可结合本书开展备课的形式。

一是将本书中的任何一个活动单独拿出来做演练，每次选两位教师作为带领者按照书中的介绍模拟教学过程，其他教师扮演学生，在直接体验活动的同时挑战带领者，给带领者出难题，带领者则需要尽力推进活动的顺利开展。两轮扮演结束后，集体研讨模拟教学过程中发生的事件，先欣赏带领者有哪些做得好的地方，再共同提出进一步完善的方案，这样大家会有非常丰富的收获。

二是所有教师分别阅读教材中的核心知识点，尝试结合以往教学经验提出一个体验式活动的设计，再结合本书的设计样例进行对比和优化。

三是在参照本书完成实际课堂教学后，教师在备课会上分享自己的授课过程及遇到的困惑与挑战，结合本书第一部分讲到的理念、原则，彼此给予反馈和支持。

四是参考本书提及的核心知识点，举办知识分享型的讨论会，与会教师共同收集一些与讲授内容相关的知识、案例进行分享和讨论，尤其注意讨论这些收集到的知识、案例如何应用于自己的学习、工作与生活。这种学以致用的讨论方式，有助于培养教师在课堂上随时引导学生学以致用的能力。

五是运用本书中提及的核心教学技能，如在事实层面、感受层面和模式层面进行提问引导，运用团体的智慧解决个人的困惑等技能，进行拓展学习与演练。由一位参会者扮演教师，其他教师扮演学生，教师拿出自己在教学工作中遇到的困难案例，开展现场讨论，致力于解决问题。

第二部分

大学生心理健康教育课程设计

　　本书提及的大学生心理健康教育课程以2学分、34学时、每课2学时为基础进行设计。对于大学生比较关注的几个主题（人际关系、恋爱及性心理、情绪管理）的课程设计为4学时，其他主题的课程设计为2学时。教师可以根据本校的教学要求在此基础上自行调整。

第一课

课程导学及班级团队建设

📝 教学目的

1. 师生相互认识，建立开放、接纳、相互信任的班级氛围，建立师生心理联结感。
2. 通过小组团建，促进小组成员相互熟识，形成学习型小组氛围。
3. 帮助学生了解课程的基本内容及规则，形成理性的课程期待，并做出学习承诺。

🔷 教学内容

1. 课前发放彩纸并引导学生抽取数字纸条——分组准备（建议课前5分钟）。
2. 教师的自我介绍——增强师生情感连接（建议时长5分钟）。
3. 课程内容及授课形式介绍——管理学生预期（建议时长15分钟）。
4. 学生制作名签并自我介绍——让学生的生命在场（建议时长30分钟）。
5. 寻找有缘人——学生分组团建（建议时长40分钟）。
6. 布置行动作业——促进组内情感连接（建议时长5分钟）。
7. 教师总结（建议时长5分钟）。

✎ 教学重点和难点

教学重点：授课教师、课堂内容及规则的介绍，分组。
教学难点：课堂规则的形成及遵守，小组团建。

⏱ 材料准备

A4彩纸（每人一张，颜色数量与组数一致，颜色不要太深，以方便看清字迹）、海报纸（每组一张）、数字纸条（每人一张，分别写上从1至学生总人数的数字）、水彩笔或油画棒（每组一至两套）。

活动一　　课前发放彩纸并引导学生抽取数字纸条——分组准备

这一课不涉及具体的知识点，重点在于营造有利于吸收知识点的氛围，为后续开展互动打下良好的基础。对于20人以上的班级而言，分组开展活动是拉近彼此距离、促进课堂投入、相互激发成长非常有效的手段。所以教师在课前按每组6~8人对学生进行分组，可规定选择同一种颜色彩纸的学生为一个小组。若班级人数较多，彩纸颜色有限，则教师可将选择同一种颜色的彩纸的学生按编号排序，再依序分为多个小组。所以，教师和助教需提前进入教室做准备，待学生进入教室时，邀请每人挑一张喜欢的颜色的彩纸，人数过多时，请学生同时抽取一张数字纸条备用。

活动二　教师的自我介绍——增强师生情感连接

1. 设计意图

在知识讲授型课堂上，学生可能不需要太了解教师，因为需要学习的客观知识不会因为教师不同而发生太大的变化。但在心理健康教育的课堂上，教师的观点和视角会通过个人的三观和经历影响学生的心理健康与发展。就像在心理咨询过程中，心理咨询师与来访者建立的咨访同盟是影响心理咨询效果的重要影响因素。在以成长为导向的心理健康教育课程中，教师加强与学生的情感连接，建立良好的师生关系，会对教学过程有非常大的促进作用，甚至会对课程效果产生决定性的作用，因此教师的自我介绍环节非常重要。教师要通过真诚而全面的自我介绍，给学生留下真诚、开放、包容、接纳、积极乐观、愿意自我改变和自我成长等积极的示范性印象；教师所分享内容的维度和深度，也在为学生示范其可在今后的课堂上分享内容的维度和深度。一个精心准备的自我介绍，会让学生感受到教师为了上好这门课有多么用心，进而使学生更加用心地倾听和体验这门课。

2. 指导语参考

大家好！欢迎来到大学生心理健康教育的课堂。在我们开始正式的课程讲解前，我想先向大家介绍一下我自己，让大家了解一下是怎样的一个人会陪着大家一起走过这段心理成长的旅程。我叫申子姣，这个名字是我的爷爷给我起的，因为我在子时出生，并且我的爷爷希望我是个可爱的女孩子。我曾经不太喜欢这个名字，因为常常被人起像"饺子"这样的外号。但我现在觉得，这个名字也挺好，因为"姣"字很少见，所以重名率很低，而且我也越来越喜欢这个字的含义。不知道你喜欢不喜欢你的名字，你又为它赋予了怎样的新意义呢？我平时喜欢通过唱歌、看书、看剧来放松，也在努力保持每周锻炼的习惯，增强自己的身体素质。我在从事这个工作以前，是一个比较自卑、特别在意别人看法的人，后来通过不断学习、成长，开始能够越来越多地在欣赏别人的同时，肯定自己，喜欢自己。我也特别感谢我的专业老师和心理咨询师，在这个过程中为我提供了很多的支持和帮助。我很高兴能有机会来上这门课，因为我特别珍惜跟大家一起交流、相互激发的过程，也常常被同学们所呈现出来的真诚、幽默、智慧所感染和感动。为了上好这门课，我做了很多准备，读了很多相关的参考书，也常向有经验的老师请教，不断地从前几轮的教学中吸取经验。希望大家能够喜欢这门课程，如果对课程有什么意见或建议可以直接向我反馈。

3. 教学过程

以上是一个可参考的示例，教师可以重点围绕以下内容展开自我介绍。

① 名字：名字的由来、与名字相关的有趣的故事、自己给名字赋予的新意义等，以此激发学生对自己名字、自我认同的反思与重构。

② 兴趣爱好：喜欢用什么样的方法体验生活的美好，激发学生关注和发展自己的兴趣爱好，更加热爱生活。

③ 专业背景：接受的教育背景及上好这门课的价值，如果是非心理学专业的教师来教学，也可以向学生传递这样一种观点——不只是学心理学的学生能够保持心理健康，也不只是学心理学的教师才能讲授心理健康教育课程，我们每个人都是自己的"心理健康促进师"。

④ 生命中的关键事件或重要他人：如在升学、比赛、婚恋等重要的事件中遇到的挑战，得到了怎样的帮助，从事件中获得的启发，以此启发学生回顾自己的生命历程，看到重要的人对自己的积极影响，与其产生深刻的联结感。

⑤ 授课原因：教师为什么要上这门课，为了上好这门课做了哪些准备工作，让学生感受到教师对课程的投入和用心，激发学生对教师的尊重，产生对等的投入及学习的动力。

4. 注意事项

① 素材可以图文并茂。可以在PPT上放一些形容自己的关键词，配上个人或家庭的照片、重要场景的照片等，以左右脑相结合的方式给学生留下比较深的印象。

② 自我介绍时要遵循以下原则。

弱化自己的工作职务或头衔。因为本部分的教学目的是拉近与学生的关系，而不是让学生觉得教师很厉害，否则会让学生产生距离感。建议多增加生活化的内容，让学生更多地感受到教师也是一个活生生的人，与自己有很多相似之处。

适度开放。教师的开放程度会奠定课程分享的开放程度。自我介绍与个人的相关度越高，学生越感兴趣，教师就更容易跟学生建立联结。但教师要注意不要在第一次自我介绍时就谈论太隐私的内容，以免学生对进行同样程度的自我暴露产生过大的压力，进而导致退缩。

兼具积极和消极的方面。自我介绍中要有能体现自己优势的方面，也要有不那么"光彩"的方面，从而让自己的形象更真实立体，也能体现出教师对自己的接纳，为学生做好榜样和示范。

把握好时间。自我介绍的时间不宜过长，5分钟左右即可。教师也可以在介绍完准备的内容后，再询问一下学生是否有对自己特别感兴趣的方面，并适当予以回应。同样，教师应注意不必急于回答过于隐私的问题，可以在课程进行到相关主题时再有选择地回答。

活动三 ▶ 课程内容及授课形式介绍——管理学生预期

1. 设计意图

提前收集学生的预期，有助于教师提前了解学生合理及不合理的预期，有助于形成明确的"师生联盟"，帮助学生树立对课程的合理预期，帮助教师根据本班学生的实际需求，明确备课和教学中的侧重方向。

在第一次课上对本门课程讲什么、怎么讲进行整体的介绍，可以达到以下几个目的。①在认知上，帮助学生对课程的内容及形式形成清晰的了解，明确课程的目标及教师和学生的责、权、利，鼓励学生靠阅读教材及相关的课外读物更直接高效地满足对知识的需求，避免学生产生在知识获取上的不合理预期。②在情感上，通过真诚地表达教师的投入及期待，进一步拉近师生的情感距离。③在态度上，帮助学生端正学习态度，分配好自己投入课堂的精力，增加在课堂上的参与度。

2．指导语参考

刚才大家已经通过我的介绍对我有了一定的了解。在向大家介绍课程安排前，我把我在课前做的问卷调研结果向大家呈现一下，我们看一看在同学们的预期中，这门课要讲些什么，我会怎样讲这门课，然后我们一起讨论一下，哪些预期可以直接满足，哪些可以用替代的方式来满足。

3．教学过程

（1）课前调研学生的需求和预期

因为每一个班的学生都有自己独特的需求，所以利用在线问卷收集学生的需求和关心的问题，是有针对性地准备课堂内容、设置讨论问题的重要依据。以下为课前需求调研问卷的示例。

大学生心理健康教育课程课前需求调研问卷

性别：＿＿＿＿＿＿。

年级（年龄）：＿＿＿＿＿＿。

你觉得自己的心理健康水平（1分代表非常不健康，10分代表非常健康）：＿＿＿＿＿＿。

在以下主题中，你有着怎样的困惑，或者最希望教师讲解哪些内容？

① 心理健康概述：＿＿＿＿＿＿＿＿＿＿＿＿＿＿＿＿＿＿＿＿＿＿＿＿＿＿＿＿＿＿＿＿＿＿。

② 自我意识：＿＿＿＿＿＿＿＿＿＿＿＿＿＿＿＿＿＿＿＿＿＿＿＿＿＿＿＿＿＿＿＿＿＿＿。

③ 人格发展：＿＿＿＿＿＿＿＿＿＿＿＿＿＿＿＿＿＿＿＿＿＿＿＿＿＿＿＿＿＿＿＿＿＿＿。

④ 学习心理：＿＿＿＿＿＿＿＿＿＿＿＿＿＿＿＿＿＿＿＿＿＿＿＿＿＿＿＿＿＿＿＿＿＿＿。

⑤ 生涯规划：＿＿＿＿＿＿＿＿＿＿＿＿＿＿＿＿＿＿＿＿＿＿＿＿＿＿＿＿＿＿＿＿＿＿＿。

⑥ 人际关系：＿＿＿＿＿＿＿＿＿＿＿＿＿＿＿＿＿＿＿＿＿＿＿＿＿＿＿＿＿＿＿＿＿＿＿。

⑦ 恋爱及性心理：＿＿＿＿＿＿＿＿＿＿＿＿＿＿＿＿＿＿＿＿＿＿＿＿＿＿＿＿＿＿＿＿＿。

⑧ 情绪管理：＿＿＿＿＿＿＿＿＿＿＿＿＿＿＿＿＿＿＿＿＿＿＿＿＿＿＿＿＿＿＿＿＿＿＿。

⑨ 压力管理与挫折应对：＿＿＿＿＿＿＿＿＿＿＿＿＿＿＿＿＿＿＿＿＿＿＿＿＿＿＿＿＿。

⑩ 心理咨询：＿＿＿＿＿＿＿＿＿＿＿＿＿＿＿＿＿＿＿＿＿＿＿＿＿＿＿＿＿＿＿＿＿＿＿。

⑪ 精神障碍：＿＿＿＿＿＿＿＿＿＿＿＿＿＿＿＿＿＿＿＿＿＿＿＿＿＿＿＿＿＿＿＿＿＿＿。

⑫ 生命教育与心理危机应对：＿＿＿＿＿＿＿＿＿＿＿＿＿＿＿＿＿＿＿＿＿＿＿＿＿＿。

你对课程形式的预期：＿＿＿＿＿＿＿＿＿＿＿＿＿＿＿＿＿＿＿＿＿＿＿＿＿＿＿＿＿＿＿。

你对教师的预期：＿＿＿＿＿＿＿＿＿＿＿＿＿＿＿＿＿＿＿＿＿＿＿＿＿＿＿＿＿＿＿＿＿。

对上面12个主题，你最感兴趣的5个主题是什么？（若课时相对有限，不足32个，则可以设置本问题，明确学生最感兴趣的主题）

（2）介绍课程性质与教学目标

教师向学生介绍课程性质和目标，能帮助学生更好地进行定位，具体内容可参考以下说明：这不是一堂以知识为主的课，而是一堂教你更好地懂得自己、自尊自信，更好地理解他人、获得良好的人际关系，以及更好地做事，获得幸福生活的课。

北京师范大学"心教练"团队的首位负责人宋振韶老师，曾结合中华优秀传统文化的思想和积极心理学的PERMA（幸福课堂）理论，总结出了北京师范大学心理健康教育课程的理念，供各位教师参考。

① 乐学（Positive Emotion）

- 知之者不如好之者，好之者不如乐之者。——《论语·雍也》
- 希望大家在课上可以体验很多积极的情绪，当然对一些负面但深刻的情绪也保持开放态度。

② 专注（Engagement）

- 发愤忘食，乐以忘忧。——《论语·述而》
- 希望大家专注于课堂，这样才能有最大的收获，才是对自己负责。

③ 互动（Relationship）

- 如切如磋，如琢如磨。——《诗经·国风·卫风》
- 希望大家借助在场的"他者"，更好地认识自己，相互学习。

④ 意义（Meaning）

- 老者安之，朋友信之，少者怀之。——《论语·公冶长》
- 希望大家通过课堂可以找到做事的意义、生活的意义，甚至悟到生命的意义。

⑤ 成长（Accomplishment）

- 知者不惑，仁者不忧，勇者不惧。——《论语·子罕》
- 希望大家拥有智慧、仁爱和勇气，扬长避短。

（3）介绍课程的核心内容、授课形式

结合教材目录，介绍本学期课程中将会涉及的核心内容及授课形式，进一步说明教学过程中会包含大量的体验性活动和练习。

（4）介绍分数设置及考核要求

根据学校规定，明确对于出勤、作业的要求。对于小班教学的分数设置及考核要求，本书提供以下样例，供教师参考。

总成绩=平时50分+期末50分=100分。

平时：出勤5分/每次课 × 10课 = 50分。

① 无故缺勤直接扣掉5分，无法弥补。

② 本次课前到下次课前，向助教提交纸质版请假条及证明，依然扣掉5分，但是可以弥补。弥补方式：主动扮演志愿者或有理有据地发表自己的观点和解释，每次可补1分；可累计，直到补完缺勤扣掉的分。

③ 即使提前请假了，累计缺勤次数也不得超过3次，否则无法获得学分。

期末：小组展示20分 + 自我成长报告30分=50分。

① 小组展示。以小组为单位，在期末考核课上，依次展示本组的集体活动、课堂互动、特色思考等，形式不限、内容不限，突出本组特色即可。教师打分，小组内所有成员分数相同。

② 自我成长报告。以个人为单位，在最后一节课结束后的两周内提交自我成长报告，要求突出本课程的学习感受、促进成长的过程，鼓励进行有深度的自我剖析。故事、思考、辩论等形式皆可，不少于2000字。电子版命名为"姓名+学号"，在截止日期前发至课程邮箱。教师评分并予以反馈和回应。

（5）明确课堂互动的规则

教师可以先请学生通过小组的形式讨论组内交流的规则及班级应遵守的规则，然后进行总结和补充，可参考设计以下规则。

投入：不做与本课程无关的事，例如不玩手机、计算机，不写其他课程的作业，积极参与小组讨论等。

真诚：真诚表达自己的想法和感受，不说假话，不过度委屈自己配合他人，不刻意伪装。

开放：鼓励恰当的自我表露、对教师和别人分享的内容感到好奇，当自己有相同或不同意见时，以合理的方式主动表达自己的观点。

接纳：允许别人与自己不同，也允许自己跟别人不同，不急于反驳和批判，即使不同意他人的观点，也要承认他人分享的内容具有合理性。

保密：对同学的故事和经历保密，但可以分享课程的活动形式、自己的体验和感受。

除此之外，教师还可以纳入学生提出的其他应遵守的规则，如准时等。

4. 注意事项

① 在介绍课程内容的过程中，教师不应单纯地输出，而要结合课前调研问卷的结果、学生反馈的关注点进行有针对性的介绍。例如，在介绍课程主题时，可以说："在自我意识这一课里，我就会回应同学们关注的问题，比如如何知道自己是怎样的人，怎样可以变得更喜欢自己。"

② 教师在对具体模块进行讲解时，或者在课上回答学生的提问时，不要只讲"是什么"，也要告诉学生"为什么"，以及具体可以"怎么做"，这样才更能激发学生的好奇心。例如，在介绍课程考核要求时，教师可以进一步说明无论什么原因都要在无法出勤时扣掉出勤分数，是因为要培养大家为自己的行为负责的态度；而愿意提供弥补分数的机会，是因为希望借此让大家体会到"事在人为"——你可以为自己想要的东西努力，进而达成目标。

活动四　学生制作名签并自我介绍——让学生主动融入

1. 设计意图

让每一个学生制作一个属于自己的名签并进行自我介绍，可以有效提升学生对课堂的归属感和认同感，同时可以达到以下几个目的：①作为自己参与课程的一份承诺，提升参与度；②便于助教点名考勤，记录平时成绩；③教师在课堂上与学生交流互动时可以叫出学生的名字，让对话更有针对性；④教师向全班简述学生观点时，也可点出学生名字，增强学生的参与感和价值感；⑤要求学生保管好自己的名签，每次上课前将名签摆放在桌子上，传递为自己负责的理念；⑥当学生准备上课的材料时，看到自己的名签就开始了课程学习的历程。

学生的自我介绍会增强学生对课程的承诺，增加彼此的熟悉程度，让学生全身心参与。介绍擅长的点可以调动积极的情感体验，有助于营造良好的氛围，同时容易创造爱好共享、相互帮助的机会。

2. 指导语参考

现在大家对我多了一些了解，也清楚了课程的安排。要想让课堂教学真正发挥作用，只有我努力是不够的，还需要你们的参与，所以我们需要知道跟自己一起学习的人都是谁。在这个课堂上，你们都是一个个有名字、有想法、有特点的鲜活生命。接下来，我也想要更多地认识一下你们，同时让你们彼此认识一下。请大家拿出你们进教室时选中的彩纸，并选择合适的画笔为自己制作一个名签。具体的制作过程如下：请大家先把手中的纸按长边大约三等分折叠，再沿着一条短边间隔一厘米左右折叠。（等待学生完成，1分钟左右）好，现在大家每个人都拥有了自己的名签，很多同学的名签都做得非常有特色！接下来，让我们进一步认识一下彼此吧，请大家依次做自我介绍。为了保证充分而公平地运用时间，我为大家准备了一个介绍的格式：请每位同学在进行自我介绍时起立，并举起自己的名签，按这样的格式完整地介绍自己。注意，每人介绍的时间不能超过30秒哦！我会为大家计时。有的同学可能一下子想不到要怎样介绍自己，没关系，我先给所有同学1分钟的时间，想想自己擅长什么，期待从这门课上学到些什么。现在开始思考吧！（计时1分钟）好，1分钟时间到，哪位同学愿意先开始？

3. 教学过程

（1）介绍活动，制作名签
每6~8人共用一盒水彩笔或油画棒，让学生拿出进教室时挑选的彩纸，为自己制作一个名签。

（2）学生依次自我介绍
可以给1分钟时间让全班同学思考一下介绍的内容，之后开始用大屏幕显示时间并计时，每人要在30秒内完成自我介绍。进行自我介绍的学生举起自己的名签，参照以下格式，面向全班同学进行自我介绍。

大家好，我的名字是_____，来自_____（学院、年级），是_____人（自己的家乡），我最擅长的是_____，我对这门课的期待是_____。

4. 注意事项

① 名签上的名字要足够大且字迹清晰，两面都要写上名字，方便教师和坐在后排的同学看到。

② 除姓名外，名签上还可包含院系、专业等信息，并且这些信息要便于阅读者识别。若班级成员来自同一个院系或专业，则可以省略。写清楚基本信息之后，教师可以鼓励学生对名签进行个性化创作，例如可以写上昵称、英文名，画上自己喜欢的人或动物等。

③ 自我介绍要注意控制时间。如果班级人数较多（超过了60人），自我介绍的时间可能过长，不利于课堂组织。教师可以明确说明介绍环节的结束时间，只让想进行自我介绍的学生做自我介绍。如果班级人数较少，时间较为充分，可以发给每位学生一个花名册，请大家把同学们擅长的东西和家乡记录下来，以便需要时查找。如果学生整体比较活跃，教师可以采用自主排序介绍的方式，让愿意先做自我介绍的学生先进行，直到时间截止或所有人都自我介绍完毕。如果学生整体较为拘谨，教师可以规定自我介绍的顺序，以横排为序，依次进行自我介

绍，或者让坐在前面的、相对比较积极的学生先进行介绍，以活跃气氛。

④ 如果学生讲不出来擅长的点，可以启发其讲"做得比较好"的方面，或者对自己还比较"满意"的方面。如果学生在做自我介绍时加入了别的内容，教师要提醒时间有限，稍后再视情况给补充介绍的机会。

⑤ 教师也可以采用更具创造性的形式鼓励学生进行自我介绍。比如，当生源地比较多元时，教师可以鼓励学生使用方言进行自我介绍，以增加课堂的趣味性，也让同乡更有联结感。

活动五 ▶ 寻找有缘人——学生分组团建

1. 设计意图

大班的讨论常常时间有限、深度不足，无法充分开展。小组合作学习的方式有助于形成良好的学习氛围，促进面对面的交流，提升学生人际互动的能力。在小组中，学生通过近距离的互动感受与他人的联系，真诚地帮助和鼓励他人表达，贡献自己的力量，促进小组更有效地完成学习任务。在第一节课就完成分组工作有利于小组内部成员的充分熟识，在后续课程中，分小组活动有助于学生在更安全的环境中充分交流与互动，学生对课程学习的投入度会更高。用名签进行分组，也能更好地利用前期开展的活动。

2. 指导语参考

我们相聚在这门课上，本身就是一种缘分，接下来，我们会找到一群更有缘分的人，形成几个各有特色的小组。在宣布分组的规则之前，我先公布一下形成小组后大家需要完成的任务。你们需要在小组内完成一轮更详细的自我介绍，相互熟悉一下。之后请大家选出小组的组长，再给你们的小组起一个响亮的名字。之后结合我们的班级公约和课程的要求，制定小组讨论的公约细则并将其写在海报纸上，签上每一个人的名字。这些任务都需要在×时×分前完成。大家都清楚了吗？好的，有缘跟你同组的同学都有谁呢？我们要揭晓分组规则啦！大家注意到你们的名签颜色各不相同，也许有的同学是主动选择了喜欢的颜色，有的同学来得晚，被动选择了剩下的颜色。接下来，就请大家收拾好自己的物品，去寻找跟你有同样颜色名签的同学，和他们坐在一起，形成一个小组吧！

3. 教学过程

（1）说明活动规则，将学生分组

拥有同种颜色名签的学生形成一个小组，坐在一起。如果班额较大，拥有同种颜色名签的学生需分成多个小组，则让抽取的数字接近的学生聚在一起，形成一个小组，并由教师分配组号。

（2）小组团建

要求小组在20分钟内完成以下任务。

① 小组内的学生依次进行自我介绍，介绍的内容包括自己的名字及其来历、含义，他人怎样才能更容易地记住这个名字，再介绍自己的3个典型特征。

② 选出每个小组的组长，确定组名，制定小组公约细则，将其写在海报纸上并签名承诺。

（3）小组展示

各小组依次上台介绍组名及公约，助教为小组计时和合影。

4．注意事项

① 建议每组6～8人，这样有助于小组充分讨论和合理分工。

② 为避免熟识的人在一个小组，影响讨论的效率，助教可以在课前鼓励结伴进教室的学生选择不同颜色的彩纸。

③ 教师提醒小组公约的内容可以包括对待上课和小组活动的基本态度，如积极参与讨论、贡献自己的观点、不评判组员的分享、征求组员意见后才能实名在班级分享讨论的内容、小组发言代表的选择标准、课后见到时的行为规范（如要跟组员热情地打招呼）等。

④ 根据课程进展情况，教师平均分配每个小组的展示时间，严格计时，展示结束后为小组合影。如果班额很大，不便于每个小组进行展示，则教师可请有意愿的小组上台展示，其他小组原地拍摄全组成员与海报的合影并发到班级群中。

⑤ 教师可以请组长保管好小组的海报，在结课时备用；也可以请助教统一收回保管，在最后一次课程时带到班级中来。

活动六 布置行动作业——促进组内情感连接

为了更好地促进小组成员的相互熟识，教师可以要求每个小组在下一次上课前组织一次线下聚会，出游、讨论等多种形式均可。若线下聚会确实有困难，也可以采用线上相聚分享的形式。为进一步增强组内成员的心理联结，教师可以请学生在活动中介绍让自己最难忘的人生故事、有趣的事、未来的打算等，加深彼此的了解。完成作业时要记得合影记录，撰写感悟，在下次课前进行简要分享。

活动七 教师总结

教师简要核查学生在本堂课中的收获并答疑，最后进行以下总结。

指导语参考

我们彼此有了初步的认识，制作了属于自己的名签，找到了接下来共同学习和讨论的小组伙伴，也了解了这门课程主要的内容和形式。接下来的每次课，希望大家都可以像我们约定的那样，投入课堂、真诚表达、接纳彼此的个性和观念、为同学的故事保密，共同营造一个难忘的课堂。

🚩 常见问题解答

问题1：每次课的分组要不要固定？

对于这门课而言，没有唯一正确的答案，所有的答案都没有对错之分。是否固定分组各有利弊，如何决定取决于你想要达成的目标。如果你希望通过小组内的多次活动增加小组内成员的心理联结，那么一开始就固定分组有助于形成稳定的氛围。如果你希望整个班级的成员之间多一些互动，学生能接触到更多的其他学生，那么可以考虑前面几次课都安排不同的分组，最后再稳定下来。如果要给出建议，我们认为一开始就固定分组，但在整个课程的进行过程中，经常引导学生随机组成新的小组完成部分活动，然后让学生回到原来的小组中进行最后的分享和讨论，可能是一个比较周全的选择。

问题2：当学生在进行小组团建的时候，教师可以做些什么？

教师在学生进行小组团建时有非常多的事情可以做，例如：观察小组的活动进展，熟悉每个小组的不同风格，走到不认真完成任务的小组旁边督促其完成任务，或提供必要的帮助；深入小组当中，倾听甚至启发学生的讨论，并且从讨论中更多地了解学生的想法，构思讨论和回应的素材；进一步熟悉下一步的教学安排，提前做好充分的准备；等等。

教师不要做的是，坐在讲台上玩手机或者处理其他与课程无关的事情，这样会大大降低学生的参与度。如果你希望学生投入，那么请先保证自己在课堂上的每一分钟，心都与你的学生在一起。

问题3：学生发言或小组展示结束后，教师如何做出反馈？

在教学中，每一个环节反馈的内容一定要围绕活动的主题和教学目的。学生发言或小组展示时，教师必须仔细观察和倾听，因此，反馈可以从以下几个角度着手。

① 抽取发言或展示过程中的亮点进行肯定和鼓励，也可以摘取发言或展示过程中紧密贴合教学目的的内容或亮点进行重述。以这种方式进行反馈最省时间。

② 借助团体的力量，采用开放式提问的方式，询问其他学生对发言或展示过程中印象最深的是什么、有什么样的收获，促进学生深度思考，从学生的视角给予积极的反馈。

③ 在积极肯定的基础上，反馈给学生或小组一个开放式的、能促进其思考与提升的问题，比如针对展示过程中自己比较好奇的点或觉得意犹未尽的地方进行提问。要知道，一个好问题常常比一个好答案更能启发学生思维的火花。

问题4：习惯了知识讲授式的课堂，对于体验式的课堂教学没有信心怎么办？

第一次课对于奠定整门课程的氛围基调、端正学生的学习态度、增加学生的学习投入、保证学习效果都具有非常重要的作用。大学生对自己的内在世界有较为普遍的好奇和兴趣，这一课不仅要帮助学生了解课程的体系架构，熟悉基本的课程内容，还要激发学生对本门课程的兴趣，建立良好的师生关系和有助于心理成长和表达的课堂氛围。教师首先要理解这样授课的意义和价值，在知识随处可获取的今天，学生真正需要在课堂上经历的，可能已经不只是知识本身了。另外，知识的获取也需要恰当的情境，这样才能促进学生真正的吸收。教师要允许授课的节奏慢下来，为学生提供一个与专业必修课不同的空间，观察学生在完成每一项活动时的表现，以更好地理解他们，也帮助他们更好地觉察自己。教师也可以在授课过程中尝试反馈自己观察到的学生的表现，做他们的"镜子"，促进他们反思和成长。

当然，如果这样的课程对你来说特别有挑战，你也可以接纳自己暂时没有办法使用这样的教学方式的状态，那么你可以从第二课开始，尝试在传统教学方式的基础上，逐步适应体验式、慢下来、多互动的教学方式，并找到适合自己的节奏。

🚩 备选活动

活动1：分组备选活动

采用名签颜色分组的优势是会让学生有一种缘分感，小组成员坐在一起也有有天然的标志物。但可能的风险是一起进教室的学生会选择同样颜色的彩纸，导致小组内易形成小团体，进而影响小组功能的发挥。另外喜欢某一种颜色的学生可能有一些共同的特质，这可能会使一些小组整体都很活泼，而另一些小组则整体都比较安静。因此，教师也可以灵活采用其他的分组形式进行分组，如下所示。

① 学生进教室时每人盲抽一句经典的古诗（也可以是歌词或某种形状的纸片），能够凑成一首诗（也可以是一首歌或相同形状）的学生组成一个小组，这保证了较大的随机性和缘分感。

② 学生坐定以后，教师根据全班人数确定组数为×，请全班学生以座位顺序横排从1～×循环报数，报同一个数的学生组成一个小组，这样直接确定了组号，并且有助于将熟悉的坐在一起的学生分开，也很节省时间。

分组的形式并不重要，而如何对分组形式进行解释，让学生接受和珍惜自己的小组才重要！

活动2：小组团建备选活动

如果活动场地允许，小组可以采用以下团建方式。

① 在自我介绍时，每个小组成员都用一套动作来呈现自己的名字，最终小组亮相时，所有人依次边说小组成员的名字，边做出相应的动作，完成一场"小组舞蹈秀"。

② 用每个小组成员的名字和性格特点完成一个与心理健康有关的故事接龙。即要求这个故事中融入每个小组成员的名字，但不一定都以角色的形式出现，例如"王雨"的名字可以融入"今天是一个下'雨'天"。

③ 小组成员讨论出共同爱好或价值观，用肢体摆出相应的字母或文字进行展示。

第二课

个人的软实力
——大学生心理健康

党的十九大报告中指出"人民健康是民族昌盛和国家富强的重要标志"，《健康中国行动（2019—2030年）》更是把人民健康上升到国家战略层面，2018年，国家卫生健康委员会推出了《心理健康素养十条》，个人的身体健康和心理健康是国家的财富，也是实现"两个一百年"奋斗目标、实现中华民族伟大复兴中国梦的坚实基础。大学生需要在认知上意识到心理健康不只是一个人的事情，而是事关个体幸福、家庭和睦、社会和谐的大事；在态度上，理解解决心理健康问题不能只聚焦问题本身，更要看到其中蕴藏的成长空间和积极的发展方向；在行动上，勇于积极面对困难，学会在必要时求助，做好自己心理健康的第一责任人。

📖 教学目的

1. 了解心理健康的概念，树立正确的心理健康观念。
2. 掌握大学生心理健康的标准，了解自身心理健康水平。
3. 了解大学生的心理发展任务。
4. 初步掌握提升心理素质的方法。

◈ 教学内容

1. 循环沟通——加深了解及热身（15分钟）。
2. 什么样的人是心理健康的人——心理健康的概念及标准（35分钟）。
3. 我的心理健康状况——心理健康自评及心理素质提升（40分钟）。
4. 布置行动作业——心理健康科普资源打卡（5分钟）。
5. 教师总结（5分钟）。

◈ 教学重点和难点

教学重点： 心理健康的标准。
教学难点： 提升心理素质的方法。

◈ 材料准备

材料纸（我的心理健康自评图，每人一份）、教学PPT。

活动一 循环沟通——加深了解及热身

1. 设计意图

循环沟通是一个非常适合在班级团体建立之初开展的活动。上完了导学课，学生认识了同小组的其他学生，但是对其他小组的学生还比较陌生。因此，学生通过这个活动可以达到以下几个目的：一是增加对其他小组的学生的熟悉和了解，以建立友好、信任的学习氛围；二是达到热身的目的；三是通过对问题的讨论，增加对自身的心理健康状况的了解。

2. 核心知识点

本活动主要用于热身，不涉及核心知识点。

3. 指导语参考

大家好！今天是我们的第二课，主题是心理健康。在讲具体内容前，希望同学之间能加深彼此的了解，共同营建有助于学习、分享和讨论的课堂环境。我们先从几轮小小的分享任务开始，请大家找一个你从来没有与之说过话的同学，两人一组。找到了吗？（等待大家都组成2人组，如果有落单的学生，可以加入一个组成为3人组）好，第一个分享任务是相互做简单的自我介绍，每人1分钟以内。自我介绍后，请大家完成第二个分享任务：说说自己最喜欢的一部电影并简单说明原因。每组共有4分钟的时间。（待分享结束）好，现在请跟你的搭档道别，再找一个你没有与之说过话的同学组成新的二人组，接下来你们的两个分享任务是自我介绍，并说说近期身边发生的一件好玩的事。

4．教学过程

（1）讲解规则，指导学生进行分享

活动规则要点包括：让学生找一个从来没有与之说过话的同学组成2人组，分享的主题，分享的流程（先简单自我介绍，再轮流分享），进行4轮左右，每一轮控制在4~5分钟。

每一轮的分享结束后，教师组织学生重新进行分组，并发布下一轮的分享任务。分享任务可参考如下内容。

最喜欢的一部电影及原因。

近期身边发生的一件好玩的事。

近期克服的一个小困难。

难忘的一件事情。

最近的一次成长时刻。

最喜欢的一本书及原因。

最近一次开怀大笑的情境。

对自己最满意的一件事。

（2）教师总结

教师可以从增加学生之间熟悉度的角度来总结，比如问问大家哪些自我介绍让他们印象深刻；也可以从觉察自身的角度来总结，比如问问大家哪一项分享任务最容易完成、哪一项完成起来更困难一些等。总之，教师的总结要注意连接心理健康的内容，引出后面的教学内容。

5．注意事项

① 为了增加熟悉度，教师一定要让学生找一个从未与之说过话的同学组成2人组。如果是大班，可以建议大家就近组成2人组，后面几轮可以就近轮换。如果是小班，可以鼓励大家到与自己座位相距较远的地方去找想要与之分享的同学组成2人组（要求还是从未与之说过话）。

② 教师可以自行设置分享任务，原则是积极正向、安全、不易涉及隐私，建议从简单的分享任务开始。也可以设置类似困难时刻的可能引发负面情绪的话题，但要放在中间的位置，最后一轮需要设置积极正向的分享任务。

活动二 ▶ 什么样的人是心理健康的人——心理健康的概念及标准

1．设计意图

这个活动的设计意图主要有两个。一是心理健康的概念、大学生心理健康的标准是非常抽象的内容，单纯通过知识的讲授，会让学生缺乏体验性和投入感，对知识的理解和掌握程度不够高。因此我们的设计是通过学生自己的思考和分享来增加学生的体验性，从而更好地帮助学生了解和掌握心理健康的概念和大学生心理健康的标准。二是这部分内容非常容易让学生产生误解，误认为心理健康就是一种"十全十美"的状态，或者是一种"稳定不变"的状态，因此这个活动专门设置了"教师核查"的环节，让教师给学生答疑解惑，帮助学生树立正确的心理健康观念。

2. 核心知识点

心理健康的概念、大学生心理健康的标准，详见《大学生心理健康教育（慕课版 第3版）》（后文简称"教材"）第一章第一节。

3. 指导语参考

接下来我们要进行今天的主题学习——心理健康，我有两个问题想问大家：心理健康的大学生有哪些表现？心理不健康的大学生有哪些表现？请大家想一想（给学生1分钟的时间思考，教师在黑板的左右两边各板书"心理健康的大学生的表现""心理不健康的大学生的表现"）。现在我想请同学们来分享一下这两个问题的答案，大家不用举手，有想法直接站起来大声说出来就行，我会在大家发言时在黑板上做记录。我们先来看大家认为心理健康的大学生会有哪些表现（学生回应，教师在黑板上做要点板书）。好的，谢谢同学们的回答，心理健康的表现我想已经说得差不多了，接下来我们来看看大家认为心理不健康的大学生会有哪些表现（学生回应，教师在黑板上做要点板书）。

4. 教学过程

（1）教师提问请学生回答

教师提问（见指导语），请学生回答，可以不限人数，在限定的时间内只要学生有新的观点均可表达。

如果遇到冷场，教师可变换提问的形式，通过更具体的问题来引导学生思考什么是心理健康的大学生的表现，比如"有一个大学生，他觉得自己特别棒，但是和周围的人都搞不好关系，他的心理健康吗？"（自己和谐，人际不和谐），"某大学生和周围的人关系特别好，但是他在人际交往中总是压抑自己的需求来满足别人的需求，自己的内心非常压抑和委屈，他的心理健康吗？"（人际和谐，自己不和谐），"一个大学生，他特别喜欢玩游戏，玩游戏玩得忘乎所以，不去上课，不和人交往，他的心理健康吗？"（自己和谐，人际不和谐，和环境不和谐），"一个大学生不喜欢与人交往，但他跟周围的人也没有矛盾，独处时能自得其乐，他的心理健康吗？"（自己和谐，和他人、环境不和谐），"一个和社会格格不入的大学生心理健康吗？（和环境不和谐）"教师可以根据自身对学生的了解，选择一到两个具体的问题来引导学生即可。

对于心理健康的大学生的表现，学生可能的回应："可以真实地做自己，自我感觉良好，情绪稳定"（自身和谐），"自己感觉好，和周围人的关系好"（自身和谐，人际和谐），"自己和他人都和谐的一种状态"（自身和谐，人际和谐），"首先自己大部分时间是开心的，很少有烦恼，即使有烦恼也能自己消化掉；其次可以和他人和谐相处，有朋友，对人比较友善；最后还要能够真实地做自己"（自身和谐，人际和谐），等等。

对于心理不健康的大学生的表现，学生可能的回应："情绪不稳定，经常感到不开心"（自身不和谐），"不能和别人友好相处，没有朋友"（人际不和谐），"行为怪异，说话古怪"（自身不和谐），"难以交往，不能正常地理解别人说话的意思"（人际不和谐），"难以适应社会，和周围环境格格不入"（与环境不和谐），等等。

对于比较抽象的分享，教师可以引导学生做具体的分享，比如针对学生分享"自己和他人都和谐的一种状态"，教师可进一步提问："可以多描述一下自己和他人都和谐的状态是怎样的一种状态吗?"

（2）教师总结

根据学生的分享做总结。

① 心理健康的概念。教材中列举了两个概念界定供教师参考，详见教材第一章第一节。这两个概念界定都可以用，教师可根据自身的理解选用。推荐用中共中央宣传部的概念界定：人在成长和发展过程中，认知合理、情绪稳定、行为适当、人际和谐、适应变化的一种完好状态。该概念界定描述得比较具体和通俗易懂，也比较容易和后面的大学生心理健康的标准结合起来讲。在讲解过程中教师需强调心理健康是健康的重要组成部分。

教师可以根据学生分享的大学生心理健康和不健康的表现进行总结：人的心理健康不仅仅是指自己感觉良好，也不是只让人感觉好，也不是为了一味追求成就（适应社会）而忽略自己和他人，而是3个部分——自己（认知合理、情绪稳定、行为适当）、他人（人际和谐）和环境（适应变化）的一种和谐统一的状态。这里的"自己"指的是个人内部的一些心理品质和行为特征等，"他人"主要是指和他人的关系、人际是否和谐等，"环境"主要是指和社会的融合程度、适应社会变化的能力等，教师要引导学生全面地认识心理健康。

② 大学生心理健康的标准，详见教材第一章第一节。教师根据心理健康的概念，结合总结的3个部分，进一步拓展讲解大学生心理健康的8条标准：自己（智力正常、情绪健康、意志健全、人格完整、自我评价适当）、他人（人际关系和谐）、环境（适应能力强、心理行为符合大学生的年龄特征）。在讲解时，教师可针对学生回应比较多的点，比如人际、情绪、自我评价等进行详细介绍；学生回应比较少的点，可能是学生忽略的部分，比如适应能力强、意志健全等，可适当强调。

在讲解心理健康的概念和大学生心理健康的标准这部分内容时，学生容易误认为心理健康是一种"十全十美"的状态，产生绝对化的倾向，一对照标准，觉得自己身上的问题很多。学生也可能对此有诸多的疑问和挑战，比如"情绪不稳定就是心理不健康吗？心理健康的人不生气、不难过、不悲伤吗？""我在宿舍遇到了一个特别自我的人，我真不知道该如何和他相处，是我的心理有问题吗？"。教师需要对这些疑问和挑战做出回应，传递正确的心理健康观念。教师可以参见教材第一章第一节"大学生心理健康的标准"中的相应部分的描述做回应。教师亦可以参照教材第一章第一节扩展阅读"心理健康的新观点"的内容做回应，传递正确的心理健康观念。

（3）教师核查

教师询问学生掌握该知识点的情况，有哪些疑问等。

（4）教师答疑

教师解答学生的疑问。

5. 注意事项

① 教师要鼓励学生多分享，可以强调只要是自己的想法都可以分享，在学生分享后不予以评判，而给予鼓励和肯定，比如"好的谢谢分享，非常棒""非常好的想法""谢谢，这个视角很特别"。

② 学生的分享可能非常深入，也可能停留在表层，还可能绝对化（认为心理健康是一种十全十美的状态）。教师不要对学生分享的内容做评判，而应充分利用学生分享的内容来讲解和总结。学生的分享可能会聚焦于心理健康的概念和大学生心理健康标准的某些方面，一般会

聚焦于自己和他人，而忽略适应环境和变化的部分，教师在总结时可以强调适应环境和变化的部分也是心理健康的重要组成部分。

③ 学生可能会有不同观点，比如对"一个大学生不喜欢与人交往，但他跟周围的人也没有矛盾，独处时能自得其乐，他的心理健康吗？"有的学生可能认为这是心理健康的表现，自己和谐，和他人也没有矛盾，也算和谐，如果他能正常学习和生活，找一份较少与人交往的工作，和环境也和谐，这就是心理健康的表现；其他学生可能认为这种自我封闭的状态是不健康的表现。如果时间允许，教师可以让学生之间进行互动，请其他学生发表自己的看法，进行开放的讨论。对于大学生心理健康的标准，学术界也有诸多争议，所以教师在总结时，也可以保持一种开放性，不必给学生一个确定的答案，而是鼓励学生去思考，肯定学生多样化的想法。

④ 这部分内容容易让人产生误解。比如学生一对照大学生心理健康的标准，就会觉得自己的心理不健康。学生对大学生心理健康标准的理解，也容易产生绝对化的倾向，认为心理健康是一种十全十美的状态。因此，在总结结束后，教师一定要核查学生是否有疑问，需要提前对学生可能提出的问题做好解答准备。

活动三　我的心理健康状况——心理健康自评及心理素质提升

1. 设计意图

这个活动的设计目的主要有5个：一是通过可视化的方式帮助学生从3个维度、8条标准中觉察和反省自身的心理健康的情况；二是让学生在小组中相互交流，加深彼此的了解，建立相互信任的小组氛围；三是承上启下，学生了解自己的心理健康状况后，可以确定自身的心理发展目标，进而才能在今后的课程中有目的地去提升自己的心理素质和心理健康水平；四是让学生初步了解提升心理素质的方法，提升学生的参与感；五是让学生了解提升幸福感和消除症状同样重要，提升心理素质和心理健康水平不仅要关注自己做得不好的部分，也要发展自己做得好的部分。

2. 核心知识点

心理健康的双因素模型，详见教材第一章第一节。
大学生的心理发展任务，详见教材第一章第二节。
大学生要培养的心理素质、大学生提升心理素质的方法和途径，详见教材第一章第三节。

3. 指导语参考

刚刚我们了解了心理健康是自己、他人和环境的一种和谐统一的状态，也了解了大学生心理健康的8条标准，接下来我想邀请大家对照这个标准，看看自己的心理健康状态是怎样的。接下来我会给每个人发一张材料纸（我的心理健康自评图），每张材料纸上分别有绿色、黄色和红色3种颜色的圆，请大家根据对自己的观察和反省，以及你所了解的别人对你的反馈，从这8条标准中选出你做得好的、比较满意的条目写到绿色的圆圈里，选出你做得不好也不坏、一般满意的条目写到黄色的圆圈里，选出你做得不好、不满意、让自己感到痛苦或给自己带来很大困扰的条目写到红色圆圈里（教师可以在PPT中放上示例）。

4. 教学过程

（1）心理健康自评

教师给每个学生发一张材料纸，请学生在8条标准中选出做得好的、比较满意的条目写到绿色的圆圈里，选出做得不好也不坏、一般满意的条目写到黄色的圆圈里，选出做得不好、不满意的条目写到红色圆圈里。

我的心理健康自评图

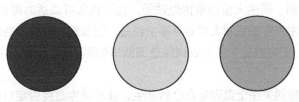

学生写好条目后，教师可以进一步引导学生反思：在不同颜色的圆圈中，根据自己、他人和环境3个维度来看，在每个颜色中哪些部分的内容比较多？哪些部分的内容比较少？帮助学生反思在哪些部分自己做得较好，在哪些部分还需要提升。

绝大部分学生都会在3个圆圈里写上相应的条目，条目的数量可能会有所不同，有的绿色的部分多，红色的部分少，有的则相反，还有的学生可能没在黄色圆圈里写条目，这些都是比较常见的情况。教师需要特别关注以下两种情况。

① 几乎全部条目都写进红色圆圈的学生。教师需要特别关注的是某些有精神障碍的学生，比如有抑郁障碍的学生，他们的自我评价特别低，对自己持全部否定的态度，看不到自身的任何优点，所以会把几乎全部条目都写进红色圆圈。针对这样的学生，教师可以：请学生降低期待，找出相对做得较好的部分，比如智力正常、心理行为符合大学生的年龄特征、人际关系和谐；对于严重抑郁、严重否定自我的学生，可以尊重学生的意愿，如果不愿意在小组中做分享，可以请该学生倾听他人的分享，并在课后单独找该学生聊一聊，建议该学生寻求专业帮助。

② 几乎全部条目都写进绿色圆圈的学生。有的学生可能会觉得自己哪儿都好，难以找出需要加强的方面，可能会将几乎全部条目都写进绿色圆圈。这种情况出现的可能性比较小，但教师也需要做好预案。这样的学生可能较多以自我为中心，觉得自己很棒，难以理解和体会他人的感受，在小组中发言的时间可能比较长，因此可能遭到挑战或影响小组的分享进程。对于这类学生，教师可以先肯定他们的自我肯定部分，而在以后的教学过程中教师要对这类学生予以关注，尤其是在小组分享的时候，如果发现这类学生一直滔滔不绝地分享，教师要及时打断和引导，帮助小组建立良好的分享规则。同时教师也可以逐渐引导这类学生关注他人，倾听他人的分享。

（2）小组分享

请学生在小组中分享以下内容。①哪些部分做得好（绿色圆圈中的条目），哪些部分做得一般（黄色圆圈中的条目），哪些部分还需要提升（红色圆圈中的条目），这些部分分别属于哪个维度（自己、他人和环境），对一些自己关注的重点条目做具体描述。②请锚定一个自己特别想提升的部分（能在提升过程中给予其他部分支持）做分享，同时也锚定一个自己擅长的部分（能发挥更好的作用）做分享。分享时间控制在20～25分钟。

对于第二个分享，教师可举例：比如我特别想提升的部分是人际关系，我在人际交往中总是很难表达自己的需求，会有委曲求全的状况，所以我不想和别人走得太近，走得太近我就会特别压抑和累，我希望能够在人际交往中真实、自在地表达自己的需求；我希望能够更好发挥作用的部分是我的智力部分，我有很强的学习能力，可以在人际交往中学习别人是如何真实表达自己的。

教师可以轮流巡查小组分享情况。一定要让学生对某些部分做具体描述。如果学生的分享过于简短和抽象，教师可以追问"可以多说说吗？"或者"可以展开说一下为什么这个条目放在了红色的部分吗？你是怎么做的？有哪些表现呢？"等等。但也要避免学生分享过多的情况，比如举大量的事例、描述大量的事情经过等。这时教师可以适时温和地打断："谢谢这位同学的分享，听起来你非常愿意和大家分享事情经过，但我们在课堂上的时间有限，现在能请你用1分钟简要分享一下你把这个条目放到绿色圆圈里的原因吗？你们可以在课下多交流事情的经过。"

另外，教师需要特别关注全盘否定自己的学生，针对学生过度否定自己的情况，教师需要及时打断，不让学生做过多的分享，让他聚焦于一两个部分做具体分享即可。如果学生难以分享做得好的方面，教师不用强迫学生，可以让他多听别人的分享。

（3）大组分享

每个小组派一个代表进行大组分享，如果小组数量过多，教师可以邀请3~5个小组代表进行分享。大组分享的内容主要是小组分享的总结。

（4）教师总结和讲解

① 教师可根据学生的分享做总结，找到分享中具有共性的部分，讲解大学生的心理发展任务。比如某些学生智力水平比较高、意志力比较好、心理行为符合大学生的年龄特征，但人际关系、情绪健康和自我评价适当性较差；而某些学生人际关系和谐、适应能力强、情绪更健康，但意志力较弱、心理行为不太符合大学生的年龄特征。教师在总结时可将这些问题正常化，结合大学生的心理发展任务来进行总结和讲解，详见教材第一章第二节。

教师可以结合教材中的"分离个体化理论"来讲解，总体来说，大学生的心理发展任务就是分离和个体化，逐渐摆脱对家庭的依赖，脱离父母的影响，并作为成年人世界中一个独立的个体开始发展。自身心理素质的发展和完善对于独立性的发展非常重要。自己做得好的部分是自身发展的资源，而做得不好的部分，则是需要提升的心理素质和品质。

② 大学生要培养哪些心理素质以及如何培养，详见教材第一章第三节。大学生心理健康教育应以培养大学生的心理素质为重点，达到优化心理品质，增强心理调适能力和社会生活的适应能力，预防和缓解心理问题的目的。大学生心理健康教育是提升学生心理素质的教育。结合教材内容，大学生需要培养的心理素质包括与自我相关的心理品质、与他人相关的心理品质、与环境相关的心理品质、与心理健康相关的素质。整个课程的内容是围绕这4个部分展开的，教师不用展开讲解，简单进行总结即可，目的是让学生对课程内容有整体的了解。

对于如何培养大学生的心理素质，教师可以结合教材内容进行简单总结：培养系统思维，关注、接纳、管理情绪，积极行动。教师通过简单介绍该部分内容，让学生了解在整个课程中，会围绕知、情、行3个部分来学习如何提升心理素质，强调思维的改变、对情绪的管理和积极的行动，帮助学生进一步了解课程的内容和形式，调动学生参与的积极性。

③ 教师根据心理健康的双因素模型（详见教材第一章第一节），强调提升幸福感和消除症状同样重要。对于那些心理健康水平比较高（大部分条目在绿色圆圈中）的学生，教师可以将目标主要锚定在提升幸福感上；对于那些心理健康水平中等（大部分条目在黄色圆圈中）的学

生，教师可以对提升幸福感和消除症状保持同样的关注；对于那些心理健康水平比较低（大部分条目在红色圆圈中）的学生，教师可以提醒他们每个人身上都有资源，在聚焦于减少症状时不要忘记自己身上的资源，要懂得运用这些资源来努力提升幸福感，这也有助于缓解症状带来的负面影响。

④ 为后续的课程内容做铺垫。教师可以这样总结："今后的课程内容就是围绕提升大学生心理素质、健康水平、幸福感来展开的，各个主题均有涉及，请大家锚定自己需要提升的部分（消除症状和提升幸福感两个方面），在今后的课堂和生活中不断学习和提升。"

5. 注意事项

因为这是第二课，小组中还未建立良好的分享规则，所以在分享时容易出现各种问题，比如害怕分享、分享时不聚焦等。所以在学生分享的过程中，教师需要轮流进组巡查，主要目的有两个：一是查看学生是否遇到具体的问题，二是查看分享是否聚焦。教师最好能进每个小组巡查，遇到问题立即帮助解决。如果小组数量过多，教师可根据时间尽可能地多进小组，可以在每次课进不同的小组巡查，同时也可以根据刚刚巡查了解的情况做统一说明。比如教师在巡查过程中发现学生的分享不聚焦，就可以统一提醒大家要聚焦；又比如教师可统一强调每个人都必须分享等。

活动四 ▶ **布置行动作业——心理健康科普资源打卡**

寻找身边的心理健康科普资源并打卡。教师可以根据实际情况请学生完成一个打卡任务，比如到学校心理咨询中心打卡（打卡任务包括明确地点、提供的服务内容、咨询预约方式等）、至少关注科普一个大学生心理健康知识的公众号（比如学校心理咨询中心的公众号）、至少阅读一篇心理科普文章。如果本校心理咨询中心没有相关公众号，教师可以推荐学生关注北京师范大学"雪绒花心理"微信公众号。

活动五 ▶ **教师总结**

教师简要核查学生在本堂课中的收获，简要答疑并进行以下总结。

① 心理健康是健康的重要组成部分。心理健康是自己、他人和环境的一种和谐统一的状态。

② 大学生要逐渐摆脱对家庭的依赖，脱离父母的影响，并作为成年人世界中一个独立的个体开始发展。

③ 培养系统思维，关注、接纳、管理情绪，积极行动，可以帮助大学生提升心理素质。

【小故事】

关注心理健康，用心抗疫

2020年年初，为抗击新冠肺炎疫情，全国医护人员纷纷驰援武汉，武汉"方舱医院"的患者和医护人员跳广场舞的视频走红网络。音乐和舞蹈让久违的笑容重回病人们的脸上，医护人员们也开始注意到，这些简单的舞蹈对调节病人们紧张恐慌的情绪起到了极好的作用。武汉黄陂方舱医院入住的是130位新冠肺炎轻症病人，2020年2月16日下午，浙江第三批医疗队的护士周琴带领患者们练起了八段锦，引领了风潮。八段锦作为一种古老而传统的健身方式，是一套独立而完整的健身功法，能够强身健体，且动作简单易行。虽然周琴身穿防护服，动作看起来不协调，但是她说："尽己所能，让患者身心愉悦，早日康复。"大家随着周琴起舞，不仅增强了自己的免疫力，更是活跃了整个方舱医院的氛围，重拾了对抗疫成功的信心！

周琴并不是专业的心理医生，但是她的举动对大学生关注和调整自己的身心健康很有启发：心理健康是健康的重要组成部分，我们要为自己的身心健康负责，主动照顾自己，锻炼身体、调节情绪，这样做不仅使自己受益，还会给周围的同学带来正能量！

▶ 常见问题解答

问题1：如何鼓励小组成员做分享？

由于是第二课，小组的凝聚力尚未完全形成，小组成员容易担心诸多问题，比如"我的分享会不会被人笑话""我的分享有没有价值""别人会怎么看我的分享"等。在刚开始时，教师要多进组倾听和观察小组的分享情况（也可由助教来完成），也可以用简短的、鼓励性的话回应小组成员的分享，比如"谢谢你的分享，非常好""很好的觉察和观察"等。如果小组中有人打断别人，教师也要及时温和地制止："稍等一下，请这位同学先说完你再说，可以吗？"因为中途被人打断可能会阻碍该成员的分享。如果有小组成员对别人的分享做评判，比如"你这样想不对""我觉得你不是这样的人"等，也会阻碍分享，因此教师也要及时温和地制止，引导小组成员相互鼓励和支持彼此的分享。教师可以制定一些规则，比如："我们不对他人的分享做评判，在他人分享的过程中我们只能倾听，保持好奇，尊重他人的想法和内心体验，鼓励他人多分享。"

问题2：如何打断讲话过多的小组成员？

有的小组成员在分享时会占据大量的时间，陷入具体事情的细节中去，甚至已经偏离了分享的主题。在这种情况下，教师要及时温和地打断。有的教师觉得不好意思打击学生的热情，因此难以打断讲话过多的小组成员，其实教师只要保持温和的态度，学生就不会觉得自己被"责备"了。所以教师在打断小组成员时，态度是第一位的，应抱着温和、关心的态度。这样做不会让学生产生防御，而是愿意停下来，更加聚焦于当下的分享任务。教师可以这样说："我要打断一下你，虽然可能很多同学对你说的事情感兴趣，但咱们在课后有很多的时间可以交流，现在时间很有限，让我们先完成分享任务吧。"

▶ 备选活动

活动：心理健康投射测验——雨中人

采用投射测验的方式进行心理健康自评，预计用时10~15分钟。教师首先让学生准备一张白纸，然后根据自己的理解和想象在纸上画出"雨中人"，并应特别强调绘画的水平不代表心理健康水平。等大部分学生画完后，分3~5人一组进行讨论，分享自己画画时的感受，并谈谈自己对小组成员画作的感受，然后邀请一些小组进行汇报。最后教师进行总结反馈，解读"雨中人"投射测验的主要考查维度：雨量代表当前的压力水平，雨中人是否有雨伞等遮挡工具代表个人应对压力的能力。根据小组汇报的情况，教师对比较具有共性的问题进行分析解读。需要注意的是，有的学生可能画了很大的雨，但并没有画遮挡工具，这时教师可以和学生讨论这是否表示该学生的心理不健康，并对这个问题进行解读。这个测试的实施和解读只有在相对安全的氛围中才能保证具有较好的信度和效度，所以在课堂并不足够安全的氛围下，教师不能直接给出确定性的结论，且评价不能单一看是否有遮挡工具这一个条件，还需要综合考虑该学生在画画时的情绪体验。如果该学生感觉很开心，那么该学生可能并未觉得压力有多大，所以并不需要画遮挡工具。教师通过引导应能帮助学生了解自己的压力和情绪状态，同时普及心理健康知识。

课后作业：请学生根据自己画中的现状，列出3条在接下来的一周里可以改善自己情绪状态的举措，并在生活中应用。

第三课

他人眼中我为谁
——大学生健全自我意识塑造

自我的发展和完善对于个人有重要的意义，每个个体自我的发展与完善也将推进整个社会的进步，对于国家发展也有重要的价值。"中华民族伟大复兴的中国梦终将在一代代青年的接力奋斗中变为现实。"大学生既要能够肯定和确认自己的优势，又要勇于面对和接纳自己的不足，在客观了解自己的同时，需要有意识地了解社会发展的需要，将个人的发展与完善同国家的需要统一起来。

教学目的

1. 了解认识自我发展的重要性，了解大学生自我意识发展的特点。
2. 能够了解和识别在自我意识发展过程中出现的偏差及原因。
3. 能够对自我认知的困扰进行调适，建立自尊自信的自我意识。

教学内容

1. 我想知道谁和我一样——热身及自我意识简介（10分钟）。
2. 问问我是谁——自我意识的内涵（20分钟）。
3. 他人眼中我是谁——自我意识的拓展（20分钟）。
4. 我还可以是谁——自我认知的重构及调适（40分钟）。
5. 布置行动作业——自我认知重构（5分钟）。
6. 教师总结（5分钟）。

教学重点和难点

教学重点：自我意识的含义和特点，健全的自我意识的标准和塑造方法，大学生自我认知的困扰和调适。

教学难点： 自我认知的重构。

⏱ 材料准备

教学PPT、空白A4纸（每人一张）、能够代表自己的小物品（学生课前自备，每人一个）。

活动一 ▸ 我想知道谁和我一样——热身及自我意识简介

1. 设计意图

教师借助这个热身活动可以达成一系列教学小目标：①作为导入活动活跃课堂氛围，将学生的注意吸引到与个人相关的特点上，便于引出本课的主题及自我意识的基本概念；②让学生从更多的角度认识教师，感受到教师是一个活生生的人，同时也让教师更多地了解学生的特点，学生所关注的问题，从而为后续的课程设计做准备；③让学生在班级中找到更多跟自己相似的人，引发联结感，进一步增强学生对小组的归属感和整个班级的凝聚力。

2. 核心知识点

自我意识的定义，详见教材第二章第一节。

3. 指导语参考

在正式开始本节课前，我们先来做一个小活动，叫"我想知道谁和我一样"，增加我们对彼此的了解。活动规则是这样的，先请一位同学站起来，说"我想知道谁和我一样"，再描述一个自己的特点，把这个句子补充完整。如果这位同学的描述符合你的情况，就请你起立，表示"我跟你一样"。我说清楚了吗？好，我先来做几个示范，大家一起熟悉一下这个规则。"我想知道谁和我一样，在四季中最喜欢秋天"，跟我一样的同学请起立！好，谢谢你们让我知道你们也跟我一样最喜欢秋天，请坐下。再来，"我想知道谁和我一样，一直想要锻炼却始终未能执行"，跟我一样的同学请起立。谢谢各位，请坐！你们这一站，给了我莫大的安慰啊！好，接下来就由同学们来活动啦，谁愿意先开始？

4. 教学过程

（1）在班级范围内开展活动

一个学生起立补充完句子后，全班有相同情况的学生都起立表示赞同，能让学生在班级的层面彼此有所联结；为了让勇于表达的学生更多地被看到、被肯定，建议教师在每一个学生讲完之后都给出简单的回应，比如"哇，这个特点很新奇/出乎意料！""这个特点厉害了！""我也希望自己可以这样！"当学生所讲的内容比较集中于某个领域（如兴趣、爱好）时，教师可以适当引导学生从其他领域开展活动，比如"有没有同学愿意从个性/亲身经历的角度寻找跟自己相似的人？"

（2）在小组范围内开展活动

为了使小组成员相互熟悉，并促进自我表露的深化，教师可以组织学生回到自己的小组当中开展同样的活动。如果人数及场地条件允许，教师可以请学生按组围圈站立，有相同情况的学生直接在圈子中向前走一步，表明自己的态度，更有助于活跃现场气氛。若教室场地不便学生按组围圈站立，教师可以请学生拿出代表自己的物品，在课桌上围成一个圈，开头询问的学生先把代表自己的物品向圈内推动，小组其他学生听完后可把代表自己的物品往圈内推动，来表示自己有相同的情况。

（3）小组分享及总结

教师邀请学生以小组为单位，简要分享自己小组列举出来的特点有哪些，共鸣者最多的特点是什么。教师进行简要板书，并将话题引到自我意识上，帮助大家意识到刚才所提出来的自己的特点其实都是自我意识的不同侧面，进而结合教材简单讲述自我意识的概念。

5. 注意事项

① 教师进行举例示范前要精心设计。比如，从一般的兴趣爱好、生活习惯开始，先讲积极或中性的，再补充一个相对消极的；之后将话题引向积极的个性特点，进而过渡到比较消极的个性特点，可以示范3次，逐步加大暴露程度。

② 学生发言时，教师也可以参与进来，用举手或起立的方式表达自己与他一样，拉近师生的心理距离。

③ 如果整个班级内的气氛比较活跃，教师可以不用到小组中参与活动。

④ 在这个阶段，对自我意识概念的讲解不需要过于深入，只需要让学生认识到自我意识很重要、与心理健康相关，引发学生兴趣即可。

活动二　问问我是谁——自我意识的内涵

1. 设计意图

填句练习能让学生自由地呈现对自我的认识，并通过对自我意识进行初步的分类，增加对自我的觉察与了解。填句练习也能给学生一个相对广阔自由的联想空间，有助于学生根据自己的实际情况决定自我表露和自我探索的程度，营造接纳包容的课堂氛围。

2. 核心知识点

自我意识的内涵、自我意识的结构，详见教材第二章第一节。

3. 指导语参考

大家知道地球的肚脐在哪里吗？其实有很多地方都被称为地球的肚脐，其中一个就在希腊的福基斯。在这里，有一座著名的德尔菲神庙，在这座神庙留下的断壁残垣中，一个格外重要的石柱上刻着一句话，就是"认识你自己"。如果我们想要通过这门课获得知识和技能，促进自我提升与完善，首先要做的就是了解当下的我们是谁。那么，你了解自己吗？是从哪些方面来了解自己的呢？在你眼中你是谁呢？我们一起来写一写吧！请大家在A4纸上写出20个以"我"字开头的句子。

4. 教学过程

（1）完成填句练习

教师请学生在事先发放的A4纸上，写出20个以上以"我"字开头的句子。教师应提示学生一个句子不需要写很长，只要是以"我"字开头，并用词语或短语将其补充为一个完整的句子即可。详见教材第二章第一节的课堂活动部分。

在最初写句子的过程中，教师可提醒学生独立完成，不要相互讨论。学生写出了几个句子后，教师可以适当提示写作的维度，比如可以写外形特点、优缺点、兴趣爱好等。

（2）引导学生进行自我觉察

在大部分学生完成写作后，教师可依以下顺序，逐步引导学生进行觉察与反思。

① 通过以下提问，引导学生对写作过程进行自我觉察：你总共写了几条？在刚才写作过程中，你的速度是快还是慢？哪几条写得快？哪几条写得慢？在写到哪里的时候会卡住？写的过程中有哪些联想？提问时，要采用启发式的语调，带着感情，放慢语速，带动学生整个意识和情感来思考这些问题，从而帮助学生进行更多的自我觉察。

② 邀请一两个学生分享自己的答案。给予简单的回应，并表达对学生愿意分享的感谢，不需要做过多的解析与反馈。

③ 请学生根据自己喜欢与否，对自己写的内容进行分类，在喜欢的、积极的描述左边画"+"，在不喜欢的、消极的描述左边画"-"，中性的画"○"，并数一数3种符号的数量。

④ 邀请一两个学生分享自己数完符号数量之后的思考或感受，予以适当反馈和鼓励。

⑤ 进行简要的回应和总结，结合教材讲解自我意识的结构和相关知识点，即自我意识既是心理活动的主体，又是心理活动的客体，是涉及认知、情感、意志过程的多层次、多维度的心理现象，包括自我认知、自我体验、自我调控3个部分，详见教材第二章第一节。同时提醒学生写怎样的内容、写的过程中有怎样的感受都是正常的，都是可以被接纳的；在课堂上可以多关注自己在活动中的感受，作为认识自己、理解自己、改变自己的线索。

（3）知识讲解：自我意识的内容

① 教师请学生尝试对自己写的内容进行分类，并分享分类的依据。

② 教师结合教材讲解自我意识的内容，即自我意识主要包含3个方面：对自己生理状态的认识和评价、对自己心理状态的认识和评价、对自己与周围关系的认识和评价。请学生依据这个分类标准，再对自己写的内容进行分类。

③ 教师请学生再次思考以下问题，进一步促进学生进行自我觉察与反思：你写的哪方面自我意识最多？你觉得可能的原因是什么？你最看重哪几条？最不看重哪几条？为什么？这对你有什么启发？教师可以在学生发言后，对学生呈现出来的内容进行适当解释。例如，如果生理自我写得比较多，可能是学生比较在意自己的生理特征，以此为傲或正为此困扰。在更多的情况下，社会自我占比会比较大，这也体现了在我国文化背景下，个体比较重视社会关系的特点。

④ 教师请学生到小组中分享讨论整个活动过程中自己的感受与收获，并邀请小组代表在班级中分享。

（4）教师总结

教师对学生的讨论和分享进行总结，并结合教材第二章第一节，补充讲解与意识和潜意识相关的知识，以及健全自我意识的意义，帮助学生通过这个活动并结合自己直观的体验，理解这些知识点。

5. 注意事项

① 教师可以在写作过程中播放一些温柔的音乐，营造一种沉浸感，帮助学生跟内心不同

的特点和角色相接触，更全面地写出对自我的认识。

②若有的学生在尝试归类时，已经讲出了依照生理自我、心理自我、社会自我分类的方法，教师可以邀请这些学生做更多的分享，再通过对教材的讲解，对比性地加深学生对该知识点的认识。

③若活动时间有限，不能充分开展小组讨论与分享，教师也要让学生在对自我有所觉察后，与同桌进行简短的交流。因为经过了一系列的自我体验与觉察，学生一定会有很多的话需要表达，教师要有意识地创造这样的机会。如果无法提供与同桌交流的时间，教师至少要给学生1分钟的时间，让他把自己最深的感受写在笔记本上，给学生一个可以进行自我表达的机会。

活动三　他人眼中我是谁——自我意识的拓展

1. 设计意图

在前一个活动的基础上，让小组成员之间对彼此的自我意识进行反馈和补充，以此丰富学生对自己的认识和了解，也可以使学生直接发现和体验自我意识的盲区和偏差，为下一步的改善自我意识提供素材。同时，这个活动可以进一步增进小组成员之间的相互了解，增强小组内部的凝聚力和组内分享的安全感。

2. 核心知识点

自我意识发展的特点及类型，详见教材第二章第一节；
自我认识的途径，详见教材第二章第二节。

3. 指导语参考

刚才的活动中，我们了解了自己眼中的"我"。但是，仅从自身得到的信息肯定是不全面的，增加不同视角下的信息，才能帮助我们更好地看清自己。那么，在别人眼中，我们又是怎样的存在呢？请大家在小组中完成接下来的活动，给每一位同学列出来的内容提供反馈和补充，探索更多的自我吧！

4. 教学过程

（1）组内分享与反馈分类

小组成员依次读出自己愿意分享的条目，不希望别人知道的可以不读出来。分享者每读一个，其他小组成员都以点头或摇头的方式，表达在自己的印象中分享者是否是这样的人。分享者则在大多数小组成员点头的条目旁边标记1，在大多数小组成员摇头的条目旁边标记2。分享者读完后，请其他小组成员再共同补充5个左右的条目，在旁边标记3。

（2）提问引导学生加深觉察

教师请学生对标记出来的条目进行统计，并进一步提问促进觉察：①当别人都同意自己写的条目时，你有何感受？②当别人对自己写的某个条目感到意外时，你有何感受？③对于别人帮忙补充的条目，你同意吗？④这些你没有写出来的，由他人补充的条目，对你有什么意义或启发吗？

教师邀请部分学生针对以上问题或活动过程中的其他感受进行分享。

（3）知识讲解：自我意识的特点及类型

① 教师总结学生的练习和分享，进一步结合教材第二章第一节讲解自我意识发展的特点，即矛盾性、情绪化、中心化和阶段性，并请学生对从此知识点获得的启发进行简短的总结和讨论。

② 教师进一步结合教材第二章第一节和第二节，讲解乔哈里资讯窗的相关知识，告知学生标记1的条目代表开放我（公开区），标记2的和不愿意分享出来的条目常常是隐藏我（隐藏区），标记3的条目则常常包含了盲目我（盲区）或被自己忽视的部分，而未知我（未知区）是需要进一步探索和发现的内容。教师请学生画出自己的乔哈里资讯窗中的要素，写下想要探索未知区的哪些方面，并简要讨论探索这些方面的方法。

（4）知识讲解：自我同一性

① 教师请学生进一步觉察，在刚才其他学生反馈和补充的过程中，自己的评价与外在评价是否具有整体的一致性，自己对于未知区是否有较清晰的探索规划。

② 教师根据学生的反馈，结合教材讲解自我同一性的概念，举例说明成熟型同一性、延缓型同一性、排他性同一性、弥散型同一性的概念，邀请学生对照自身进行反思，并谈一谈自己在自我意识方面受到的启发。

5. 注意事项

① 小组成员依次开展活动通常需要较多时间，因此教师需要根据整体的时间安排，提醒学生聚焦讨论的问题，及时换下一位学生进行分享，做好时间把控。

② 教师进行知识讲解时，切勿单纯地照本宣科，而应结合学生的素材进行讲解。如果教师自己总结有困难，可以请学生进行补充和反馈，比如向学生提问"这个知识点在刚才的活动中的哪一部分有体现？"学生通常都能给出丰富而有创造性的答案。

③ 在讲解自我同一性时，教师不需要把重点放在这个概念上，而应更多地让学生意识到自己属于哪种自我同一性，可以怎样进行调整，从而成为更好的自己。

活动四　我还可以是谁——自我认知的重构及调适

1. 设计意图

前面的两个活动帮助学生在自我觉察的基础上，结合他人反馈，对自己有了更多的认识。学生在整合自己与他人看法的过程中，会使得一些内在的冲突显现出来，具体表现为对自己的不接纳、不喜欢。本活动针对学生最不容易接纳的自我认知进行重构和调适，从而帮助学生以更全面的视角认识自己，客观地评价自己，更好地接纳自己。同时，本活动可借由对自我接纳的讨论，进一步提升班级整体的氛围，促进班级团体发挥支持作用。

2. 核心知识点

自我探索与自我悦纳，详见教材第二章第二节；
自我意识的偏差及调适，详见教材第二章第三节。

3. 指导语参考

在前面的活动中，我们靠自我反思和他人帮助，对自己有了进一步的认识，但我们所表现出来的样子与我们所期待的样子总有差距，这就使得我们会有自己不喜欢的方面。但好像自己越不喜欢哪些方面，这些方面就越难以改变。这是为什么？我们又该怎么办呢？接下来，就让我们一起在这个方向上做些探索吧！

4. 教学过程

（1）收集最想改变的自我认知素材
① 教师请学生在小组中，筛选出那些比较具有典型代表性、偏消极的条目，比如"我很自卑""我是拖延症患者""我不擅长跟人打交道"等。
② 教师将各个小组收集的条目进行整理，筛选出全班最为常见的3~4个条目。并将小组分成相应的阵营，让每个阵营领取其中的1个条目。

（2）自我认知的重构与调适
① 教师请每个阵营结合自己领到的条目，依次讨论以下问题。
这个条目所描述的困扰是怎么形成的？
在这个困扰最初形成的过程中，我得到了怎样的好处？
在最近的生活中，这个困扰仍在给我带来哪些好处？又让我付出了哪些代价？
我可以选择在哪些场合继续保持这个困扰？
我可以做些什么，让我摆脱这个困扰？

为了帮助学生更好地理解这些问题的意义和可以思考的角度，教师可以先举一些例子，帮助学生了解常见的困扰以及其可能有哪些积极功能，替代性地满足这些功能的方式有哪些。比如，自卑其实是一种自我保护的方式，当我们把自己想得很差的时候，别人的攻击就不太容易伤害到我们，但代价是自我否定带来的焦虑和抑郁情绪会困扰我们，并且我们会因此失去一些机会。替代性的解决方式可以是找准自己薄弱的方面有针对性地进行提升；或者学习如何面对失败；或者学着去明白当别人发现甚至直接指出我在某方面的弱势时，这个弱势并不是我的全部，我依然可以是一个足够好的人。再比如，拖延会让我们有机会去娱乐，但代价是会给我们带来愧疚感和焦虑感，而更合理的方式是在我们的日常计划中安排好正式的放松娱乐时间，这样我们在该学习的时候才能更好地投入学习。

② 邀请学生分小组进行总结和汇报。每一个阵营的小组全部介绍完毕后，教师都邀请其他阵营的学生进行进一步的视角和观点的补充，最后进行一个表格式的板书总结。常见的困扰重构可参考下表。

困扰	功能	代价	替代性的解决方式
自卑	保护自己的自尊，节省参加不必要竞争的时间	更多的自责和愧疚，失去表现自己的机会	进行有针对性的自我提升，增强对机会的合理判断能力和抗挫折能力，区分"我"和"我的行为"
拖延	享受生活，减少任务量，获得短时间内完成任务的成就感	更多的焦虑，负面的形象，没办法发挥出真正的实力	科学安排学习和生活，学习拆分任务和有效拒绝的技巧
脾气差	实现自我保护以避免利益受损，节省沟通的成本，获得更多的包容	人际关系变差，失去一些机会	心平气和地争取自己的利益，学会更早地设立人际界限

续表

困扰	功能	代价	替代性的解决方式
焦虑	提升工作的主动性，更好地完成工作	皮肤、消化系统、睡眠质量等方面受到影响	增加抗挫折能力，区分真正重要的事情，与内心的担忧进行辩驳
懒惰	省力气，少做很多事情，节省时间和金钱，能创造性地解决费力气的事情	个人形象受损，失去一些机会	对于无法偷懒的事情提升分辨和觉察能力
"社恐"	减少人际摩擦的机会，避免在人际交往中受伤	失去体会人际联结的机会，在一定程度上影响日常任务的完成	与内心的恐惧辩驳，学习分辨可能伤害自己的人，从小的事情上开始尝试

③ 教师提醒学生所谓的缺点并不是突然形成的，它在最初出现的时候，帮助我们解决了一些更为痛苦的问题，这便是它最基本的在进化意义上的"功能"。这个功能非常宝贵，我们也可以将其保留下来，在特定场合下保护自己，这样我们就不必沉浸在自责和抱怨当中。当然，我们也可以用替代性的解决方式来实现它的功能，化缺点为优点。教师进一步结合教材第二章第三节，讲解自我偏差的类型和矫正的方法，帮助学生意识到这些困扰与自我偏差的不同之处，即困扰是有觉察、想改变的，而偏差可能是没有充分被意识到的。

5. 注意事项

① 这个活动的重点在于找准合适的自我认知困扰，并且在理解这个困扰的功能的基础上，给出建设性的意见。这就要求学生找到的困扰不能是"生理自我"这一维度的，而应从"心理自我"的角度去寻找，同时找出这个困扰所带来的好处和代价，这样才能让学生更好地接纳自己，并增强改变的动机。

② 如果学生在活动过程中找不出某一困扰的功能，那么教师可以邀请全班学生一起讨论。教师可以引导学生抛开社会评价的视角，从人性、本能的视角来思考，这样可能更容易找出困扰的功能。

活动五 布置行动作业——自我认知重构

为了更好地促进学生自我接纳、成为更好的自己，教师可以要求学生针对自己在课堂上写下的消极方面的自我认知，结合课上所学的方法进行解读和重构。如果有学生没有在A4纸上写任何消极条目，则教师可以让他们列出来3个自己的缺点，或自己特别看不惯别人的特点，并进行解读和重构，以进一步拓展对自己和他人的认识。

活动六 教师总结

教师简要核查学生在本堂课中的收获，简要答疑，并进行以下总结。

① 我们可以通过自我反思和他人反馈更好地认识自己、了解自己，设想自己未来更多的可能性。

② 缺点可以通过解析和重构变为资源，成为在其他场合替代性的解决问题的方式。我们要持续进行自我觉察，增进自我认知的步伐，更加接纳自己的个性和观念。

【小故事】

青春之花，绽放在扶贫路上

黄文秀是百色市田阳县人，生前是广西壮族自治区百色市乐业县新化镇百坭村第一书记。2019年6月16日，她回家陪护刚做完肝癌手术不久的父亲后，因惦记百坭村的防汛抗洪工作，冒着暴雨连夜返回工作岗位，途中遭遇山洪不幸牺牲，年仅30岁。她的故事一直激励着很多大学生。2016年从北京师范大学硕士毕业的黄文秀，毅然选择回到家乡，当一名定向选调生，扎根基层。但是基层工作并不容易，"百坭村建档立卡贫困户，分散居住在几个不同的山头"，群众也表示"你这个小年轻，我们跟你聊了也没用"。但是黄文秀丝毫没有退缩，她用《西行漫记》中的话勉励自己："让扶过贫的人像战争年代打过仗的人那样自豪，长征的战士死都不怕，这点困难怎么能限制我继续前行。"扶贫工作非常辛苦，但从没人听黄文秀叫过"苦"。她陆续帮村里解决了4个屯的道路硬化问题，组织修建蓄水池4座，完成两个屯的路灯的亮化工程。2018年百坭村的贫困发生率从22.88%降至2.71%，实现了贫困户户户有产业，村集体经济项目增收翻倍。

黄文秀的故事对正在自我探索的大学生的启发：真正的自我实现是个人与社会的统一，是摆脱冷漠，关心社会；充分发挥自己所长，脚踏实地；真正把自我实现和实现中华民族伟大复兴中国梦的事业相结合，发光发热。正如黄文秀在入党申请书中写的那样，"一个人要活得有意义，生存得有价值，就不能光为自己而活，要用自己的力量为他人、为国家、为民族、为社会做出贡献！"这样国家才有希望。

⚑ 常见问题解答

问题1：学生如果实在找不到困扰的功能怎么办？

寻找困扰的功能是行为治疗中"行为微观分析"技术的直接应用。如果学生实在找不出困扰的功能，那么教师可以通过以下问话进行初步的探索。以脾气差为例，教师可以询问：这个困扰通常在什么时候出现？（或最近一次影响你是什么时候。学生可能会说当别人侵犯了自己的利益还嘴硬的时候。）那个时候你内心有怎样的想法？（学生可能会说，这人怎么这样？太不讲理了！）你有怎样的情绪反应？（学生可能会说，很愤怒。）你具体做了什么事情？（学生可能会说，张口就大声呵斥对方。）这个事情带来的即时性效果是什么？（这里通常探索的是好处，比如学生可能会说，当时对方就闭嘴了！）后来又发生了什么？（这里通常探索的是代价，比如学生可能会说，后来这个同学就不理我了。）有没有什么时候，在同样的场合，你没有这种困扰？（例外通常就是可以改进的方式，比如学生可能会说，有时我会告诉自己稍忍一下，听他怎么解释。）

如果进行了初步的探索后，依然得不到答案，教师也不必慌张，可以邀请其他学生一起想办法，给出可能的答案。如果对全班来说，这个问题都非常困难，那么教师可以将其直接留为作业，请大家在课后认真思考，也为自己争取更多的思考时间。

问题2：如果学生在讨论的过程中偏离主题，没能在规定时间完成讨论任务怎么办？

彼此有了一些熟悉度的学生在讨论过程中跑题到其他更感兴趣或更没有挑战性的问题上，是很常见的现象。教师需要在讨论过程中巡回旁听，了解学生讨论的方向和进度，及时将学生拉回正轨。

如果班上跑题的小组过多，教师可以暂时喊停，强调这个活动的意义和价值，让学生意识到积极投入相关主题讨论的重要性；也可以强调考核标准，对积极开展主题讨论的小组予以加分和肯定，而不是给那些跑题的小组扣分，以避免引发进一步的抵触情绪。

问题3：如果学生在写的过程中"不走心"怎么办？比如在"问问我是谁"活动中写了偏表面的生理特点或社会角色的特点，没有涉及心理自我怎么办？

首先，学生在活动中"不走心"，其实是教师对于学生的"评判"。是因为我们假定每一个学生都"应该"全身心地参加活动，"应该"尽量多地挖掘自己的内心。但是每一个学生都有自身独特的经历，如果个别同学作答情况不符合教师对于觉察深度的期待，那么教师可以在小组讨论环节多询问一下这些学生的想法和状态，做出适当的提醒或教育，这也许就是一个发现"重点关注对象"的机会。

其次，我们的基本教学理念之一是，课堂上出现的任何状况都可以作为一个现象拿出来在班级中讨论。如果大部分学生在活动中都"不走心"，那么教师可以暂停教学过程，与学生一起讨论一下他们对于活动的理解，澄清必要的指导语；也可以请学生分享他们参与这个活动的担忧，帮助学生找到无法深入的原因；也可以把更多地看到生理和社会自我的情况作为一个现象与学生展开讨论，帮助学生看到大家更关注什么，还可以关注什么。经验丰富的教师可以引导学生寻找自己在课堂上的状态与平时学习生活中状态的类似之处，进而增进对自我的认识和理解。

🚩 备选活动

活动1：我的自画像

如果学生人数较少，活跃度较高，教师可以采用更为艺术化的方式开展活动。教师可采用"我的自画像"活动，请学生在聆听温暖安静的轻音乐的同时，想象自己是什么或像什么，用彩笔或油画棒画在A4纸上。接下来教师让学生通过描述这个自画像，获得自我意识的条目或素材，进而进行分类和知识讲解。在反馈的环节，教师应强调小组成员的相互反馈应是对绘画素材的客观反馈，而不是对其他学生的主观臆断。比如，学生可以反馈"这个自画像有一双相对较大的耳朵"，而不是直接评判"你的耳朵这么大，是不是只知道听别人的话"。教师也可以让学生结合自画像讨论希望自己改变的方向，具体表现为可以在自画像上添加什么等。

活动2：乔哈里资讯窗

详见教材第二章第二节的自助训练活动。教师可以提前为学生打印好空白的乔哈里资讯窗，请学生先在自己知道的"开放我"和"隐藏我"里填写相关内容；再请小组之间反馈在几节课的接触中看到的彼此的特点，由每位学生结合自己的情况填写到"盲目我"当中；最后，请学生根据彼此反馈的情况，把希望了解自己的哪些方面，或者不太明白自己为什么会做出一些事情的方面放到"未知我"里，以提示自己进一步进行自我觉察。

活动3：他人眼中的我

详见教材第二章第二节的自助训练活动。通过这个活动，学生不仅能看到同学眼中的自己，还能进一步拓展父亲、母亲、好友、室友、恋人、教师眼中自己的形象。教师在课程中要注意，涉及父母、恋人评价的部分可能会更关乎学生的核心自我评价，因此在整个班级的学生比较熟识、关系较好的前提下开展此活动，学生会更开放，效果会更好。若班级的信任感和凝聚力还没有建立起来，教师应强调"自愿选择"，不要求每一个学生都分享每一个方面的特点。

活动4：我是独一无二的

详见教材第二章第二节的自助训练活动。教师请学生在教材上填写空白的部分，并邀请愿意发言的学生在班级中进行表达和分享。该活动的核心是鼓励大家真诚而大方地欣赏自己的优点，看到自己的独特性，接纳自己的缺点，并且找到可以与缺点配平的优点，提升自我接纳的水平。教师要引导学生意识到，不要拿自己的缺点和别人的优点做比较，而是要在欣赏自己优点的同时，真诚欣赏别人，即达成"你好，我也好"的双赢局面。

活动5：独一无二的树叶

教师在课前准备略多于班级人数的同种树木的叶子（如银杏叶），请每个学生都闭眼选择一片属于自己的树叶，并仔细观察这片树叶的特征。之后教师让全体学生以小组为单位，把树叶放在一起，全体闭眼，由组长轻轻打乱树叶的位置，再请每位同学找回属于自己的那片树叶。教师再让大家讨论自己是如何找回属于自己的树叶的，其他人依据的线索与自己有哪些相似之处。借由这些分享，学生可以体会到每个人都是独一无二的，分到哪一片树叶不由自己决定，但是如何发挥这片树叶的价值、欣赏它的独特性是可以由自己决定的。

第四课

突破天性
——大学生人格发展与心理健康

📓 教学目的

1. 了解人格的基本知识。
2. 了解自己的人格特质。
3. 掌握大学生人格完善的途径和调适方法。
4. 进一步加深学生之间的相互了解，建立信任的小组分享和学习氛围。

◈ 教学内容

1. 趣味自我介绍——热身及人格简介（20分钟）。
2. 优势人格自评——对人格的了解、完善与发展（70分钟）。
3. 布置行动作业——人格完善的具体实践（5分钟）。
4. 教师总结（5分钟）。

✍ 教学重点和难点

教学重点：了解自己的优势人格。

教学难点： 人格的完善和调适。

材料准备

教学PPT。

活动一　趣味自我介绍——热身及人格简介

1. 设计意图

人格是一个特别抽象的概念，如果教师只是口头讲授学生人格的概念，学生很难真正理解。这个活动一是可以让学生具象地了解每个人身上独特的精神风貌，看到每个人身上的人格特点，帮助学生更直观地理解人格的概念；二是能达到热身的目的；三是能增加学生之间的熟悉和了解程度，建立友好、信任的学习氛围。

2. 核心知识点

人格的概念，详见教材第三章第一节。

3. 指导语参考

大家好，今天我们的主题是人格，人格大家一定不陌生，我们平时会怎么用"人格"这个词呢？"我以我的人格担保！""你不要污辱我的人格！"但这里说的人格，跟我们今天讲的人格可不完全是一回事。究竟什么是人格呢？我们通过一个活动来体验一下。请大家在小组中选择任何一种存在于大自然的一种东西来进行自我介绍，有生命的、没生命的都行，用"我就像大自然中的……，因为……"句式来介绍，"因为"后面要说明你类比的具体理由，尤其是你们个性上的相似之处，描述得越细致越好。老师先来做一个示范，"我就像大自然中的一条小河，因为我和小河一样，时而温柔、时而有力、时而慢、时而快，遇到平道的时候，我能平滑地流过去，遇到障碍的时候，我有足够的耐心一次次地冲刷障碍，直到我越过它。在崎岖的大自然中，坚持不懈的努力使我最终趟出了自己的路。我觉得自己身上的韧性、力量和小河特别像。"（教师也可以替换成其他的例子。）我给大家1分钟的时间想一想，你和大自然中的哪种东西最像，哪些原因让你选择用这个东西来类比自己。

4. 教学过程

（1）讲解规则，指导学生进行自我介绍

规则要点包括：自我介绍要和个性特征有关，聚焦于最主要的一两个个性特征即可，给学生3分钟的时间进行思考。

教师可以用其他的例子取代指导语参考中的例子，例子的要求是描述尽量具体，可以用丰富的形容词来进行描述，需要注意的是描述的点要聚焦于一两个重要的个性特征，便于提取其中"独特的精神风貌"，不能太散、太丰富。

（2）大组分享

活动结束后邀请5～8个学生在全班分享自己的自我介绍。

再请3~5个学生分享听到别人用这样的方式介绍自己时的感受和想法，感受和想法应针对这个人身上展现出来的独特的精神风貌。

（3）教师总结和讲解人格的概念

教师对学生的分享进行总结，引出人格的概念：广义的人格等同于个性特点，指相对稳定的和独特的认知、情感与行为模式，体现了一个人独特的精神风貌。详见教材第三章第一节相关内容。

教师在讲解人格的概念时，不要聚焦于专业概念的讲解和辨析，达到科普的目的即可，不需要做出专业的区分，重点在于让学生了解人格就是一个人独特的精神风貌，是一个人展现出来的独特的个性特征即可。教师可以通过学生的介绍来总结人格的概念，教材中列举出的4个句子对一些易混淆的概念做了一些说明，教师可以学习和参考，但不建议上课时讲，以免引发学生对于易混淆概念的纠结，偏离教学目标。

5. 注意事项

① 一定要给学生足够的时间来联想，如果时间比较仓促，有的学生可能还未做好准备。
② 分享自我介绍的学生不建议少于5人，教师可以根据时间自行调整。

活动二　优势人格自评——对人格的了解、完善与发展

1. 设计意图

基于积极心理学的理论，该活动通过呈现24个具体的优势人格并请学生进行自评，将焦点锚定在优势人格的探索上，让学生通过优势人格的发挥，进一步完善和发展自身人格。探索优势人格的目的并不是对"短板"视而不见，而是通过探索和发展"长板"（优势人格），来进一步完善自己的人格。该活动一是可以帮助学生了解自己的优势人格；二是能促进学生之间的熟悉和了解，建立友好、信任的学习氛围；三是能让学生通过分享进一步接纳和承认自己的优势人格；四是能让学生锚定自己想要发展的好的人格品质，完善与发展自身人格。

2. 核心知识点

人格的优势与成长、完善与发展，详见教材第三章第三节。

3. 指导语参考

大家可能听说过木桶理论。木桶理论认为，组成一只水桶的每块木板必须平齐且无破损，如果组成这只桶的木板中有一块短板，这只桶就无法盛满水（图1）。于是，我们常常将精力集中于克服短板、改正缺点，力图成为一个少有缺点的人，这本身很有价值。但我们经常忽视了自己人格中的长板——优势人格，我们将木桶向长板那一侧倾斜时（图2），也一样可以达到容纳更多水的效果。我们的优势人格就是人格中的长板，是那些积极、良好的人格特质，长板可以扩大木桶的容积，为我们的未来带来更多可能。接下来我们通过一个测评来帮助大家进一步了解自己身上有哪些优势人格。请大家根据表格中呈现的24种优势人格（教师在PPT上呈现表格内容，表格详见教材第三章第三节"表3-6 24种优势人格"），选出你认为自己具备的5

种优势人格并排序。

教师可在PPT上呈现图1、图2，方便学生理解。

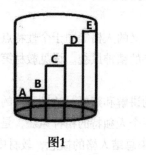 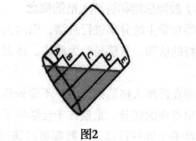

图1   图2

4. 教学过程

（1）布置并完成自评任务

说完指导语后，教师可以先简单介绍优势人格的概念，然后要求学生根据自我评价选出自己具备的5种优势人格并排序。如果有学生反馈很难选出优势人格，教师可以让该学生根据他人的反馈来做选择。通常情况下这个完成教学过程的难度并不大，即使是自我评价比较低的学生，也能找到自己的优势人格。学生可能遇到的挑战和问题如下。

① 对优势人格的理解。优势人格指的是那些积极、良好的人格，而不是指个体身上突出、占优势的人格，其具备以下特点：经常呈现，具有价值，让别人敬仰，社会提倡，有先天成分，后天可以培养，具有普适性。积极心理学家彼得森和塞利格曼从上百种人格中发现了24种优势人格，并将其归纳为六大美德。研究发现，这些优势人格对幸福感、生活满意度、积极情绪及身心健康都有积极的影响。

学生对优势人格的理解可能会存在不一致的情况。比如有的学生不认为表中的一些品质是优势人格，比如善良、审慎：有的学生可能认为太善良的人容易受欺负，有的学生可能认为太审慎的人意味着胆小怕事。教师可以邀请这些学生分享自己的观点，并询问在这些学生眼中，什么样的人格才是优势人格。教师应接纳学生的观点，并邀请其他学生发表自己的观点，最后请学生总结自己身上的优势人格。

② 某些学生可能正处于某种精神障碍的发作阶段，比如有抑郁障碍的学生，这部分学生很难看到自己身上具备的优势人格，教师可以引导他们回想自己未处于精神障碍发作阶段的状态，总结出自己的优势人格。如果有学生难以完成这个任务，教师可以请该学生倾听别人的分享，并在课后和该学生聊一聊，如果有需要可以推荐该学生求助专业人士。

（2）小组分享：我的优势人格

教师请学生在小组中分享自己写下的排在前三位的优势人格，每一个优势人格都要用一个具体的事例来说明，时间可设置为25分钟左右。

（3）大组分享

小组分享结束后进行两轮大组分享。

第一轮分享：教师邀请5~8个学生在全班分享自己的优势人格，并举一个例子说明自己排在第一位的优势人格。

第二轮分享：教师邀请5~8个学生分享自己在活动过程中的想法或感受，学生可能的分享包括"有些不好意思""感觉自己挺棒的""听到别人的分享后对别人更加了解了""更加了解小组中的成员""从别人身上学到了很多"等。

两轮大组分享的时间一共可设置为10～15分钟。

（4）教师总结和讲解优势人格及其如何发挥作用

① 教师总结，看到并承认自己的优势人格是完善自我的第一步，会给人带来力量感。教师可以参考以下内容来总结六大美德所蕴含的力量。

智慧与知识：认知的力量，包括对知识的习得和使用。

勇气：情感的力量，包括面对来自内外部的阻碍目标实现等逆境时的意志锻炼。

仁慈：人际交往的力量，包括对别人的呵护和友好。

公正：公正的力量，是健康社区生活的基础。

节制：阻止无节制/过分的力量。

精神超越：与更广泛的外界建立联系，以及提供生活意义的力量。

② 教师讲解优势人格如何发挥作用。教师要引导学生勇于发现并承认自己的优势人格，利用自己的优势人格去发展和完善自己；找到属于自己的标志性优势人格，并在生活中努力加以运用，做自己擅长和有优势的事情，就能够增强幸福感。以下示例供教师参考。

如果你的优势人格是自控力，你可以晚上去操场上跑步锻炼身体，而不是在宿舍刷剧；如果你的优势人格是欣赏美和卓越，你可以选择一条更长但风景更好的上课路线，哪怕这会多花10分钟；如果你的优势人格是勇敢，你可以去挑战一个你一直以来想要突破的情境（比如用英语进行演讲）；如果你的优势人格是创造力，你可以每晚留出一点时间来写小说，等等。

（5）班级优势人格"面面观"

教师一个接一个读出6类优势人格，请写下相应的优势人格并排在前三位的学生站起来。

教师粗略统计排名靠前的优势人格类别和排名靠后的优势人格类别，在此过程中，特别要注意对时间的把控，千万不要为了得到精确的数据而花大量时间进行统计。

（6）教师总结和讲解人格的完善与发展

① 教师总结排名靠前的优势人格类别和排名靠后的优势人格类别。这可能会呈现出学校的特征或某些专业的特征，比如对一些理工类专业的学生，智慧与知识类的优势人格更突出，对一些艺术类专业的学生，精神超越类的优势人格更突出，教师可根据结果进行一定的解释。在讲到排名靠后的优势人格类别时，教师应借机引出人格的完善与发展这部分内容，因为这些优势人格可能正是学生需要完善和发展的。

② 教师讲解人格的完善与发展。人格的完善不是简单的努力改变，也不是简单的自我接纳，而是一个长期的目标。教师应引导学生看到人格的各个部分，特别是认识到优势人格是自己的资源，从而在整合自己的基础上，接纳自己的天性，并不断设计新的发展计划，逐步实现人格的完善和发展。详见教材第三章第三节相关内容。对于这部分内容，教师不用讲解具体的方法，只需要讲解一些理念即可，为后面的小组分享做铺垫。

（7）小组分享：我想要发展和完善的人格

教师邀请学生先写下一个自己最想发展的人格，在小组中分享这个人格及打算采取什么行动。时间可设置为15～20分钟。

学生进行小组分享时，要锚定一个人格，行动（计划）越具体越好，实施的可能性越大越好。

教师可以引导学生先锚定某一个人格，然后分享具体的行动，不断将范围缩小，具体到一个小的行动中。比如学生想发展勇敢的人格，计划先从人际交往入手（锚定到某一个领域），勇敢地去和别人主动交流。具体要怎么做呢？可以在上课的时候主动和坐在旁边的同学打招呼，去食堂打饭的时候主动和打饭的工作人员问好，上课时主动回答一次问题等（具体到一个小的行动中）。

5. 注意事项

① 在自评环节，教师需要保障每个学生都完成了排序，可以在活动结束前2～3分钟询问学生的完成进度，提醒还未完成的学生尽快完成排序。

② 在同学们进行小组分享时，教师可以轮流进各组了解分享情况，如果有助教，请助教们把握好每个学生分享的时间，避免出现有的人分享时间过长，有的人分享时间过短的情况，一定要让学生举具体的事例来说明自己的某个优势人格。教师应在分享还剩10分钟和5分钟时提醒学生。如果有小组还需要时间完成分享，教师可以适当延长时间，保证每个学生都能进行分享。

③ 在第二轮大组分享时，教师要鼓励学生分享自己在活动过程中的想法和感受，可以用一些具体的问题来引导，而不是抽象地问有什么想法和感受，比如"刚刚大家在分享自己的某个优势人格时，内心的感受是什么？""当你听到别人分享他的优势人格时，你想到了什么？""你有哪些很特别的感受？有哪些让你印象深刻的分享？""你学到了什么？"等。

④ 在班级优势人格面面观环节，教师需要对起立情况做简单记录，记录时不需要特别精确，能看出哪类优势人格排名靠前，哪类优势人格排名靠后即可。教师通过起立的情况引出人格的完善与发展的内容，可以结合社会主义核心价值观来讲解，也可以借助清华大学樊富珉教授的总结来讲解："只有优异成绩，却不懂得与人交往，是个寂寞的人；只有过人的智慧，却不懂得控制情绪，是个危险的人；只有超人的推理，却不了解自己，是个迷惘的人。我们需要不断地完善自己的人格，才能成为一个更加完整而幸福的人。"

如果能够借助某些App或授课软件来完成这个部分，可以节约一定的时间，多余的时间可以用于小组成员更加充分地分享自己想要发展的人格。

活动三 ▶ 布置行动作业——人格完善的具体实践

教师应让学生将发展人格品质的想法落实到具体行动中。比如某个学生写下的是要发展自控力，那他可以通过早起一次床、早睡一次觉，或者拒绝一次同学打游戏的邀请，或者在某一堂课上坚持不看手机等来发展自控力。

活动四 ▶ 教师总结

教师简要核查学生在本堂课中的收获，简要答疑，并进行以下总结。

① 我们需要不断完善自己的人格，才能成为一个更加完整而幸福的人。

② 我们的优势人格就是人格"木桶"中的"长板"，可以扩大人格"木桶"的"容积"，为我们的未来带来更多可能。

【小故事】

该从何处学修身呢

著名的哲学家、心学家王阳明，曾对一个感慨政务缠身的官员说："心学不是悬空的，只有把它和实践相结合，才是它最好的归宿。我常说去世上磨炼就是因此。你要断案，就从断案这件事上学习心学。例如，当你断案时，要有一颗无善无恶的心，不能因为对方的无礼而恼怒，不能因为对方言语婉转而高兴，不能因为厌恶对方的请托而存心整治他，不能因为同情对方的哀求而宽容他，不能因为自己的事务烦冗而草率结案。如果抛开事物去修行，反而会处处落空，得不到心学的真谛"。在王阳明看来，"工作中修行"的关键就是在工作中自然而然地按照良知要求去行事，不欺良知，才是真修行。

王阳明的这段话启发我们：完善人格并不需要去深山老林找一个僻静之处，而应把自己置身于社会，投身并热爱生活，不断与他人接触，自我反思，这样才能提升心灵层次，锤炼品性。

⚑ 常见问题解答

问题1：第三课和第四课的区别和联系是什么？

相比于人格发展，自我意识塑造是一个更广泛的概念。而人格发展锚定在人格上，人格是个人相对稳定的和独特的认知、情感与行为模式，体现了一个人独特的精神风貌。

第三课强调的是对自我的探索和了解，针对常出现的自我意识偏差进行解读和重构，而本课强调的是对自己优势人格的了解，确定想要发展的人格品质，促进人格的完整和健康发展。

问题2：人格的概念特别抽象，怎么讲解才能让学生听懂？

人格的概念本身就是一个特别抽象的概念，很多教师对于掌握人格的概念都感到特别困难。本课在课程设计中充分考虑到了这一点，比如第一个教学环节用大自然中的一样东西来做自我介绍，会让学生非常直观地了解一个人独特的精神风貌。这里建议教师可以多举例子来讲解，也可以充分运用学生的分享来讲解。在学生掌握人格概念的过程中，教师可以允许学生在理解上有一定的模糊性，不用特别精确和专业，比如学生可以将人格等同于个性特点、性格特点，这样会更容易理解。

⚑ 备选活动

活动1：房树人绘画测验

活动内容和结果讲解请参考教材中的二维码资料。一般来说，房子的解读主要反映学生对家庭与自己关系的感知，而树更贴近自我的体验，人是自己的自画像。需要提醒教师的是，进行房树人绘画测验的目的并不是给学生的人格贴标签，而是帮助学生更好地理解自己的人格特点，对于其中表现出的负面线索，比如树疤、画风凌乱等，教师应对学生进行积极的引导，帮助学生理解和接纳自己。最后教师可以用一个课后作业帮助学生对参与这个活动的感受进行总结，把体验上升到理性层面。

活动2：大五人格测试

活动内容和结果讲解请参考教材中的二维码资料。对大五人格测试的解读可以放在本课中人格完善的具体实践部分，以引导学生进行讨论。无论学生的大五人格测试结果如何，教师都应引导学生：对每个人来说，完善自己的人格并不是盲目学习别人，变成别人，而是在理解自己的基础上，不断发现自己的优势，完善自己。

活动3：人格面貌舞会

该活动可以在7人小组中进行，由助教带领小组进行。一个学生做主角，写下自己人格中3个积极的部分、3个消极的部分，分别用积极和消极的形容词描述它们，并为每个部分选择一位著名的人物作为代表；主角选择其他小组成员来扮演这些人物，举行一个舞会；舞会的开场是要让代表各个部分的人物见面和互动，在自由互动后，由不同的人物来主导舞会，最后让代表各个部分的人物相互协作，展现出他所拥有的众多资源及所做出的转化，并请求主角的接纳。助教与主角一起审视这个过程，最后让主角接纳并整合所有属于自己的部分。

这个活动需要教师关注主角和其他学生的感受，避免发生冲突。面对可能的冲突，或者主角难以接纳自己的消极人格的时候，教师可以引导其他学生进行反馈，说出消极人格的积极功能。该活动可帮助学生从功能性视角对自己的人格进行更多的理解和思考。

第五课

学海方舟
——大学生学习心理

2013年7月17日，习近平总书记视察中国科学院大学时对青年学生提出希望："希望同学们珍惜宝贵的青春年华，坚持理想，脚踏实地，既勤于学习、善于学习，打牢知识功底、积蓄前进能量，又勇于探索、勇于突破，不断认识科技世界新领地，立志报效祖国、服务人民。""坚持理想""立志报效祖国、服务人民"是大学生学习的价值所在，为大学生学习指引方向；"勇于探索、勇于突破，不断认识科技世界新领地"是大学生学习的动力源泉，为大学生学习提供动力；"脚踏实地""打牢知识功底"是大学生学习的行动指南，为大学生学习提供方法参考。大学生只有认真对待自己的学业，回应自己内心的热爱召唤，回应建设社会的使命召唤，才能不辜负自己的宝贵年华。

教学目的

1. 了解大学生学习的常见心理困惑和问题。
2. 了解学习的内涵，提升学习效能感。
3. 了解什么是成长型心理模式，对自己的心理模式有所觉察。
4. 学会培养成长型心理模式，调适学习中的常见心理困惑和问题。

教学内容

1. 大风吹——学习困惑面面观（30分钟）。
2. 小组分享——寻找我身上的成长型心理模式（60分钟）。
3. 布置行动作业——成长型心理模式的实践（5分钟）。
4. 教师总结（5分钟）。

教学重点和难点

教学重点：学习的内涵，提升学习效能感。
教学难点：成长型心理模式的激发与培养。

材料准备

教学PPT、海报纸（每组一张）、粗头水彩笔或粗头中性笔（每组一套或一支）。

活动一　大风吹——学习困惑面面观

1. 设计意图

这一课容易讲得非常理性和枯燥，因此设置了该活动。这样做一是可以达到热身的目的，增强学生身体和心理的体验性，提升学生的学习兴趣；二是在活动中融入舞动治疗的镜像技术，能让学生看到自己并不是唯一受学习问题困扰的人，从而获得支持，将自己的问题一般化，促进学生之间的联结和减轻对自身问题的焦虑；三是可以让学生了解成长型心理模式的概念，觉察和了解自己的心理模式；四是可以在讲解中融入认知行为理论的理念，让学生体验到心理模式（认知）对感受和行为的影响。

2. 核心知识点

大学学习的常见困惑，详见教材第四章三节。

3. 指导语参考

大家好！今天我们要讨论一个上学以来就离不开的话题——学习。先请大家想一下，一想到学习你都有哪些感受？脑海中闪现出了哪些念头？会联想到哪些困惑或困难？任何联想都可以。比如"一想到学习我就犯怵""一想到学习我就想到曾经挂过科""高数好难啊"，我给大家一点时间想一下（停顿十几秒）。好的，接下来我们要进行的游戏叫"大风吹"，大家之前都玩过这个游戏吗？这可能跟有的同学以前玩过的不一样，我们先来演练一下。一会儿我说"大风吹"，说完之后请大家一起大声喊"吹什么"，我会说一个和学习有关的困惑或困难，做一个能让大家看见的动作，有相同困惑或困难的人请站起来和我做同样的动作（教师做示范，比如挥舞双手、摇晃身体、跺脚、比心等）。比如，"吹认为高数很难学的人"（同时做一个动作），"吹看到周围人很努力就头疼的人"（同时做一个不同的动作），"吹一想到学习就犯怵的人"（同时做一个不同的动作），"吹有学习拖延症的人"（同时做一个不同的动作）。我们先来练习一轮，再请同学们上来组织活动。

4. 教学过程

（1）讲解规则，指导学生进行热身活动

活动规则要点包括：活动的流程，"吹"的特点及要求，动作要求，至少进行10轮，每一轮换不同的学生来组织活动。

学生可能的困惑：周围人太努力了，有学习拖延症，学习压力大，学习效率不高，不想学习（缺乏学习的动力）等。

活动过程中可能会出现有的学生"吹"，但没有人回应的情况，这时教师可以做一些简单的积极回应，比如"嗯，你刚刚说的这个困惑真的很独特""这个困惑真的很特别"。来为该学生提供支持。要注意这只是个热身活动，教师不用在此花过多的时间和精力。

（2）教师总结大学生学习中面临的困惑和问题

教师可以根据学生的分享和助教提前收集的学习困惑和困难进行总结（可以参看教材第四章第三节的相关内容），也可以结合自身对本校学生的了解来进行总结。比如有些院校的学生面临的问题常常是周围人都很努力，很"内卷"，学习压力很大；而有些院校的学生面临的问题常常是缺乏学习的动力，不知道该如何学习等。在总结时，教师需要强调问题的普遍性。

（3）小组分享：对自身心理模式的觉察

教师邀请学生在小组中分享自己在遇到困难时常出现的想法，比如"太难了，凭我的智商我很难做到""我就是这么没用，什么都做不好""我不可能做到""我太笨了，我肯定学不会""我试一下，应该没问题""是很难，我看能不能想想办法""没问题，肯定能想办法解决的"。反思和总结自己遇到困难时的思维倾向。时间可设置5~8分钟。

（4）教师讲解成长型心理模式的概念和作用

① 教师根据学生的分享，讲解成长型心理模式的概念和作用及成长型心理模式和固定型心理模式的对比，详见教材第四章第二节的相关内容。教师可以引导学生体验不同的心理模式对自己感受和行为的影响（即认知行为理论中认知对感受和行为的影响）。比如，当学生想"太难了，我很难做到"时，会感到很挫败，在行动上就会回避或拖延解决问题；当学生想"是很难，我看能不能想想办法"时，会感到困难，同时也会感到有希望，在行动上就会想办法解决问题；当学生想"没问题，肯定能想办法解决"时，会感到有力量、有希望，在行动上就会更加积极地想办法和尝试解决问题。最后，教师总结成长型心理模式的积极作用。

② 教师强调每个人身上都有固定型和成长型心理模式，我们不能武断地评判哪种心理模式更好。同时教师亦要强调这些心理模式都是我们过去生活中的智慧结晶，每一种模式在特定的情境中都有意义和价值，并可举例说明。如一遇到困难就回避，这样做虽然比较省时省力，能减少痛苦，但也会让人失去很多机会；如凡事都要尽善尽美，这样虽然会让人做好很多事，但也会让人疲惫不堪、失去焦点，很难在某个领域表现突出和卓越。教师的目的是让学生增加对自己的觉察，让学生在面对学习困难时能做出更负责任的决定和选择。

5. 注意事项

① 教师应事先请助教收集学生对于学习的困惑和困难，比如目前学习中遇到的困难有哪些、最困难的课程是哪一门等。教师可根据收集到的资料及本校学生的特点来举例。

② 教师需要给学生自由发挥的空间，这样整个课堂才能活跃起来，达到应有的效果。教师可以强调只要和学习有关的联想都可以说出来，哪怕学生的回答有些"夸张"，比如"吹特别讨厌'卷'的人""吹特别想'躺平'的人"。

③ 通过这个活动，学生会发现自己面临的困惑或问题往往不是自己独有的，是很多人都有的。教师在总结时需要强调问题的普遍性，接下来教师要引出学生该如何面对这些学习中的困惑和问题。

④ 对于"大风吹"的具体轮数，教师可以根据时间来调整，轮数越多越能激发学生的创造力和参与感。

活动二　小组分享——寻找我身上的成长型心理模式

1. 设计意图

① 帮助学生了解自己就能解决自己的学习问题，树立学习自信。面对学生学习上的困惑和困难，教师不必给出标准答案，每个学生身上都有应对自己困惑和困难的资源。成长型心理模式可以帮助学生启动解决问题的思维和启用相应的资源，防止陷入评判和自我否定之中，让学生不会轻易放弃。这个活动的目的就是让学生启用自身的资源，找到解决困惑和困难的方法。活动的重点在于培养学生的成长型心理模式，改变学生对学习的心态，这样一些关于学习的困惑和问题可能就会迎刃而解。

② 让学生通过小组分享和交流，相互学习和支持。在小组中，每个学生的学习能力和心理模式都不一样，因此他们能够相互激发非常丰富和多层面的分享，在分享中，固定型心理模式占主导地位的学生可以向成长型心理模式占主导地位的学生学习，学生之间还可以支持和鼓励。

③ 让学生了解学习的概念，学会成长型心理模式的塑造和培养的方法。

2. 核心知识点

学习的概念，详见教材第四章第一节。
成长型心理模式的塑造和培养方法，详见教材第四章第二节。

3. 指导语参考

刚刚我们了解了大家的学习困惑和困难，也了解了有助于解决学习困惑和困难的理念——成长型心理模式，我们每个人身上都有成长型心理模式，即使大部分时间你都是在用固定型心理模式思考问题。现在我们要进行的活动叫"寻找我身上的成长型心理模式"，这种心理模式在我们遇到困难和挑战时更容易清晰地呈现出来。所以，请大家想一件令你印象深刻的克服学习难题的事，这可以是一个大的难题，也可以是一个小的难题，这里所指的"学习"的范围也比较广，学知识、学技能、学本领都算，重点是要总结出自己的哪些想法、做法帮助你最终克服了这个难题。老师先举两个例子供大家参考。一是考试没考好，可能很多同学都经历过这个难题，有的同学可能会说，我不断鼓励自己，一次没考好没有关系，下次做足准备一定没问题；还有的同学解决这个难题的方法是反思自己，看哪些地方还没学懂，查缺补漏，把不会的知识点补上。下面这种情况可能没有那么普遍，以前老师遇到过一个同学（教师可以举自己身边遇到的例子），因家里条件较差，在上大学之前他从来没有用过电脑，也没有上过网，这可能对很多同学来说是非常难以想象的。上大学之后他发现什么都要用电脑，选课得网上选，查资料得上网，上课汇报要用PPT，可把他愁坏了，老师问了他一个问题："你是怎么一步一步走到今天的？"他思考了好久说："老师我知道答案了，我有很强的学习能力，虽然我过去不会，但从今天开始我可以学啊。"果然过了不久他都学会了。老师再强调一下，这件事不一定是轰轰烈烈的大事，平平凡凡、简简单单的小事也算。接下来我给大家20分钟时间，请大家在小组里分享一个你成功克服学习难题的事件。

4. 教学过程

（1）小组分享

教师布置小组分享任务：在小组里分享一件你成功克服学习难题的事，重点分享的内容是在克服这个学习难题的过程中你是怎么想的、如何做的，以及你拥有哪些成长型心理模式。时间设置为25～30分钟。

在小组分享时，教师要轮流进入小组倾听，询问是否有问题和困难，分享的进度如何。如果有助教，且小组数量较多，教师可以让助教协助教师完成该任务。

对于有的学生来说，在刚开始分享时可能会比较困难，难以找到一件克服学习难题的事，这是很正常的。如果教师遇到挑战——有学生表示很难发现自己可以成长的地方，教师可以做一些回应，比如："你正在了解和学习这个部分，就已经是一种成长了。"或者教师可根据该学生的了解来做出回应，如果你发现这个学生之前很少发言，现在会在小组里主动发言，就可以从这个点上回应，比如："你之前都很少发言，几乎都是最后一个发言，现在你更主动了，这是我观察到的，你是怎么做到的呢？"教师也可以邀请同小组的其他学生回应他们所观察到的该学生的变化，这样可以透过师生和组内互动来帮助该学生发现自己的成长型心理模式。

在分享中，学生不应花过多时间来描述事件本身，教师需要把握好小组中每个人分享的时间，避免分享时间过长或过短，对于分享时间过长的学生，教师可以适时打断，请该学生总结提炼事件，描述清楚是什么事件即可，不必详述细节，比如"你的分享特别细致，但分享时间有限，你可以用简单的几句话来概括一下这件事吗？"对于分享时间过短、内容过于笼统的学生，教师可以请该学生稍微扩展描述一下事件，比如"当时的情况是什么样的，可以具体说一说吗？"

分享的重点要放在如何克服困难这部分，目的是激发学生内心已有的成长型心理模式，让学生能够看到自己身上可以改变的部分，这种改变不一定是很大的改变，教师要鼓励学生看到自己成长和改变的可能性。每个人都会遇到问题，但每个人都拥有解决问题的资源，教师要帮助学生树立解决学习难题的信心。教师可以鼓励分享比较简短的同学多分享，做一些认知上的引导，比如"当时你是怎么想的呢？""你是怎么决定的？""你是怎么给自己加油的？""那么困难的情境下，你是怎么做到的？"让学生能够清晰地看到自己是如何自我激励的，找到自己的成长型心理模式。

教师不要把注意力只放在大的"事件"上，对于小的"事件"也要保持同样的关注，教师的这种态度能给学生传递这样一种信息——克服小困难和克服大困难同样有价值，可以帮助学生树立学习信心。

教师最好在还剩5分钟时进行提醒，让小组做相应准备，保障每个组员都完成分享。

（2）小组总结展示

教师布置小组总结展示任务：每个小组将分享总结在海报纸上，形式不限，每组派一个代表上台分享小组总结。时间设置为20～25分钟。

小组总结展示指导语参考：接下来我会给每个小组发一张海报纸和一套水彩笔，给大家10分钟的时间，请大家在海报纸上总结刚刚的分享，总结的重点内容是大家都有哪些成长型心理模式，这些心理模式是如何帮助大家克服学习难题的。形式不限，10分钟后每组要派一个代表上来展示刚刚的总结，每个代表的总结展示不超过4分钟。

在学生做小组总结展示时，教师不用限定形式，图画、文字，甚至不用海报纸都可以，但需要注意控制每个小组的总结展示时间，可以根据小组的数量来限定小组的总结展示时间，小组数量少，总结展示时间就可以多一些，小组数量多，总结展示时间就减少。总结展示的重点在于大家都有哪些成长型心理模式，这些成长型心理模式如何帮助大家克服学习难题，这样可以帮助学生加深对成长型心理模式的理解，增加体验性。小组总结展示的设计比较适合小班授课，如果是大班授课，可以将小组总结展示环节替换为全班分享。需要注意的是，教师一定要做具体的引导。比如："刚刚大家在小组里做了分享，有没有同学愿意在全班进行分享？分享内容包括但不限于：小组中有哪些让你印象深刻的分享？你学到了哪些成长型心理模式？分享自己的经历时感觉如何？有哪些想法？等"。

（3）教师总结和讲解

① 教师结合学生的分享，总结和讲解什么是学习（广义），详见教材第四章第一节相关内容。教师可以从学生分享克服困难的内容引入学习的概念。每个人天生就有学习的欲望，都有学习能力，学生在面对学习困难时，可能没有人指导该怎么去解决，但通常自己就能会学习如何去解决。要避免给自己贴上"我不会学习"的标签。

② 通过学生的分享，教师再次强调每个人内心都有成长型心理模式，每个人都可以去扩展自己成长的边界。对于改变心理模式的方法，教师可以推荐学生阅读教材第四章第二节的扩展阅读"固定能力观该如何改变？"部分的内容。

5. 注意事项

教师在总结和讲解时，应结合学生分享的事例，且在讲解过程中要强调每个人都有成长型心理模式，鼓励大家去扩展自己成长的边界。下面是学生可能的提问和教师的回应。

① 觉得改变很难，有的学习就是非常困难怎么办？教师可以回应：对于特别难的内容，可以放慢学习的速度，一点一点地"啃"，将知识点分解，向内比较，只要今天比昨天进步一点，就是在成长。

② 怎么用成长型心理模式应对"内卷"？教师可以回应：怎么判断自己是不是在"内卷"？努力就是在"内卷"吗？不能这样说，努力是需要坚持的，如果努力是为了自我提升，为了获取自己想要的（现实层面的需求也是正当需求），为自己负责任，就是应该的，是需要被鼓励的；那些不必要的努力，比如为了超越别人，仅仅是为了提升排名的努力可能就是"内卷"，做自己不愿意做的事情，是不必要的"成长"；我们需要建立正确的学习观和成长观，学习的目的是让自己变得更好，而不仅仅是为了和别人比较。

活动三 ▸ 布置行动作业——成长型心理模式的实践

该实践要聚焦于学习，且一定是小的、具体的任务，比如背单词、画思维导图、学习某个知识点等，以激活和培养学生更多的成长型心理模式，鼓励学生不断拓展成长和学习的边界。教师可以引导学生从一个简单的任务开始改变，比如弄懂以前觉得很难学的内容中的一个小的知识点。

活动四 ▸ 教师总结

教师简要核查学生在本堂课中的收获，简要答疑，并进行以下总结。

① 每个人天生就有学习的欲望，都有学习能力。

② 解决学习难题的钥匙其实一直握在每个人手中，那就是成长型心理模式，每个人都可以扩展自己成长的边界。

【小故事】

当工人就要当一个好工人——大国工匠艾爱国

2021年，湖南华菱湘潭钢铁有限公司（湘钢）焊接顾问、70多岁的艾爱国获得了"七一勋章""大国工匠2021年度人物"等荣誉。1969年，19岁的艾爱国扛着行李从湖南的罗霄山脉来到湘江边的湘潭钢铁厂，作为一名普通的焊工，艾爱国自称"钢铁裁缝"，几十年如一日的理论钻研与实践操作，使他练就了"钢铁"般的硬本领。湘钢人都知道，艾爱国没有什么业余爱好，每天下班回家，上了楼就不再下楼，一头钻进讲焊接理论的书籍中，常常研读到深夜。为了更好地掌握先进技术，艾爱国58岁时还自学了五笔打字和工程制图软件。通过反复研究、累积实验，艾爱国对各种焊接材料的优缺点都了然于胸。艾爱国在湘钢工作了一辈子，退休前的最高职务却是焊接班的班长，因为他一直抱有一种朴素的信念——当工人就要当一个好工人。他自豪地说："我对自己的技术要求是达到极致，只有达到极致，才能发挥党员的先锋模范作用。"

艾爱国对于工作的投入和热爱，以及不断钻研、终身学习的行动特别值得大学生学习。正处于人生探索阶段的大学生，既需要不断探索心中热爱的事物，更需要脚踏实地，打牢基础，认真学习，不负韶华。

★ 常见问题解答

问题1：学生提出的学习困惑很多怎么办？

如果学生提出来的学习困惑很多，对于普遍和共性的问题，教师可以邀请其他同学做分享，利用集体的力量来解决，如果大家都面临同样的学习困惑和困难，则说明这个问题非常普遍，当学生发现周围的人也和自己有同样的困惑时，焦虑感就会降低很多，就会更容易接纳自己。对于个性化问题，或者是对于一些学习障碍、特别困难的问题，教师可以鼓励学生寻求其他资源来解决问题，比如求助于辅导员，求助于别的学生，求助于心理咨询师等。

问题2：进行分享时，有的学生很难想到具体的事件怎么办？

这种情况比较常见，有的学生对学习没有自信，觉得自己没有在学习方面成功的事件，或者认为只有克服了特别重大的学习困难才能称之为成功的事件。这时教师的引导就非常重要了。一个方法是引导学生聚焦于小的事件，比如学会了一个知识点，记住了一个特别难的单词；另一个方法是扩展学习的范畴，把对一些生活技能的掌握也囊括进来，比如学习折纸、学习辨别方位、学习做饭等。通过教师的引导，学生会发现自己身上这样的事件其实有很多。

问题3：教材中总结的知识点不符合所教学生的特点怎么办？

这是教师教授这一章时很可能会遇到的情况，由于学校性质不同，学生所学专业不同，大学学习的特点、要怎么学习、学习的常见问题等都可能不同。比如一些理科专业的学生可能会面临学习内容困难的问题，一些文科专业的学生可能会面临不知道如何利用课余时间学习的问题；某些院校学生可能会面临缺乏学习动机的问题，而另一些院校的学生可能会面临学业压力大、不知道该如何面对学业压力等问题；一些实践性强的大学的学生在学习过程中注重实践和实习，而一些偏研究型的大学的学生在学习过程中注重培养研究型思维。

所以教师需要在教材和本书的基础上总结出适合自己学校学生特点的内容，而不是一味地照搬。一个重要的方法就是多听学生的分享和总结，问题来自学生，答案亦来自学生，在刚开始上课的时候，教师要多了解学生的现状，多邀请学生分享。教师即使做了总结，也不能把它当成唯一正确的答案，应保持开放性。

问题4：课堂中的学生专业不同，大家的学习情况和面临的问题不同怎么办？

通常大学生心理健康教育的课堂是混合了各个专业学生的课堂，班级中既有理科生也有文科生，既有偏实践专业的学生也有偏研究专业的学生，这是一个特别正常的现象。对于这种情况，教师不用做过多的处理，可以在课堂中多鼓励学生分享，让学生了解彼此的不同，并可以在学生分享时指出这些不同。

问题5：班级中的人数过多，不好分组分享怎么办？

可以让相邻的3人（或4人）为一组进行分享，3人及以上的分享会更丰富多元。每个组的人数尽量一致。

⚑ 备选活动

活动1："卷"和"佛"大辩论

教师针对现在学生关注的现象——"卷"和"佛"让他们进行辩论，引导学生进行深入的思考和讨论，看到"卷"和"佛"的好处和弊端，学习从内在的学习动力和意义的角度去规划自己的学习，选择适合自己的学习方式。活动过程如下：教师给每个小组发一张海报纸，海报纸分为4部分，分别为"卷"的好处、"卷"的坏处、"佛"的好处、"佛"的坏处。小组成员一起分享和讨论，每个格子里要写5个以上的观点，且每个格子里的观点数必须相等。结束后教师可以邀请两三个小组分享讨论结果，再邀请几个小组做补充分享。分享结束后教师总结："佛"有"佛"的好处，"卷"有"卷"的益处，没有绝对好和坏，都是我们学习的一种方式。教师可以引导学生去觉察自己面对学习、竞争的时候的第一反应和首先采取的模式是什么，"卷"还是"佛"？如果停下来想一想，会有什么不一样的选择？如何将自己的选择和自己的人生意义相结合？应该用什么样的心态去学习？教师讲解这个部分时要注意价值引领，要让学生明白一味地"卷"和"佛"都是不可取的，要让自己的选择、自己的内在动力和人生意义结合起来，朝自己想要发展的方向努力。

活动2：YES……AND……小练习

该活动的主要目的是让学生增加认知的灵活性，对负面结果进行认知重构，以一种有意义的方式对不合理的信念进行重新表达，从而培养成长型心理模式。开展活动时可以10个人一组，也可以全班一起做。第一个人先对第二个人说"我要送给你一个礼物"，这个礼物需要偏向负面，如"我送给你一个上了一天的课，到了晚上10点还需要完成社团活动的推送"。第二个人不能拒收，反而要用"太好了，这样我就可以……"的句式接下去，尝试用积极的态度来面对困难，然后依次送出"礼物"。活动结束后，教师可以请学生分享感受和收获。需要注意的是，有的学生送的礼物和生活的相关度很低，或者有的学生在接受礼物时会简单地说"这个是我成长的机会"，思考不深入，这个时候教师不用打断，而应在活动结束后，引导学生针对刚才觉得有困难的问题情境进行头脑风暴，从而进行认知重构。最后，教师布置课后作业，让学生在课后通过这个练习强化自己的成长型心理模式，并撰写实践反思。

第六课

梦想照进现实
——生涯规划与大学生活设计

党的十九大报告明确提出"不忘初心，牢记使命"，指出"中国共产党的初心和使命，就是为中国人民谋幸福，为中华民族谋复兴"。在中华民族伟大复兴的历史征程中，当代大学生是开创者、是建设者、是生力军，大学生历史使命感的强弱直接关系到国家的发展、社会的稳定、民族的复兴。当代大学生需要对人类发展有正确的认识，并担负起社会赋予的责任和历史使命，培养自己的集体意识和全球视野，只有把个人的学业和职业发展与国家的繁荣昌盛结合起来，才能真正建功立业，为中华民族的伟大复兴，为全人类的和平进步做出历史性的贡献。

📋 教学目的

1. 掌握生涯规划的概念。
2. 了解自身生涯愿景。
3. 探索自己的能力，了解职业世界的需要，塑造核心能力。

🔷 教学内容

1. 生涯幻游——探索生涯愿景（20分钟）。
2. 让我有成就感的5件事——探索自我（40分钟）。
3. 你想要什么样的领导、同事和下属——核心能力探索与塑造（30分钟）。
4. 布置行动作业——核心能力的实践（5分钟）。
5. 教师总结（5分钟）。

教学重点和难点

教学重点：了解大学生需要塑造的核心能力，做好大学期间的生涯规划。
教学难点：核心能力的塑造与培养。

材料准备

教学PPT、A4纸（每人两张）。

活动一　生涯幻游——探索生涯愿景

1. 设计意图

生涯规划要有目标和方向，由于大学生所处的特殊人生阶段（学习是主要任务，为升学和就业做准备），对绝大部分大学生来说，生涯规划的目标和方向并不需要非常具体，只需有一个大致的、模糊的目标和方向即可。该活动结合大学生的这个需求，有以下设计意图：一是导入学习主题；二是帮助大学生探索自己未来的生涯愿景，由生涯愿景指引当下的学习和生活；三是引导大学生运用想象训练的技术，该技术比直接讨论更具体验性，能让大学生的学习印象更加深刻。

2. 核心知识点

生涯规划的概念、生涯愿景，详见教材第五章第一节。

3. 指导语参考

一个人进行科学的生涯规划首先要树立自己的生涯愿景，思考自己的生涯目标，确定自己未来理想的生活。对于你来说什么才是未来理想的生活呢？让我们一起来"穿越"到未来去看看吧。请大家选择一个舒服的坐姿，闭上眼睛，做3个平缓而深长的呼吸（教师可以将教室里的灯光调暗，待学生准备好后，以恰当的语速，读出下面的指导语）。

请跟着我开始一段穿梭时光的冥想，看看你在未来的一天。

请你尽量想象10年后的情形，越仔细越好。

好，现在你正躺在床上。这时候是清晨，你是怎么醒来的？你仔细地看了一圈。这是什么地方？屋子里都有些什么？你周围有没有人？（停顿）梳洗一番后，你站在镜子前面，看到自己穿的是什么样的衣服？（停顿）你和谁在一起吃早饭？接着，你准备去上班，你要出发了，搭乘的是什么交通工具？（停顿）在你走远之前回头看一眼你住的地方，它看起来怎么样？（停顿）你到达上班的地方，注意一下，这个地方看起来怎么样？如果它有名字的话，会叫什么名字？（停顿）好，现在，你进入了这个地方，并和周围的人打招呼，他们怎么称呼你？你在这个地方的身份或者职位是什么？周围的人正在做什么？（停顿）你走到你工作的地方，是在室内还是室外？是你自己一个人还是和很多人在一起？你办公的地方看起来怎么样？上午你会做些什么？心情如何？（停顿）中午你会和谁一起吃饭？吃些什么？心情如何？（停顿）下午你会做些什么？心情如何？（停顿）

终于到了傍晚，该下班了，你会去哪里？和什么样的人在一起？会做些什么？

到了睡觉的时间，你躺在床上回忆着今天的生活，感觉怎么样？你对今天的生活满意吗？你渐渐地进入了梦乡，睡吧！1分钟之后我会叫醒你。

（1分钟后）现在你醒了，请睁开你的眼睛，回到我们的课堂上来。

4. 教学过程

（1）生涯幻游

教师需要运用好非言语信息，为学生读出生涯幻游指导语。切忌语调高昂、语速过快，语调一定要柔和，语速要慢，这可以帮助学生进入想象状态。在标注停顿的地方，教师应根据情况停顿10~20秒，给学生时间进行具体的想象。教材第五章第一节第一部分的课堂活动中有指导语录音的二维码，教师可以参考。教师应自己念指导语，如果教师的嗓音实在不合适，可以播放该录音。

（2）二人一组分享

结束后，教师请学生思考以下问题。

① 你在生涯幻游中看到或者听到了什么？有什么感受？

② 你最喜欢10年后生活的哪个部分？为什么？

③ 在生涯幻游中，你的职业是什么？跟你现在的学习有什么关系？对你有什么启发？

相邻两人为一组进行分享，教师邀请3~5个学生在全班进行分享。教师应鼓励学生分享，不对内容做评判。教师在总结生涯愿景的意义时，应持开放的态度，不评判哪种生活更好，哪种生活更不好，鼓励学生探索自己。

生涯愿景是一种方向上的指引，本身具有一定的模糊性，在分享过程中不建议教师对细节做过多的追问，因为生涯愿景可能对很多学生来讲是一种混沌的感受——有一个大致的方向，但又说不清楚。

如果学生在生涯幻游中想象的职业和现在的专业没有关系，怎么办？这种情况很常见，教师可以让学生思考要怎么为自己想要的生活努力，怎么去做转变。比如一个数学专业的学生在生涯幻游中想象自己是一名历史教师，教师可以让他思考如何才能做到这一点，现在可以做哪些准备，这个想象给了自己什么启发等问题。

（3）教师总结和讲解

① 教师总结生涯愿景的意义：生涯愿景是个人心中的理想和目标，像灯塔一样指引着人生的方向，鼓励学生探索自己的生涯愿景。

② 教师讲解生涯规划的概念和意义，详见教材第五章第一节。教师可以强调生涯规划不是简单地制订计划，按日程表行事的机械过程，而是包含对自己、对职业的理解和探索，有能力做出决策、执行决策的灵活行动过程，进而引出后面的教学内容。

5. 注意事项

在开展想象类的活动时，营造氛围比较重要。教师可以将教室灯光调暗，念指导语时切忌语调高昂、语速过快，语调一定要柔和，语速要慢，这样比较容易引导学生进入想象状态。教师如果没有经验，可以参考教材中的指导语先体验一遍整个过程，这样可以帮助自己理解这个活动，也能更加理解学生的反应；然后自行读几遍指导语，熟悉指导语的内容和节奏。

活动二　让我有成就感的5件事——探索自我

1. 设计意图

学生在平时的学习和分享中，往往聚焦于找不足和找差距，然后思考如何提升自己。在该部分，找到和锚定自己的能力优势，在学生的生涯规划中是非常重要的一步。该活动一是可以增进学生对自己的探索和了解，看到自己的能力特长；二是在分享过程中，可以增强学生的体验性，让学生切实地体会到自己拥有这些能力；三是可以增加学生对小组中其他学生的了解，这样小组成员之间可以相互学习。

2. 核心知识点

自我探索，详见教材第五章第二节。

3. 指导语参考

生涯愿景像灯塔一样指引着我们，我们要怎么做才能达成人生目标呢？那就是生涯规划，而生涯规划的第一步是什么呢？现在我们假设到了毕业的时候，你不能在自己的简历上编造亮眼的成绩和实习经历，也不能千篇一律地用"积极乐观、善于团队合作"来描述自己的性格优势。所以探索自己，发现自己的特点和优势，正是生涯规划的第一步。接下来我们要做一个探索自我的活动——让我有成就感的5件事。

（在PPT上呈现如下活动要求，教师可以将活动要求念出来。）

请回顾你过去的生活，列举让你有成就感的5件事。这些事不必是惊天动地的大事，只要你真正喜欢做这件事，并且对完成的结果（可以是外在的，也可以是内在的）有成就感。至于是否受到别人的认可和表扬并不太重要。比如成功策划了一次同学的生日会；暑假在妈妈朋友的手机店里帮忙，成功卖出了一部手机等。

列举这些事情时要包含以下要素。

① 你想达成的目标，即需要完成的任务。

② 你面临的障碍、限制、困难。

③ 你的具体行动步骤，即你是怎么一步步克服障碍、达成目标的。

④ 对结果进行描述，你取得了什么成就。

列举完成后请在小组中分享，并分析以下问题。

① 你在这些事情中用到了哪些技能？

② 这些事情主要发生在什么领域（学习、工作、人际交往等）？

③ 请按照使用的频率对你使用到的技能进行排序，你最擅长的是什么？你最喜欢的是什么？你觉得还需要继续提升的是什么？

4. 教学过程

（1）教师讲解活动要求

教师给每人发放一张A4纸，讲解活动要求，并适当举例以做示范。

（2）撰写事件和反思

教师要求学生按照活动要求用5～10分钟的时间撰写让自己有成就感的5件事（注意不需要写详细经过）。

在布置任务时，教师可以强调一定要写下具体的技能、了解了自己的哪些能力。如果学生很难想出有成就感的5件事，教师需要告诉学生不一定要写轰轰烈烈的大事，生活中的小事也算。（此部分可参见常见问题解答）

（3）小组分享和讨论

给学生20～25分钟进行小组分享。小组分享的重点是对问题的反思和回答，而不是事件本身。如果有学生开始描述具体事件的详细经过，可能有的学生也想听，但教师或助教需要温和地打断对方，邀请对方聚焦于对自身能力的探索与反思，比如"我听到你开始讲具体的事情细节了，如果其他同学对这件事感兴趣，你们可以在课后找时间交流和分享，现在课堂分享的时间有限，你可以多说说在这些事情中，你用到了哪些技能吗?"

（4）大组分享

教师邀请3～5个学生在全班进行分享。

（5）教师总结

教师根据学生的分享做总结，总结内容应保持开放性。教师可以强调每个人都有自己的特点，都拥有自己擅长的能力，任何一种能力都有其用武之地，都有其适用的地方，学生要去了解自己，发挥自身所长，同时也要发展自己的能力短板，尤其是学生所需要培养的核心能力，以引出后面的教学内容。

5. 注意事项

① 在时间分配上，教师需要注意课间休息的因素，可以让学生在下课前完成分享和交流，在下一堂课开始时再邀请学生在全班进行分享，然后教师做总结。

② 如果学生否定自己擅长的能力，认为自己缺乏应有的能力（比如有同学可能会说"老师我独立思考问题的能力特别强，但是现在社会都特别强调合作"，或者说"我特别擅长执行具体的任务，但我感觉这个能力没什么价值，大家都说要有创造力"），此时教师不能对其做评判，比如什么能力好，什么能力不好，或者什么能力更重要，什么更不重要，而应让学生明白任何一种能力都有其用武之地，都有其适用的地方，每一个职业对能力的要求也不同，比如火车司机就并不需要特别强的创造力。开展该活动的目的是让学生去探索自己的能力，了解自己，而不是让教师去做评判。当学生认为自己的某个能力没什么用，或者是用处很小时，教师可以鼓励学生探索其用处，或请其他同学进行反馈，比如"大家能想到这种能力的用处有哪些吗?"教师也可以适当肯定学生这样的想法。职场有职场的要求，每个职业也有各自的能力要求，教师可以让学生在了解自己的基础上，去培养那些重要但自己并不擅长的能力，从而引出后面的教学内容。

活动三 你想要什么样的领导、同事和下属——核心能力探索与塑造

1. 设计意图

大学生由于缺乏职场经验，回答此活动中的问题时几乎全靠猜测和想象。我们设置这3个具体问题的目的如下：一是可以帮助大学生理解职场需要的核心能力，先理解自己的需求，再理解别人的需求就会更容易，从而使自身的想象更加具体；二是可以帮助大学生全方位、多视角地去了解职业需要的能力和在大学中需要塑造的核心能力；三是这3个问题分别聚焦于领导、同事和下属，包含时间维度，暗示了学生将来成长发展的路径。

2. 核心知识点

探索职业需要的能力、塑造核心能力，详见教材第五章第三节。

3. 指导语参考

除了了解自我，我们也需要了解职业世界需要什么核心能力，在大学里我们究竟要如何做来培养这些核心能力。现在有3个问题问大家：在工作中，你想要什么样的领导？你想要什么样的同事？你想要什么样的下属？请分别写下5个具体的描述，比如想要能包容他人，愿意支持他人的下属，能接受下属比自己优秀的领导。

4. 教学过程

（1）教师布置任务

给学生每人发一张A4纸，让他们对3个问题分别写下5个具体的描述。如果学生觉得这个问题很抽象，难以带入角色，教师可以让学生从实际生活出发来联想，比如学生是社团某个部门的负责人，其特别想要什么样的社长？想要什么样的同事？想要什么样的下属？

（2）小组分享

学生在小组中分享自己写下的内容。如果有学生难以进行想象，教师可以让该生倾听他人的分享，该生在别人的分享中如果有启发，也可以分享自己的观点。

（3）小组讨论和总结展示

小组讨论和总结职业需要哪些核心能力，并上台展示总结结果。如果小组数量太多，教师可以邀请3～5组进行展示分享。如果是大班教学，教师可以让学生和周围的人形成3人组来分享，分享结束后，教师邀请一些学生在全班进行分享。

（4）教师总结和讲解

21世纪核心素养5C模型——审辩思维（Critical Thinking）、创新（Creativity）、沟通（Communication）、合作（Couaboration）、文化理解与传承（Cultural Competence），及领英（LinkedIn）发布的2019年最受雇主欢迎的10项技能，详见教材第五章第三节相关内容。

在了解被时代和社会普遍看好的核心能力的基础上，学生还需要深入探索不同的职业和机构对员工核心能力和素养的具体要求，有些职业要求的核心能力可能与常识并不一致。例如，厨师的核心能力要求中除了做菜的技术，还有一项是配合他人行动的能力，这是因为厨师的工作节奏往往很快，是一项合作性很强的工作。

得到足够的社会需求和职业要求的信息后，学生就需要进一步整合这些信息，制订属于自己的核心能力发展计划。这个过程就像经营公司，面对同样的社会需求（例如沟通能力）自己的公司提供的沟通能力和其他公司提供的沟通能力必然不能雷同，要有自己的特色和优势。所以，学生需要不断地发现、探索、总结、提炼并打造属于自己的核心能力。

5. 注意事项

① 这个部分既有普遍性也有特殊性。学生的分享可能多样化，不同学校、不同专业的学生侧重的能力可能不一样，教师可以强调分享的多样化和不一样的部分，鼓励学生培养适合自己实际情况的能力。

② 教师可以根据学生的分享来总结职业发展普遍需要哪些核心能力，也可以结合教材中的相关内容来讲解。学生的想象和职业世界的需求可能会有不同，甚至可能有脱节的情况，这正是教师可以强调的部分，比如哪些能力是学生所忽视，但正好是职业世界所强调的。但对一些特定学校和专业的学生，比如医学院的学生、艺术类院校的学生，教师可以查阅相关的资料，根据自己对学生的了解来进行总结，切记不可"一刀切"。

活动四　布置行动作业——核心能力的实践

该活动旨在帮助学生实践自己想要发展的某个核心能力。教师可以请学生根据想要发展的一个核心能力，在本周完成一个具体的行动。比如学生希望发展自己的团队协作能力，就可以在执行某个团队任务时主动发言一次；也可以在某个团队任务中与他人有分歧时，主动与他人沟通、协商，最后达成一致；等等。比如学生希望发展自己的沟通能力，就可以在某个课堂上主动发言，锻炼沟通表达能力；主动认识一个新的朋友；等等。这个行动不必是一个大的行动，生活中的一件小事情即可。教师一定要强调行动的小和具体，因为越小越具体的行动越容易完成。

活动五　教师总结

教师简要核查学生在本堂课中的收获，简要答疑，并进行以下总结。

① 愿景像灯塔一样指引着我们朝着目标前进。

② 我们应结合对自我和外在职业世界的了解，在大学里有目的地培养和发展核心能力。

【小故事】

袁隆平的粮食梦

袁隆平院士是"杂交水稻之父"，但是很多人不知道，研究杂交水稻并不是他本来的志向。袁隆平的游泳水平较高，在高中时曾多次获奖，大学时还参加了大西南地区人民体育运动会，本来希望通过获得游泳比赛的前三名，进入国家队成为游泳运动员，结果却只得到第四名，成为游泳运动员梦想落空了。袁隆平在大学毕业那年，正值空军在全国高校中选拔飞行员，袁隆平通过了30多项身体检查，成为全校8名空军飞行员之一，结果赶上国家第一个五年计划的实施，国家急需大学生人才，选上的大学生空军一律退回，就这样，他与成为飞行员失之交臂。袁隆平在梦想两次破灭后，积极响应国家的号召，下农村到基层，到湘西雪峰山的安江农校任教，从此与水稻结缘。挨饿受冻的经历为袁隆平埋下了粮食梦。他的心中升腾出一种强烈的使命感，就是消除饥饿，他追求的最大幸福是"禾下乘凉"。带着这样的使命感，袁隆平开始了钻研，他明白只有搞清楚中国国情，才能找到实现粮食自由的关键。他发现我国人口多、耕地少，想要实现粮食自由，唯一的办法就是提高单产，于是高产就成了袁隆平永恒的目标。确定了关键因素，袁隆平随之确立了一个又一个小目标，最终实现了他的粮食梦。

　　袁隆平院士的故事对大学生的启发：职业方向是个人梦想和国家发展结合的产物，个人最初的梦想并不一定就能成为最后的事业，袁隆平在最初的两个梦想破灭后并没有失望或退缩，反而积极响应国家号召，不断寻找个人梦想与国家发展的结合点，设定目标后，再一步一步地朝目标前进；失败中其实蕴藏着新的机会，人生的每一次失败，都让你离自己的真正梦想、终极使命靠近了一步，关键是你要永不气馁地追梦。

⚑ 常见问题解答

问题1：开展生涯幻游活动时，学生难以进入想象的状态怎么办？

　　如果绝大部分学生都难以进入想象状态，教师就需要反思自己念指导语的过程，比如是否语速太快，没有给学生足够的时间去想象，可以询问学生的感受来明确是否是这个原因。

　　如果只是少部分学生难以进入想象状态，教师可以先对学生进行说明，比如"在生涯幻游活动中，的确会有一部分同学因为各种原因难以进入想象状态，这是很正常的"。接下来可以引导学生在当下进行想象，完成活动要求，也可以建议学生课后在安静的、不易被打扰的空间听指导语录音，自行开展该活动。

问题2：在写"让我有成就感的5件事"时，如果学生想不出5件事来怎么办？

　　如果学生表示没觉得自己做了哪些有成就感的事，或者写不出这么多件事，教师们要鼓励学生写出5件事。成就感是一个主观的感受，有的学生即使做了很了不起的事情也可能没有成就感。所以教师可以鼓励学生写下自己克服困难后完成的事情，或者经过努力完成的事情，只要这些事情能体现出学生所拥有的能力即可。

问题3：学校为学生开设了与生涯规划相关的就业课程（职业生涯规划、就业指导等），心理健康教育课程中的生涯规划和就业课程中的生涯规划有什么不同？我们在讲课的时候该侧重什么内容？

　　心理健康教育课程中生涯规划的课程目标和就业课程不同，心理健康教育课程中的生涯规划的一个重要目的是培养学生的生涯探索意识，激发学生主动探索、积极思考的动机。

　　因此我们的讲课重点会放在自我探索上，重探索轻规划；在探索上，重内在探索（生涯愿景、特点、优势、能力等）轻外在探索（职业世界），对自我进行探索的深度比就业课程要深。我们在课堂上创设了良好的、彼此信任和支持的课堂氛围，注重课堂的设计，可以帮助学生进行更深入的自我探索，认清自我。本课的内容包括生涯愿景、探索自我的特点和优势以及探索核心能力。而就业课程中的生涯规划则是更广泛的概念，涉及的内容更多，包括探索职业世界、生涯决策、就业指导等内容，而这些是在我们的课堂中不会被重点讲解的。

 备选活动

活动1：我的专属校园生活方案

该活动特别适合大一新生，可以让学生在一开始就对大学的学习和生活进行规划，在团队中增加对彼此的了解，利用团体的动力促进个体进行生涯规划。在大学期间，生涯规划的重要内容就是校园的学习和生活规划。活动过程如下。教师邀请学生制订一个符合自己实际情况的学期计划、年度计划，甚至是4年计划，如下表所示。制订结束后，教师可以请学生在小组或者全班分享自己的计划。这个活动的目的并不是监督学生对方案的执行，而是启发学生思考，让学生开始做计划，同时也可以让学生相互了解，看看别人是怎么计划自己的校园生活的，学生可以从中进行学习和获得启发，利用同伴的影响和团队的动力来促使自己进行生涯规划。

我的专属校园生活方案示例

目标	提高专业水平、通过英语等级考试、担任戏剧社社长		
时间	内容	校内资源	校外资源
大一上	学习专业课程 争取多参加课堂展示活动 加入学校的演讲社和戏剧社 主持班级和年级新年晚会 参加新生戏剧大赛 了解英语等级考试的信息	校内的专业课老师 辅导员 社团的同学 校园网 图书馆	百度 知乎 豆瓣小组 其他学校教育专业的高中同学 国家大剧院等戏剧表演网站
大一下	学习专业课程 自学教育学、心理学 组织英语戏剧活动 在社团活动中锻炼沟通表达、组织管理等能力 准备英语等级考试	校园网 戏剧社成员 志同道合的同学 历年英语等级考试资料	百度 网络上的教学小视频 国家大剧院等戏剧表演网站

活动2：时间管理

该活动可以帮助学生觉察自己的时间管理情况，学会时间管理的方法。教师可参考下面的指导语讲解活动要求，给学生提供不同颜色的笔。学生填写"非"计划日程表，完成后在小组内进行分享，小组分享结束后教师可以邀请几个学生向全班进行分享。待分享结束后，教师讲解"非"计划日程表的作用和不同的类型的学生要如何利用，详细内容见教材第五章第三节目标和时间管理部分的内容，如果没有时间，教师可以推荐学生阅读教材中的相关内容。

教师在讲解"非"计划日程表时，需要强调该表可以让学生清楚地看到自己到底把什么事情排进了自己的日程，到底还有多少时间完成自己希望完成的事情。学生如果发现自己的空余时间过多，那么就需要寻找真正让自己感兴趣的事情去做，而不是精确控制自己的时间。学生如果发现自己根本没有多少空余时间，那么需要思考自己的时间到底花在了什么事情上，学习一些技巧来管理时间。

很多学生认为时间管理就是用不同的任务把时间管理计划表的每一栏都填满，然而即使学生完美复制了最优秀的时间管理计划表，也会发现难以执行。其实学生只需要把握时间管理的原则，制订个性化的时间管理方案即可。

"非"计划日程表指导语

大部分人在做计划表的时候都会列出来自己需要做的计划，而下面的"非"计划日程表可帮助大家从既定计划的视角来进行时间管理。

请大家在下表中写下未来一周你已经确定的日程安排，注意不是写下你应该做或者希望做的事情，而是写下你已经确定要做的事情。写完后，再换一个颜色的笔把你预计要做的事情填充进去。

"非"计划日程表

时间	周一	周二	周三	周四	周五	周六	周日
6:00							
7:00							
9:00							
……							
23:00							

你有多少时间用于完成你希望自己完成的目标？

_____

填完表后你有什么感受？是否被所有这些要做的事情搞得心烦？是否对应该做却没有安排时间做的事情感到忧心忡忡？

_____

观察自己的感受，并思考这份日程表是如何让你产生这样的感受的。

_____

写完后，请在小组中进行分享。

第七课

我不是孤岛
——大学生的人际关系（1）

构建社会主义和谐社会是十六届四中全会《中共中央关于加强党的执政能力建设的决定》首次提出的概念，和谐社会应该是民主法治、公平正义、诚信友爱、充满活力、安定有序、人与自然和谐相处的社会。和谐社会包括社会和谐和人际和谐，人际和谐是和谐社会构建的基础与标志。当代中国追求的不仅是经济的进步、贫富差距的缩小、政治文明和法制公正，还追求精神文明建设，人与人之间的和谐关系、诚信友爱是精神文明的体现，也是和谐社会不可或缺的一部分。和谐社会中的精神文明建设，需要全体公民有较高的素质，而这需要建立在人际和谐的基础上。

📖 教学目的

1. 了解人际交往的意义、特点及类型，理解影响大学生人际交往的因素。

2. 掌握基本的交往原则和技巧。

3. 对常见的人际关系困扰及障碍有所觉察和反思。

◆ 教学内容

1. 石头剪刀布——人际交往模式的觉察（50分钟）。

2. 我的人际关系圈——人际关系的类型与发展（40分钟）。

3. 布置行动作业——交往习惯的扬长补短（5分钟）。

4. 教师总结（5分钟）。

✏ 教学重点和难点

教学重点：人际关系的意义和影响因素、人际交往的原则和基本技巧、人际关系的梳理、人际障碍的觉察。

教学难点：人际交往的原则和基本技巧、人际障碍的觉察。

◷ 材料准备

教学PPT、"我的人际关系圈"材料纸（每人一张）。

活动一 ▷ 石头剪刀布——人际交往模式的觉察

1. 设计意图

该活动可以同时达到以下几个教学目标。

① 作为导入活动，实现课堂热身，活跃课堂氛围。

② 将学生的注意力吸引到与人际交往互动相关的话题上，便于引出本课的主题。

③ 让学生有机会用不同的方式与同学产生肢体互动，进一步增进彼此之间的关系，创设人际交往的直接情境，进而引发复杂多元的内在体验。

④ 通过体验，结合教师对相关知识点的讲解，学生能够更好地理解人际交往的特点及发展阶段、人际交往的影响因素及常见心理效应、人际交往及人际信任的意义。

2. 核心知识点

人际关系概述，详见教材第六章第一节；

人际交往的影响因素、人际交往的心理效应、人际信任的影响因素及提升技巧，详见教材第六章第二节；

人际交往的困扰及调适，详见教材第六章第三节。

3. 指导语参考

大家都玩过石头剪刀布的游戏吗？你们都是怎么玩的呢？我们今天要开展的第一个活动也叫石头剪刀布，但是不是为了比输赢，而是为了与他人建立不同的关系。在这个活动里，你出的手势代表你想跟对方以怎样的方式接触，出石头，代表你只想跟对方点头致意；出剪刀，代表你希望跟对方握手相识；出布，代表你愿意给对方一个拥抱。如果两个人出的一样，就完成规定的动作，如果两个人出的不一样，我们的规则是"就低不就高"，也就是说，如果两人之中有一个出石头，另一个不管出什么，都只相互点头致意；如果一个人出剪刀一个人出布，就只握手。我讲清楚了吗？好，接下来就请大家起立，腾出足够的空间，每个人至少要找10个不同的同学玩一两局哦！

4. 教学过程

（1）讲解活动规则，指导学生开展练习

活动规则要点包括：石头=点头，剪刀=握手，布=拥抱，就低不就高，至少找10个人玩一两局。为了帮助大家更好地完成任务，教师可以请两个学生先到台前示范一下，以确保所有学生都理解了规则。

为了让学生有更为丰富的体验，有机会分别遇到想跟自己点头、握手或拥抱的同学，教师可以对学生提出更为细致的要求，比如要找的10个人当中应包含组内熟悉的成员、异性同学、之前不认识的同学等。

（2）知识讲解：人际交往的特点及发展阶段

① 教师应通过以下一系列的提问，请学生对活动过程进行第一轮的觉察和反思："在刚才的活动过程中，你找的同学是熟悉的还是不熟悉的？""从第一个到第十个同学，你的出招习惯有发生变化吗？""在刚在这个活动中，你的出招习惯与生活中的人际交往习惯相似吗？"

② 教师邀请一两个学生分享自己的感受。

③ 教师结合学生分享的内容，让学生对自己在人际交往中的行为特点与模式有初步的觉察和了解，引出本章的主题，强调不管是怎样的交往模式都是有道理的，都是值得被接纳的，不要做出好与坏的区分。然后，教师进一步结合教材讲解人际关系的特点及发展阶段。例如让学生通过自己的出招方式，反推自己与其他同学处于人际发展的哪个阶段，也从对方的出招方式与自己的匹配程度，学会识别对方对彼此关系所处阶段的评估，进而做出行为上的调整。又如对方的出招低于自己的出招，可能说明对方认为双方的关系还处于发展阶段的早期，自己需要做出相应的调整，避免越过对方的人际交往边界。

（3）知识讲解：人际交往的影响因素及常见心理效应

① 教师通过以下一系列的提问，请学生对活动过程进行第二轮的觉察和反思："在刚才的活动过程中，你会愿意跟哪些人拥抱、握手或点头？你在心中是如何做出判断的？"

② 教师邀请一两个学生分享自己的感受。

③ 教师结合学生分享的内容，让学生对自己在人际交往中进行判断的过程和标准有所觉察，并结合教材讲解人际交往的影响因素，强调与真诚、诚实相关的人格品质最为重要，鼓励学生提高自己的信用度。然后，教师进一步结合现场的实例讲解人际交往中的首因效应（"对于那些第一眼看上去比较爱笑的同学，你可能更愿意握手或拥抱"）、近因效应（"上一节课中某位同学留给你的印象会影响你的出招"）、光环效应（"对于长得漂亮或帅气的同学，你更容易产生握手或拥抱的想法"）、自我暴露效应（"在出招之前多做一些自我介绍，聊上几句，可能更容易产生握手或拥抱的结果"）、互惠效应（"第一轮对方出得高，第二轮你也会出得高"）等常见心理效应。

（4）知识讲解：人际交往的困扰及障碍

① 教师通过以下一系列的提问，请学生对活动过程进行第三轮的觉察和反思："在刚才的活动过程中，是你主动找别人的情况较多，还是被动等别人来找你的情况较多？""在与别人互动的过程中，你离别人的距离是远还是近？""在出招的时候，你更在意自己的感受，还是更关心对方的期待？""这些表现与你在日常生活中的习惯一致吗？"

② 教师邀请一两个学生分享自己的感受。

③ 教师简要回应学生分享的内容，结合教材讲解人际交往方面常见的障碍。通过讲解让学生通过思考与他人的距离和对他人的在意程度，觉察自己更加偏向疏离的一端还是纠缠的一端，从而让学生对自己的人际交往边界的设置有所觉察和反思。

（5）知识讲解：人际交往及人际信任的意义

① 教师通过以下一系列的提问，请学生对活动过程进行第四轮的觉察和反思："在刚才的活动过程中，你更喜欢双方出一样的还是不一样的？""当对方出得高，你出得低时，你有哪些感受？""当对方出得低，你出得高时，你又有怎样的感受？""当双方出得一样时，你有哪些感受？""大部分时候，你会采用怎样的出招策略？偏低还是偏高？为什么？"

② 教师邀请一两个学生分享自己的感受。

③ 教师结合学生分享的内容，让学生对自己在人际交往中的信任和交往策略有所觉察，并结合教材讲解人际交往的重要性。当我们跟他人产生相同的联结时，会体会到安全和亲密，也会克服自身的孤独与寂寞感。但是因为一些原因，我们有时会主动冒险，更多地打开自己，而有的时候会将他人拒之门外，与之保持距离。然后，教师结合教材讲解人际信任的意义。

（6）小组讨论与总结

教师请学生回到小组当中，小组中各成员逐个分享在刚才的活动过程中的感受和学习到的印象最深的知识点，以及所受的关于将来人际交往的启发。最后每个小组选择一个代表进行简单的总结发言。

5. 注意事项

① 如果桌椅不便移动，教师可以让学生到相对空旷的过道或前后排完成活动；若班级人数太多，场地过于局限，教师可以导入学生常见的人际互动案例，请学生在这些常见的人际场景中觉察自己内心的活动过程，并在小组讨论过程中觉察自己的人际交往习惯与模式。

② 教师每讲一个知识点，都应该结合"石头剪刀布"活动中实际发生的场景，还可以准备一些在学生中常见的例子进行佐证。

③ 教师在通过一系列的提问引导学生进行觉察反思时，要注意抛出问题的速度不要过快，每抛出一个问题，就让学生有至少5秒钟的时间去回顾在活动中的体验和当时的想法，切勿一次性将问题全部抛出来，让学生来不及回顾，只能靠临时的思考和想象得出答案。

④ 教师在设计问题时，需要注意可能引发学生的哪些情绪体验，可以把引发负面情绪体验的问题放在中间，采用"积极+消极+积极"的三明治式结构，让学生保持适当的情绪水平。

⑤ 教师可以在此活动的基础上开发一些变式，以提升趣味性并促进学生的觉察。比如若人数和场地情况允许，教师可以改变活动的形式，让学生站成里外两圈，内圈面向外圈，两人一组开展活动，每做完一次活动，内圈不动，外圈顺时针走一步，再次做同样的活动。以"就低不就高"做完5轮之后，教师请学生分享自己的感受。然后将规则改为"就高不就低"，依旧是两人一组，但这次外圈不动，每做完一次活动，内圈顺时针走一步，继续进行。这样，学

生会重新遇见刚才与之做过活动的人，教师可观察此时学生会有怎样的反应，这也能模拟日常生活中初见、再见时的情境。

活动二　我的人际关系圈——人际关系的类型与发展

1. 设计意图

该活动让学生有机会对自己的人际关系圈进行一次细致的梳理，增加对自己人际关系现状的觉察，有意识地挖掘和拓展自己身边潜在的人际资源，提升支持体系的质量，获得更多人际上的滋养。

2. 核心知识点

人际关系的发展阶段、人际关系的主要功能，详见教材第六章第一节；
人际交往的困扰及调适，详见教材第六章第三节。

3. 指导语参考

支持性的人际关系有着突出的身心保健功能，比如我们的亲人能与我们产生情感共鸣，成为我们情感宣泄的对象和汲取力量的源泉，能帮助我们有效解决学习和生活中的实际困难，缓解内心的心理压力，成为我们前进的动力；优秀的朋友则能成为我们的行为榜样。那么，你有没有梳理过自己的人际关系圈呢？当你需要支持的时候，哪些人能够成为你的依靠呢？让我们通过一个活动一起梳理一下吧！大家都已经拿到"我的人际关系圈"材料纸了吧，请先在中心的圈里写上自己的名字。然后，把对你来说重要的，对你的生活有帮助的人按照远近亲疏写到圈里，关系越近的，就写在越靠近中心的位置。大家花一点时间，仔细地梳理一下自己的人际关系圈，尽量把对你而言重要的人都写出来。

（补充说明：本活动在教材第六章第一节的课堂练习版块也有涉及，教师可请学生自行阅读指导语进行练习）

4. 教学过程

（1）讲解活动规则，完成填写

教师可以为每个学生发一张"我的人际关系圈"材料纸（如下图所示），亦可请学生在教材上直接填写。

指导要点：让学生先在中心的圈里写上自己的名字，按远近亲疏填写其他人的名字，尽量多写。预计填写时间为3~5分钟。

"我的人际关系圈"材料纸示意图

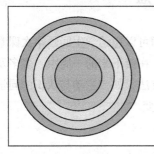

- 根据亲疏远近，从里到外在不同圈里写下合适的名字
- 每圈大致有多少人？
- 每圈的主要功能有什么不同？
- 总共写了多少人？
- 与同伴比较一下，有什么发现？
- 在这些人中，对你影响最深刻的3个人是谁？与小组分享。

（2）第一轮觉察及分享

教师通过询问以下问题帮助学生梳理自己的人际关系圈："你总共写了多少人？""每圈大致有多少人？""性别比例如何？""每圈的主要功能有什么不同？""你写下的人与你主要是哪种类型的关系？家人，朋友，同学，老师，网友，还是别的？""哪种类型的人最多，哪种类型的人最少？""与哪些人的关系可以更近，与哪些人关系可以更远？"教师邀请两三个学生对自己最感兴趣的一两个问题的答案进行分享。

（3）知识讲解：人际发展的阶段

教师请学生挑选圈中新近建立关系的人，回顾与其建立关系的过程，总结有效的经验。教师结合学生的分享和教材，以及良好人际关系的定向、情感探索、情感交流、稳定交往4个阶段，帮助学生理解不同阶段中自己的体验，增强对不同阶段的识别能力和与交往的对象同步调整的意识。

（4）小组分享及反馈

教师请学生在小组中相互分享自己的人际关系圈，并给予彼此反馈，每个学生要分享对自己影响最大的两三个人；让学生从彼此的差异中学习可以调整和提升的地方，比如人写得多的学生，可以向他人学习如何精简和重点培养高质量的人际关系；写得少的学生可以向他人学习拓展人际关系圈的方法。

（5）知识讲解：人际关系的功能

教师结合教材补充讲解人际关系的主要功能，帮助学生意识到自己的人际关系圈中的哪些人可以更好地满足自己的心理需求，而哪些人会消耗自己的心理能量，要让学生有意识地多与能为自己赋能、心理距离更近的朋友相处，远离有害的人际关系。

（6）小组分享

请学生在小组中讨论分享整个活动过程中自己的感受与收获。

5. 注意事项

① 学生在绘制自己的人际关系圈时，教师可以播放一些温馨的音乐，或者事先做一些冥想方面的引导，帮助学生更好地进入觉察的状态。

② 在学生进行第一轮分享时，教师要强调主要对一两个自己特别感触比较深的问题进行讨论和分享，不需要把所有的问题都回答一遍，以减少学生讨论和分享的压力。

③ 在进行第二轮分享时，学生通常会有非常多的感悟与体会，教师需要安排更多的时间让学生分享。

④ 讲解知识和理论的目的不在于把知识和理论讲得多透彻，而在于引导学生意识到自己在不同的人际交往中的状态，并且可以有意识地调整自己的状态，从而改善人际关系。

活动三　布置行动作业——交往习惯的扬长补短

为了帮助学生更好地面对和改善自己的人际交往模式，教师可以邀请学生回顾本次课堂上的表现，找出对自己的人际关系和人际交往模式最满意的一点，在接下来的一周中，多多发扬这一点；再找出自己最需要提高的一点，列出一个具体的提高方法，如"主动与认识的同学、老师打招呼"，在接下来的一周中，坚持使用这个方法，以求改变。

活动四 教师总结

教师简要核查学生在本堂课中的收获，简要答疑，并进行以下总结。

① 在日常交往活动中，我们可以有意识地对自己的人际交往习惯和模式有更多的觉察和了解。

② 我们要有意识地定期梳理自己的人际关系圈，以对自己的人际关系圈进行更新。

③ 人际关系的改善要靠自己的实际行动来达成。

⚑ 常见问题解答

问题1：学生在练习过程中容易笑场怎么办？

担心笑场，是因为教师对于活动中学生的严肃性有期待。其实换个思路来看，学生在活动中可以笑得出来，体验到开心和愉悦，是很好的现象。当然，笑场在的不同的阶段也有着不同的意义。在"石头剪刀布"活动中，笑场甚至可以是被鼓励的，因为积极的情绪本身就能够促进联结。在对活动进行反思与总结的阶段，笑场可能更值得关注，因为它既可能是学生积极情绪的集中体现，也可能是小组成员回避消极情绪的反映。这时，教师可以默默地走到学生的旁边，通过倾听学生的交流内容，了解他们笑场的原因，并且把笑场这个事直接作为素材，让学生意识到幽默确实有促进联结的作用，但是总是将话题岔开到与内心感受不相关的方面，会阻碍成员之间的深入交往。

问题2：如果学生分享的答案不是教师所预期的怎么办？比如在"石头剪刀布"活动中，学生说不出来自己的感受，只能描述客观事件。

当学生的答案与预期不符时，教师首先要核对和反思学生在活动过程中是否足够投入，自己提出的问题是否足够简短、清晰和聚焦。如果学生无法回答出教师预期的答案，教师可以举一些例子让学生知道回答的方向和深度，为学生做好示范。如果举完例子学生依然回答得较为浅显，教师则需反观教学的氛围是否具有支持性，如之前有的学生在表达自己的感受或内心想法时，得到的回应是否足够积极。

问题3：如果学生的人际关系圈中写的人很少怎么办？

首先，教师不要轻易给这些学生贴上人际关系单薄的标签，需要与学生核对其所写人少的原因。比如学生是不是对于"重要的人"的标准比较高，或者没有写具体的人，而只写了一类人所代表的角色，如"家人""同学"等，教师可以请学生具体地写出人名并区分远近亲疏。其次，如果有的学生在清楚活动规则，放宽标准的前提下，仍然写不出来几个人，则教师需要对此特别关注，他们很可能非常缺乏人际支持，在遇到困难时容易产生较大的挫折反应。在接下来的活动中，教师应有意识地安排其与周围同学进行互动，以期在课堂上帮助其丰富人际关系圈。

⚑ 备选活动

活动1：心有千千结

若教室有较大空间，且班级人数较少，教师可以将学生分为12人左右的小组，彼此手牵手围成一个圈。每个学生要牢记左右两只手分别拉着哪两个人，然后教师开始放音乐，学生松开手后来回自由走动，但不同的圈子之间不要有交叉。当音乐暂停时，每个学生停在原地，争取两脚不移动的同时，用左右手分别牵住刚才牵的同一只手。这时学生的站位很复杂，像打了许多个结，学生要在手完全不能松开的情况下，想办法恢复到最初围成的圆圈形状。这个活动创造了一个真实的互动场景，学生可以在活动过程中觉察和反思自己的人际交往模式。

活动2：捉蜻蜓

如果学生受到场地限制不便于走动，教师就可以采用这个固定座位的活动。每个学生伸出左手食指，右手手掌向下放到右边同学的左手食指上。老师读一篇预先准备的与人际关系相关的故事，学生在听到故事中特定的字，如"交往"的"交"时，迅速捉住右边同学的食指，同时保证自己左手食指不被抓住。整个活动非常有助于活跃氛围，而与人际关系相关的故事也能将学生带入本课的主题当中。

活动3：食指抬人

若教室前排有较大的空位，全班人数又比较多，教师可以请8~10个学生作为志愿者，每人伸出一根食指，把平躺在桌面上的一个学生抬离桌面。教师让学生亲身经历看似不可能做到的事情，看到团队每人只贡献一小份力量，就可以完成大的挑战，从而引出人际关系的重要性。如果场地条件允许，教师可以将学生分组，让所有学生都体验一下这个活动，充分感受人际支持的巨大影响。

活动4：克服交往障碍有妙招

本课更多地将人际交往的障碍上升到对交往的元认知层面进行讲解，如果教师想要特别强调这个部分的调适，可以将让学生相互熟悉的环节替换为总结讨论常见的人际交往障碍。具体的操作方式如下：请学生以小组为单位，收集生活中常见的人际交往障碍；之后挑选出学生最感兴趣的、最有共性的两三个人际交往障碍，请提出相应人际交往障碍的小组采用角色扮演的方式，将有障碍的人际交往形式呈现出来，再让学生分小组讨论可以如何调适，以摆脱人际交往障碍。这种问题来源于学生，也由学生给出解决方案的方式，更加贴近学生的需求，教师只需要最后进行总结。

第八课

我不是孤岛
——大学生的人际关系（2）

📖 教学目的

1. 进一步了解人际交往的原则和技巧。
2. 了解增进人际关系的方法，增强人际交往能力。

◈ 教学内容

1. 传声筒游戏——热身及沟通简介（10分钟）。
2. 你真的会倾听吗——共情式倾听训练（40分钟）。

3. 拒绝"玻璃心"——学会真诚拒绝（20分钟）。

4. 优点大轰炸——用赞美拉近距离（20分钟）。

5. 布置行动作业——刻意练习营建良好关系（5分钟）。

6. 教师总结（5分钟）。

📖 教学重点和难点

教学重点：人际交往的原则和技巧。

教学难点：增进人际关系的方法。

⏱ 材料准备

教学PPT、用于传话的纸条若干、眼罩（5只）、耳机（5副，可请学生自带）、彩色便签本（两三人使用一本）。

活动一 传声筒游戏——热身及沟通简介

1. 设计意图

传声筒游戏具有非常好的热身效果，有利于充分调动学生上课的积极性，也可以帮助学生直接体验实际沟通过程中存在的挑战，意识到信息的发出方和接收方会有不同的理解。

2. 核心知识点

本活动主要用于热身和导入主题，不涉及核心知识点。

3. 指导语参考

大家都看过综艺节目吗？有一个特别经典的游戏传声筒大家是否看过。我们在课堂上也玩一把如何？看看同学们的传话水平如何。

4. 教学过程

（1）讲解活动规则

① 请两三个小组参与这个活动，每个小组派5个人作为代表上台。

② 每个小组为后一个上场的小组出题，最后上场的小组为第一个上场的小组出题。要求题目为10个字以内的词语或一句话。

③ 每组的第一个成员将题目传递给组内的第二个成员，不能说出来任何题面上的词语，只能通过音效和动作表达含义，在此过程中第三、第四、第五个成员均应该戴好眼罩和耳机。之后第二个成员将题目传递给第三个成员，第四、五个成员戴好眼罩和耳机，以此类推，最后由第五个成员根据第四个成员的表演猜测题目。猜对几个字得几分，猜错不得分。最后猜对字数最多的小组获胜。

（2）活动开展

教师组织小组逐一上台完成游戏，注意维持现场规则与秩序，重点是未到传声环节的学生需要戴好眼罩和耳机，其他观战的学生要注意不提示、不起哄。活动结束后，教师请全班学生为获胜的小组鼓掌以示祝贺，并为其他积极参与的小组鼓掌以示鼓励。最后教师邀请获胜小组分享自己的获胜秘籍，其他小组的一两个参赛成员分享自己在游戏中的感受与收获。

（3）教师小结，引出主题

教师结合学生分享的内容进行简要的总结。例如，沟通看起来很简单，实则不容易；自己以为表达得很清楚的地方，别人理解起来可能完全不是这么一回事，准确地表达自己的想法需要付出较大努力。进而引出本次课程将继续探讨人际关系，且重点在于人际沟通能力的提升。

5. 注意事项

① 为了更好地达到热身的效果，教师可以事先播放一段综艺节目中传声筒游戏的短视频，让学生直接看到游戏的开展方式，提前制订好游戏方案。此外，播放娱乐视频也能起到热身作用。

② 为了激励大家更好地完成任务，教师可以设置一些小奖品给获胜的学生。

③ 此游戏的主要目的是热身，教师要注意把控好时间。设定不能讲话的规则，主要是为了增加游戏的难度和趣味性。若有学生在分享时提及不能讲话带来的影响，教师在总结时可以说明非言语沟通的重要性和可能遇到的困难。

| 活动二 | 你真的会倾听吗——共情式倾听训练 |

1. 设计意图

教师通过设置直接沟通的现实情境，能让学生充分体验到有效倾听和无效倾听的差异，更深切地意识到倾听的重要性，为良好的沟通打下坚实的基础。从进化心理学的角度来看，我们会对那些"做错"的地方更为敏感，在发现错误与不足之后，对于"正确"的做法的接纳度会更高。因此，本活动设置了"先错后对"的顺序，帮助学生更直接地体验倾听的意义及方法，有助于学生结合自身的生动体验，理解教材所涉及的知识点。

2. 核心知识点

人际交往的技巧、人际交往的困扰及调适，详见教材第六章第三节。

3. 指导语参考

我们常说人际关系的建立在于多沟通，那么大家觉得对于有效沟通，需要做的第一步是什么呢？（沉默几秒等学生回应）有的同学说是想清楚自己想要表达的，还有的同学说是先了解对方想要什么。对，有效沟通的第一步其实不是表达自己，而是学会倾听对方。那么你擅长倾听吗？在人际交往过程中，倾听到底有多重要呢？我们究竟应该怎么倾听对方才能促进有效的沟通呢？接下来，我们一起做两轮练习来感受一下吧！

4. 教学过程

（1）开展第一轮倾听练习

① 请学生按座位就近组合成两人小组，其中一人扮演A角色，另一人扮演B角色。告知学生两人会各自领到一个任务，并且需要对自己的任务保密，只需要执行即可。基于我们以往的教学经验，角色分配的过程可能不会很顺畅，教师有必要在进行下一步之前，确定每个学生都明确了自己的角色。比如分好组之后，请确定了搭档的学生举手示意。当确定完A、B角色之后，请A角色举手示意，再请B角色举手示意，确保每个学生都清楚自己的角色，避免有学生因为不够专心而跟不上练习的节奏或者搞错了自己的任务。若有落单的学生，可以请助教与其搭档。因为助教比较了解教学内容，所以建议助教扮演A角色。

② 请A角色全部低头或向后转，再请B角色抬头看教师呈现的第一个任务："选择一个最近让你比较困扰的话题，跟你的搭档聊一聊。"

③ 请B角色全部低头或向后转，再请A角色抬头看教师呈现的第一个任务："想办法打击搭档的倾诉欲望，让搭档跟你聊不下去。"

④ 请学生开始执行自己领到的任务，任务时长为3分钟。教师在此过程中观察学生的执行情况，寻找任务完成得较好的同学，以备提问。

⑤ 请B角色用手势打分：在刚才的过程中，觉得两人聊得很投缘的比5分，很不开心或很不想聊下去的比1分。

⑥ 邀请打分比较低的B角色分享一下为什么不想聊下去，教师在黑板上板书学生提到的现象。比如对方总是打击我，对方总是不说话，或者对方一直在看手机，对方总是岔开话题等。

⑦ 邀请打分比较低的B角色的搭档分享一下其采取了哪些策略来完成自己的任务，教师在黑板上板书学生提到的策略。比如有意避免眼神接触、不听对方说完就打断他或转移话题、给出很多不相关的建议等。

⑧ 教师请学生一起总结哪些方式会阻碍倾听并板书，如下图所示。

傲慢无礼	发号施令	冷漠回避
• 评判、偏见、先入为主	• 命令	• 模棱两可
• 过早安慰	• 建议	• 保留信息
• 讲理论、扮专家	• 威胁	• 转移注意力、打断讲话
• 讽刺、挖苦、开不当玩笑	• 无意义的劝告	• 注意力不集中
• 不当追问、自我参照		

哪些方式会阻碍倾听

（2）开展第二轮倾听练习

① 要求学生继续扮演刚才的角色。再次请A、B角色举手确认，准备好执行第二轮为时3分钟的练习。

② 请A角色全部低头或向后转，再请B角色抬头看教师呈现的第二个任务："重新选择一个你比较困扰的话题，跟搭档聊一聊。"

③ 请B角色全部低头或向后转，再请A角色抬头看教师呈现的第二个任务："想办法让搭档讲得更多，心情变好一些。"

④ 请学生开始执行自己领到的任务，任务时长为3分钟。教师在此过程中观察学生的执行情况，寻找任务完成得较好的同学，以备提问。

⑤ 请B角色用手势打分：在刚才的过程中，觉得两人聊得很投缘的比5分，很不开心或很不想聊下去的比1分。

⑥ 邀请打分比较高的B角色分享一下为什么聊得很投缘，对方做了什么事，教师在黑板上板书学生提到的现象。比如对方总是表现得对我说的话很感兴趣，愿意理解我的想法和感受，不停地点头，积极地出主意等。

⑦ 邀请打分比较高的B角色的搭档分享一下其采取了哪些策略来完成自己的任务，教师在黑板上板书学生提到的策略。比如不轻易打断、给出支持性的观点等。

⑧ 教师请学生一起总结哪些方式会促进倾听，形成良好的沟通，并板书，如下图所示。

距离/身体姿态	语气语调	回应方式
• 距离适中 • 身体朝向倾诉者 • 经常点头表示同意和回应	• 用慢而稳定的语调，显得更诚实 • 采用关注、好奇的语气，让对方感受到被重视	• 收集信息，而非预设原因或结论 • 不轻易打断，让对方的表达完整 • 进行开放式的提问，促进对方分享更多信息 • 关注对方的需求而不只是事件的发展 • 关注对方的情绪而不只是解决方案 • 表示理解而不急于给出建议，除非对方要求给出建议

哪些方式会促进倾听

（3）教师小结：有效倾听的要素

请学生结合这个练习反思自己平时在与他人交往的过程中是否做到了有效倾听，可以在哪些方面改进自己的倾听方式。有效倾听又可以称为"反馈式倾听"，就是认真倾听对方的观点后，了解他的想法和感受，并按照自己的理解将他的想法和感受说出来，再向他求证，以进一步了解他隐藏的感受，从而帮助他合理、积极地管理自己的情绪。反馈式倾听的关键在于对对方的内心感受而非外在行为做出反应。而这一关键的步骤其实就是共情，教师可借此引出共情的概念。

（4）知识讲解：共情的要素和方法

① 教师请学生在小组中进行讨论：如何理解共情这个概念？共情和同情有哪些不同？在刚刚的练习中，哪些话是在共情，哪些话是在表达同情？各举一个例子。教师总结时应说明共情是将自己放在对方的处境中，双方是平等关系，会增强彼此之间的心理连接感；而同情则更像是自己站在更高的位置上，给对方发善心、提建议、强拉对方离开当前的处境。当倾诉者表达了自己遭遇了别人的误解时，"你好可怜""至少对方没有再落井下石""你当时就应该直接'怼'回去"等都是在同情视角下的表达；而共情视角下的表达更多的是"这种感觉真是太憋屈了""如果是我，我好想'怼'回去哦""我听你讲的时候觉得胃像是绞在一起的"等，即从认知、情绪、躯体反应和行为等层面表达自己联想到的在那个处境中的感受。

② 教师结合教材讲解共情能力，请学生结合心理自测模块，评估自己的积极共情能力。

③ 教师结合教材讲解提升共情能力的方法，请学生按刚才的分组进行练习，请A角色讲述一个自己最近经历的事件（积极或消极事件均可），由B角色尝试带着好奇的态度和积极倾听的技巧，重点反馈观察到的A角色的情绪，并反馈自己的想法和感受。

（5）小组讨论与总结

请学生在小组中讨论和分享整个活动过程中自己的感受与收获。

5. 注意事项

① 在每一轮练习过程中，教师不要急于呈现结论，而是先请学生根据练习过程中的直观感受进行总结，这样学生的印象会更深刻。

② 教师在讲解共情的部分时可以为学生播放视频《同理心的力量》，该视频可以让学生更直观地感受到共情与同情的差异，感受到关注情绪与联结比解决问题更重要。

③ 本活动的内容较为丰富，教师要提前规划好节奏，如果时间有限，则以倾听练习为主，有关共情的知识可以略讲。

活动三 拒绝"玻璃心"——学会真诚拒绝

1. 设计意图

能否在需要帮助时主动发出求助信号，能否自如地拒绝来自外界的不合理要求或者自己不喜欢的指令，能否坦然地接受别人的拒绝，是判断一个人的社交发展是否成熟的三大重要标准。大学生群体的人际交往困难有很大一部分来源于无法坦然提出需求，无法自信地向他人说"不"，过于担忧自己的拒绝会影响自己的形象，遭受他人的排斥，或者伤害到自己与他人的感情。在小组中直接学习表达需求、表达拒绝和承受来自小组成员的拒绝，有助于提升学生的拒绝能力，也有助于学生学习更多元的拒绝技巧。同时，学生在拒绝和被拒绝的过程中，仍然能维持良好的同学关系，本身就是一种积极的矫正性体验。

2. 核心知识点

人际交往的技巧、人际交往的困扰及调适，详见教材第六章第三节。

3. 指导语参考

刚才我们学习了以对方为中心的倾听和共情的技巧，但在人际交往的情境中，我们不仅要关注对方的需要，更要尊重自己内在的需求。如果总是委屈自己配合达到他人的期待，那么这段人际关系一定是没有办法长久保持的。所以，遇到自己不喜欢、不愿意执行的要求，我们就需要坚定地拒绝，保护自己的权益。但实际情况是，绝大多数人都不擅长说"不"。我们先来了解一下，如果1分代表完全不能拒绝别人，5分代表非常擅长拒绝别人，你能得几分呢？用手势比画一个适合你的分数！（等学生用手势回应）好的，谢谢大家的坦诚。其实老师的拒绝能力也一般，所以那些得5分的同学，一会儿要多多施展你们的技能哦！得1分的同学要把握住向他们学习的机会哦！下面让我们一起通过一个活动来学习一下如何更好地拒绝他人吧！

4. 教学过程

（1）提前了解学生的拒绝能力，介绍活动规则

教师要对学生的拒绝能力做到心中有数，对于拒绝能力普遍较弱的小组给予更多的关注；对于得分较低的学生，要留意他们在活动中的表现。小组中得分较高的一个学生应作为主角（承受能力可能更强，在练习中获得创伤体验的可能性更小，示范性更强），设想一个需要帮助的情境，面向所有小组成员表达自己的期待，比如"你要去食堂吃饭吗？能帮我带一份回来吗？"其他小组成员依次不重样地、真诚地进行礼貌的拒绝，比如"对不起，我吃完就直接去自习室，不回宿舍了""我饭卡上余额不多了，可能不够打两份饭""对不起，我有其他安排，不太方便"。一个学生作为记录员，把主角最喜欢和最不喜欢的话术记录下来，以备后续分析时使用。

（2）学生开展活动并做好记录

根据课程进展的情况，教师决定每组中有几个学生可以担任主角，建议至少安排2轮，在2个不同的情境下进行练习，记录员要做好记录。

（3）小组讨论及分享

练习结束后，教师可以提出以下问题，请小组进行讨论及分享："在刚才的活动过程中，提出请求时你有哪些想法和期待？""得到拒绝的回应时，你产生了哪些想法？""拒绝他人前，你有哪些想法或顾虑？""讲出拒绝的话语之后，你有什么样的感受？""怎样的拒绝方式不会伤害到彼此的感情？"教师请每一个小组派一位代表分享自己小组内的活动情况，并给出小组经讨论确定的最难被接受的拒绝方式和最容易被接受的拒绝方式各两三条。

（4）教师小结

教师结合学生的分享及教材讲解拒绝的技巧，如态度温和、简洁明确地进行回应，给出恰当的、不容置疑的理由，采用幽默的方式化解尴尬等。然后，教师进一步结合教材讲解提升拒绝能力的方法，比如多做练习培养自信、区分拒绝的事和排斥的人、减少自责与愧疚、更真诚地表达自己内心的想法等。

5. 注意事项

① 在得5分的学生做出示范后，教师也可以鼓励得1分的学生扮演主角，让他们拥有更加直接的换位思考体验。教师应强调这只是角色扮演，主角最好提出一个非核心请求。

② 为了更方便总结拒绝的方法和经验，教师可以邀请学生现场将大家举出的好的示例记录下来，课后练习时进行参考。

③ 为了让学生更好地练习，教师可以列举以下案例。

美国前总统罗斯福就职于海军时，一位朋友向他打听美国海军在加勒比海一座岛上建潜艇基地的事，罗斯福看了四周，仿佛是害怕别人注意，然后轻声问他的朋友："你能保守秘密吗？"朋友回答道："能，当然能！我会守口如瓶！"罗斯福微笑，接着说："那么，我也能，我也能守口如瓶。"

作家冯骥才在访美期间，他的一位美国朋友带着孩子去他所住的宾馆看望他。谈话间，那个孩子爬上冯骥才的床，在上面又蹦又跳。冯骥才如果直截了当地请他下来，势必会使其父产生歉意。于是，冯骥才幽默地说道："请你的儿子回到地球上来吧。"这位美国朋友立即心领神会，说道："好，我和他商量商量。"

坐落在北京市房山区白云山下的云居寺又名西域寺，俗称小西天，是一座规模宏伟、建筑精美的寺院。寺内有南北压经塔两座，以秘藏丰富的石经而闻名中外。1956年，印度总理尼赫鲁来中国访问时，周恩来总理陪同他参观云居寺和石经。尼赫鲁看到这批精美的石经后，感慨地说："总理阁下，我们印度是佛教的发祥地，有西天、天竺之称，贵国唐代敕封的僧人曾来西天拜佛，取回真经数百部，弘扬佛教。现在我来到中国俗称小西天的云居寺，目睹这些石经，说不定有些经卷在印度已经失传，印度愿以同等重量的黄金，换两块石经，运回印度供奉，恳请阁下俯允。"周恩来总理微笑着说："这些石经是中国人民创造的奇迹，是国宝，黄金有价，国宝无价呀。我作为中国的总理，怎能用无价的国宝换取有价的黄金呢！我不能答应，请阁下谅解。"说完，两位总理都笑了。

卡耐基在拒绝一次演讲邀请时，跟对方说："很遗憾，我实在是排不出时间来，约翰先生讲得也很好，说不定比我更合适！"

④ 如果有的学生难以拒绝的某些问题在班级中具有较强的代表性，教师可以在这个环节稍微多花一些时间，做进一步的探索，比如邀请扮演主角的学生分享自己提出需求和被拒绝时的感受，邀请拒绝者分享自己在表达拒绝时的担忧等，让双方交换视角，看到其实拒绝本身并不会带来多么糟糕的后果，真正带来糟糕后果的是负面的自我认知。

活动四　优点大轰炸——用赞美拉近距离

1. 设计意图

表达赞美是人际交往的重要技巧，学习表达赞美和接受赞美的过程也是提升学生人际交往能力，消除人际交往障碍的过程。小组成员之间练习表达对彼此的赞美，既能学习赞美的技巧，也能增强自信，进而提高彼此之间关系的质量。这个活动也可以把整个课堂的氛围推向高潮，冲淡在拒绝环节产生的负面感受，让学生有一个美好的课堂体验。

2. 核心知识点

人际交往的技巧、人际交往的困扰及调适，详见教材第六章第三节。

3. 指导语参考

有什么技巧能迅速拉近我们和别人之间的距离，加深彼此之间的感情呢？（沉默片刻，等学生简单回应）有的同学说吃一顿火锅，还有同学说说点好听的。是的，赞美具有神奇的力量，甚至可以改变一个人。那么大家会不会真心赞美别人呢？当别人赞美自己的时候，你能不能真诚地接受赞美呢？下面我们一起来玩优点大轰炸游戏吧！

4. 教学过程

（1）教师讲解活动规则

学生在小组中依次作为主角，接受来自其他小组成员的赞美。每位成员进行赞美时，要把想表达的赞美话语写在便笺纸上送给主角，以直观、视觉化地体现自己的赞美。为保证效率，每个学生只需要赞美主角的一两个方面。不同的学生可以重复对主角的某个方面进行赞美。进行赞美时，学生要给出事例依据。例如，赞美主角"善良"是因为某天看到了主角在校园里喂流浪猫；赞美主角"勇敢"是因为在小组讨论中看到了主角敢于直接承认自己的不足，直面自己内心的阴暗面等。有依据的赞美更真诚，更有说服力，也更容易被别人所接受。

（2）学生完成练习活动，在小组中讨论感受与收获

学生按顺序依次体验当主角被赞美的过程，并在小组内进行总结：哪些赞美会让人最舒适也最容易接受，哪些赞美会让别人感到尴尬。教师进一步鼓励学生去体会自己最渴望被他人看到并赞美的特点是什么。

（3）小组代表在班级中分享

每一个小组派一位代表分享自己小组内的活动开展情况，给出如何赞美他人的具体建议。

（4）教师小结

教师结合学生的分享及教材讲解进行赞美和接受赞美的技巧，如运用3A法则——接受对方（Accept）、重视对方（Appreciate）、赞美对方（Admire），此外，赞美他人时最好结合当下或近期发生的事，具体而有依据，且表达时态度要真诚可信。

5. 注意事项

① 因为该活动涉及每一个学生的体验，所以教师要注意整体的时间把控，看到有小组开始换主角时，提示一下其他小组注意进度，差不多该换主角了。为了更高效地利用时间，教师可以请学生在正式开始前，先在纸上写一写想要赞美其他学生的地方。

② 在活动过程中，有的学生可能会进行一些"恶搞"式的赞美，教师应多询问、多观察，对不良反馈及时干预，尝试引导学生从"恶搞"式赞美中，抽取出他人真正值得赞美的地方。比如，近些年一些学生喜欢使用网络词汇，在不同的语境中有不同的含义，由双方的关系决定词性。在课堂上，教师要明确表示不建议学生用网络词汇来赞美他人，而应使用更为正向的"幽默""活跃"等词汇，以避免产生误解和伤害。

③ 如果时间或条件允许，教师可以让助教为每一位接受完小组成员赞美的主角（手持或身上贴着被赞美的便笺纸）与小组成员合影，作为课堂活动的留影素材。

④ 为了鼓励学生学习自我赞美，教师亦可在指导语中要求主角先进行自我赞美，再请其他小组成员依次进行赞美。

活动五　布置行动作业——刻意练习营建良好关系

为了进一步帮助学生体验到良好的人际关系，树立建立良好人际关系的信心，教师可以让学生从相处时间最久的舍友入手，鼓励学生在接下来的一周，每天为最想与之改善关系的舍友送出一句赞美；或者让学生连续3天每天花5分钟刻意练习积极倾听朋友讲的话，并记录对自己表现最满意的地方。

活动六　教师总结

教师简要核查学生在本堂课中的收获，简要答疑，并进行以下总结。

① 倾听是良好沟通的第一步，做到积极的倾听和共情，才能拥有更真诚亲密的人际关系。

② 拒绝别人不是否定对方，被他人拒绝也不代表自己不够好，真诚的拒绝是保护自己人

际交往边界的有效方式。

③ 赞美是拉近彼此距离最简单的方式之一，有意识地培养自己发现他人优点的习惯，会在促进自己内心平和的同时，进一步改善与周围人的关系。

【小故事】

"六尺巷"的故事

据说清代中期，当朝宰相张英与一位姓叶的侍郎都是安徽桐城人，两家毗邻而居，都要起房造屋，为争地皮发生了争执。张老夫人便修书北京，要张英出面干预。这位宰相看罢来信，立即作诗劝导老夫人："千里家书只为墙，让他三尺又何妨？万里长城今犹在，不见当年秦始皇。"张老夫人见书明理，立即把墙主动后移三尺；叶家见此情景，深感惭愧，也马上把墙让后三尺。这样，张叶两家的院墙之间，就形成了六尺宽的巷道，成了有名的"六尺巷"。

"六尺巷"的故事告诉我们：礼让、和睦是中华民族的传统美德，古代开明之士尚能如此，今天的同学之间、师生之间、亲子之间，在处理小矛盾时更应该做得更好。道理就是这样：争一争，行不通；让一让，六尺巷。六尺巷的故事弘扬了一种美德，体现了一种胸怀。只有人人学会谦让，人人学会宽容，这个社会才能真正变得和谐。

🏴 **常见问题解答**

问题1：学生在活动过程中不遵守规则怎么办？

教师可以默默地走到学生的旁边观察，了解他们未能按规则开展活动的原因，并且把他们未能准确理解规则或是不愿意积极投入等的原因直接作为素材，帮助他们意识到其可能在平时的学习中也有这样的不合理的信念或不良的习惯，以及这些信念和习惯可能带来的负面影响。教师注意在整个活动过程中不要影响到全班的活动进度，更多的是对个别小组中呈现的问题做出相应的处理。

问题2：在拒绝活动中，学生面对比较困难的要求，想不到拒绝的方法怎么办？

拒绝活动不只是要帮助学生找到具体的拒绝方法，还旨在帮助学生觉察和体验用不同的方法拒绝他人、被他人拒绝时的想法和感受。所以，面对困难的场景，教师在引导时，可以让学生降低要求，比如只要把拒绝的话说出来即可，不见得一定要说得非常有艺术性。这样可以让具有不同个性的学生有机会感受过于直白或者过于委婉的表达所具有的效果和影响，再与组员共同讨论出更好的拒绝方式。事实上，学生拒绝他人的时候只要找得出来一个"借口"就足够了，"借口"并不需要多么合理、充分，只要能为自己树立自我保护的边界即可。

问题3：如果学生很难找到他人可被赞美的方面怎么办？

当学生感觉难以找到他人可被赞美的方面时，教师可以借此进行现场教学，以说明赞美他人是一种能力，是需要学习和培养的；之后引导学生从他人的外在着手，比如从他人的容貌、打扮中寻找值得肯定的点，或者从前面每节课的观察中寻找可以肯定的点。教师应强调学生不必找到对方最为重视的那个特质进行赞美，学生可以真诚地赞美自己欣赏的地方，以降低赞美的难度。

备选活动

活动1：备选活动——你来比画我来猜

教师请每组出两人进行"你来比画我来猜"游戏，其中一个组员用肢体语言比画或者在黑板上画出一个特定的题面，另一个组员猜，以猜对的题面数进行计分。

活动2：备选活动——赞美接龙

如果活动时间有限，也为避免学生现场讲不出赞美的话的尴尬，教师可以设置在纸上进行赞美的方式。教师给每人发一张活页纸，最上面写"我是_____，因为_____，我欣赏自己的_____。"之后学生依次传递这张纸，每一个学生都在下面写："我是_____，我欣赏你的_____，因为_____。"最后每个人手中都会拿到一张充满赞美话语的活页纸，能拥有较强的满足感。

第九课

爱情密码
——大学生健康恋爱及性心理的培养（1）

爱情是婚姻的重要要素。爱情是一种美好的情感，更是一种深思熟虑的行为，遵循恋爱道德规范可以让爱情走得更长远。恋爱道德规范主要有尊重人格平等、自觉承担责任和文明相亲相爱。成熟爱情中的个体是平等的，是携手共进的；爱情应以情投意合、志同道合为基础，无论处于顺境还是逆境，是富裕还是贫穷，是健康还是伤病，爱一个人就要自觉地承担对方的责任；好的爱情能让彼此成为更好的自己。恪守恋爱道德规范关系未来婚姻生活的幸福。

教学目的

1. 认识大学生恋爱心理的特点。
2. 形成对恋爱心理的正确认识。
3. 了解恋爱心理方面存在的问题及调适方法。

教学内容

1. 恋爱是不是大学阶段的必修课——爱的本质与要素（15分钟）。
2. 表白篇：说出爱你不容易——恋爱关系的开启（35分钟）。
3. 相处篇：爱情的经营——恋爱关系的维持与冲突应对（40分钟）。
4. 布置行动作业——为爱情加分（5分钟）。
5. 教师总结（5分钟）。

教学重点和难点

教学重点：大学生恋爱心理发展的规律特点和问题，在恋爱的选择和相处阶段应有的健康观念和相应方法技巧。

教学难点：大学生恋爱中遇到困难时的应对方法和技巧。

⏱ 材料准备

教学PPT、课前线上调研问卷。

活动一 ▶ 恋爱是不是大学阶段的必修课——爱的本质与要素

1. 设计意图

恋爱通常是学生特别感兴趣的主题，也是内容特别丰富的主题。在上课之前，教师需要通过调研了解学生当前的情感状态，以及对大学恋爱的基本态度，以达到以下几个目的。①掌握学生现有的情感状态，决定教学重点：如果大部分学生都没有恋爱经验，那么教学重点应该放在恋爱前的准备、如何建立关系上，压缩其他内容；相反，如果大部分学生都处于恋爱状态，那么教师多花时间与学生分享恋爱关系的维持和性心理的内容将更有价值。②了解学生对于大学是否应该谈恋爱、为什么要谈恋爱的观点，有助于了解学生现有的认知状态，找到学生普遍存在的认知误区，从而确定在学生的最近发展区需要传达的重点观念。③借由讨论恋爱的必要性和意义，引出爱的本质和要素，有助于帮助学生树立健康的恋爱观和择偶观。

2. 核心知识点

恋爱心理概述、爱的本质、良好亲密关系的要素，详见教材第七章第一节。

3. 指导语参考

大家好，今天我们的主题是恋爱！我看到有的同学眼睛里都开始放光了。是的，恋爱是一个特别值得讨论的主题。在开始讲课之前，我想先了解一下大家的情感状态。你们现在的情感状态如何？单身的同学请举手，不好意思举手的话，也可以用你的眼神告诉我。谢谢你们的回应，你们想谈恋爱么？（简要互动）有暧昧的对象，但尚未确定关系的同学请举手。谢谢你们，你们会选择主动表白吗？（简要互动）祝福你们能有情人终成眷属。那么正在谈恋爱的同学请举手。谢谢你们的回应，希望你们多多贡献经验和案例！有没有处于分手后空窗期的同学呢？谢谢你们，休整好了再开始一段新的恋情，是对自己和别人都负责的做法。接下来我要问大家，你们觉得什么是真正的爱情？谈恋爱是大学阶段的必修课吗？

4. 教学过程

（1）调查学生所处的情感状态

教师列出"单身""暧昧中""恋爱中""空窗期""其他"等类型，请学生选择，可以让学生依次举手示意，也可以用教学相关的App或调查类网站进行现场投票并呈现。

（2）澄清爱的本质和良好亲密关系的要素

教师首先询问学生"什么是真正的爱情"或者"你们认为的理想的爱情关系是怎样的"，

抽取学生回答中的要点进行板书，可以按爱情三元论在3个位置进行板书（暂时不明确写出爱情三元论中的3个要素。教师也可以先举一些例子，以启发学生思考，例如"真正的爱情就是永远有说不完的话"（板书到"亲密"区域），"真正的爱情就是常常会想念对方，想到对方时心跳就会加快"（板书到"激情"区域），"真正的爱情会让人有结婚的冲动"（板书到"承诺"区域），"真正的爱情就像是橡树和木棉的关系"（板书到"完美的爱"区域）。

教师结合教材第七章第一节"爱的本质"部分，向学生澄清真正的爱情需要包含的基本要素，确保整个班级对讨论的内容形成共识，以免学生因为质疑恋爱动机或者恋爱的形式而否定恋爱的价值。具体如下。

① 通过讲解爱情三元论的基本知识，让学生意识到，想要判断与他人之间的情感是喜欢、迷恋还是真爱，需要同时考虑当前情感中是否包含了"亲密""激情""承诺"3个要素。彼此间缺乏基本了解的情感很难演变为真爱，需要多加深了解，而不是急于确定恋爱关系。

② 通过讲解弗洛姆在《爱的艺术》中对成熟的爱的论述，让学生了解到真正的爱不是为了得到，不是为了满足自己的虚荣心，不是为了跟别人攀比谁更有魅力，不是为了给自己找一个"提款机"，也不应该只是为了满足生理需求，而应包含5个要素："给予"物质及内心有生命力的东西，对所爱之人的积极的"关心"，愿意回应对方需求的"责任心"，对对方本来面貌的"尊重"，以及对对方的深入"了解"。学生应认识到，爱一个人不是生来就会的，需要有意识地培养自己"爱的能力"。

（3）讨论并讲解恋爱对大学生的意义及影响

① 教师提问"恋爱是否是大学阶段的必修课"，请学生回答"是"或"否"并说明理由，可以将具有共性的答案进行板书。学生可能会选"是"或"否"，也可能表示不确定。所以教师引导的重点不在于获得答案，而在于让学生阐明理由。偏向"是"的理由可能有"不谈恋爱的大学生活不够有味道""必须在走向社会之前抓住最后的纯粹恋爱时间"等，偏向"否"的理由可能是"每个人的追求不一样，不结婚、不恋爱也是一种选择""谈恋爱不是一个人能决定的事，设为必修课不科学"等。

② 教师结合学生分享的内容，为学生提供课外阅读的素材，让学生梳理恋爱对于大学生的意义和价值，例如黑格尔认为"爱情是构成生命的一个环节，没有这个环节的生命是残缺的"，鼓励学生去了解相关的论述；也可以请学生去阅读埃里克森的人格发展八阶段理论中的相关内容，即强调大学生处于"成年早期"阶段，面临的是"亲密感对孤独感"的危机，这一阶段的主要心理社会任务是"建立深厚的情谊，与另一个人获得爱和陪伴感，或共享的自我认同感，这反映在青年对于一个亲密的伴侣形成永久承诺的想法和感受中"。教师还可以请学生去搜索并阅读克奥尔德弗的ERG理论，其主要观点是个体共存在3种核心的需要，即生存（Existence）的需要、建立相互关系（Relatedness）的需要和成长发展（Growth）的需要，恋爱需要是建立相互关系的需要的重要组成部分。通过恋爱，学生可以更好地认识自己，同时可以通过关照别人的需要实现自我成长。

③ 教师结合学生分享的内容，梳理恋爱可能给大学生带来的伤害和风险，如表白被拒绝可能会伤害到自尊心，被分手、被出轨都可能带来伤痛，恋爱中的冲突和困扰可能影响到大学生的学习效率、生活品质，等等。同时教师也要提醒学生，这些痛苦都是有意义和价值的，可以帮助其更好地意识到自己内心的需要，从而带来积极的改变，而为了更好地避免这些痛苦，就更应该认真学习本课的内容。

（4）教师结合学生的分享进行简要总结

教师在总结了学生对大学生谈恋爱的态度之后，可以更多地鼓励学生建立积极的恋爱观。教师结合教材第七章第一节中"恋爱的发展阶段"，强调亲密关系中的美好体验是幸福感的重要来源，而恋爱中的挫折也有助于我们成为更好的自己。积极的恋爱观不仅使大学生能与异性相处融洽，相互理解，相互接纳和包容，还可以促进良好的恋爱关系的建立。

关于要建立怎样的恋爱观，以下是笔者的探索与总结，供教师参考。

承认对爱的渴望，主动去学习爱的能力，不自我否定或妄自菲薄，也不要主动错过让自己心动的人。若确认要投入一段感情，就要尽量信守承诺，当双方真的有不可调和的矛盾时，也要学会放手。分开不代表着失败，而是代表着自己和对方可以遇见更合适的人。同时，对于那些没有意愿或者没有机会在大学期间建立亲密关系的学生来说，不谈恋爱也并不能说明其大学生活是不圆满的，仍然可以靠发展亲密的友谊来实现人格成长。

5. 注意事项

① 如果场地允许，在恋爱状态调查阶段，教师可以采用社会测量的方式，将教室分为几个不同的区域，代表几种不同的恋爱状态，然后请处于特定恋爱状态的学生聚到相应的区域内，并让他们按区域分享自己的恋爱感悟，进行热身。接下来的时间，教师可以请学生按区域就座，方便经历相同的学生进行组内交流。

② 当学生发表较为偏激的想法时，教师应鼓励其说出背后的理由，不要急于进行反驳，而是以相对平和的方式重述该生的观点后，邀请其他学生做出回应，帮助该学生以不同的视角看待问题。例如，若有学生表达"恋爱纯粹就是浪费时间"，教师不必急于解释恋爱对于大学生的重要意义，而是可以用一种好奇的态度，询问该学生是如何得出这样的观点的，以收集更多的信息，为后续的引导打好基础。同时，为避免师生之间形成辩论对立关系，教师可以在该生表达结束后，面向全班提问："其他同学是否同意该同学的观点？"通常，不同意该观点的学生可以帮助教师达到部分的引导目的，教师更容易在相对中立的位置上，营造一种温暖接纳的氛围。

③ 教师可以根据时间，进一步邀请学生结合教师的讲解开展小组讨论，分析在大学阶段谈恋爱可能有哪些利弊，如何更多地发扬利、减少弊，并举出在恋爱的伤痛中成长的小例子，激发学生对于健康的恋爱关系的向往，然后仅邀请个别小组派出代表在班级中进行简要的分享即可。最后教师结合教材第七章第一节中对于爱情、学业与生涯规划的关系的论述，引导学生将爱情与大学生活及未来的发展结合在一起进行规划。

④ 教师要引导学生不必下定"必修"或者"非必修"的标准答案，让学生不再害怕谈恋爱，对建立健康的恋爱关系有所向往，但也不要让学生形成必须要谈恋爱的压力。谈或不谈恋爱的好处和代价都要讨论到，也不必让全班学生完全达成一致，学生现有观点有其存在的合理性，同时教师应明确提出提倡的价值导向，帮助学生建立成熟且多元的恋爱观。

活动二 **表白篇：说出爱你不容易——恋爱关系的开启**

1. 设计意图

因为恋爱关系中的困惑都非常鲜活，所以针对这个主题能够开展的讨论是非常丰富的，从理念层面到技术层面都可以涉及。但考虑到心理健康教育课程的通识教育定位，本章的活动设计更多聚焦在教授健康恋爱观而非具体的恋爱技巧。同时，考虑到部分教师并不擅长带领开展"热闹"的体验活动，本章是按照恋爱关系发展的不同阶段，即开启、磨合、亲密、结束进行设计的，以大学生恋爱发展的典型故事作为讨论的着力点，鼓励教师通过设定不同层次的问题，带领学生进行一系列与自身恋爱观息息相关的讨论。希望本活动可以帮助偏静态教学风格的教师看到如何通过讨论的方式达成以学生为主体且不失体验感的课堂效果。

在恋爱关系建立的初期，不同的学生可能会遇到很多不同的困惑，例如要怎样找到恋爱对象，寻找哪种类型的恋爱对象，一见钟情是否可靠，如何区分喜欢和爱，到底应该不应该表白，怎样表白更容易成功，表白失败了怎么办，是否要接受一个人的表白，如何拒绝表白才不至于伤人伤己，等等。因此，在这个环节，教师可以设置一个相对开放的情境作为引子，挑选自己班级的学生最为关心的话题进行讲解和讨论。核心目标还是借由学生的观点来了解学生的价值观和恋爱心理，进而进行针对性的引导、启发、教育。

2. 核心知识点

爱情的脑科学、爱情与生涯的关系，详见教材第七章第一节；
恋爱前的自我探索，详见教材第七章第二节。

3. 指导语参考

脱离了具体的背景去讨论恋爱的话题是不切实际的，所以接下来，老师为大家准备了一个校园爱情故事，让我们跟随小东和小溪一起来聊聊与恋爱有关的那些事儿吧！

4. 教学过程

（1）故事呈现

男生小东第一次碰到师妹小溪是在迎新的那一天。当时他正百无聊赖等着新同学报到，远远就看到了一个清秀的女孩子在母亲的陪伴下走到了报到台前。"请问××学院是在这里报到吗？"不知怎么的，这个声音一下子就引发了小东强烈的心跳。他倏地从座位上弹起来，主动上前开始帮小溪办理报到手续，心里嘀咕着：这难道就是一见钟情？之后，小东经常找机会去关心小溪，越发喜欢这个女孩的温柔和认真，而小东的阳光和成熟也吸引了小溪的注意。一周之后，小溪正在自习室预习功课，手机屏幕突然亮了起来，一条来自小东的微信消息映入眼帘："小溪，我喜欢你，做我女朋友好吗？"

（2）征集问题

教师请学生针对这个故事提出与恋爱相关的具体问题，教师可以先列举一些作为参考，然后请学生进行补充。该过程旨在收集学生观点，以便引出教材中的核心知识点。以下为可供参考的问题。

① 与故事相关的情境性问题：
小东为什么会对小溪产生一见钟情的感觉？
小东的表白是否恰当？
小溪是否应该接受小东的表白？
② 相对抽象的观点性问题：
一见钟情是否可靠？

如何判断一份感情是否真挚？

如何判断对方是否适合自己？

（3）组织讨论与分享

教师请小组选择最感兴趣的一两个问题，开展讨论并做好记录，之后请小组代表分享经小组讨论得出的观点及核心理由。

（4）教师讲解与总结

教师结合学生最感兴趣的问题及教材进行相关知识的补充，重点是引导学生进行向内的自我觉察。例如针对"一见钟情是否可靠"，教师可以通过介绍教材第七章第一节中两个"拓展阅读"模块中的知识，帮助学生认识到一见钟情背后有生理化学的一系列反应作为基础。教师结合教材第七章第二节中"恋爱前的自我探索"的知识，鼓励学生多一份觉察，通过回答"我喜欢他的什么？""我和他的价值观是否一致？""他对我的吸引力体现在哪些方面？"来增加对自己的了解。

5. 注意事项

① 教师要特别注意根据自己了解到的本校甚至本班学生的实际情况，修改故事的细节，以增强学生的代入感。有条件的教师可以提前了解一些学生的恋爱故事或者心路历程，征得学生的同意后，将这些内容的共同要素融入故事当中。

② 学生可能会讨论非常多的问题，教师要注意提前确定每个组要讨论的问题并进行一定的组织和分配，确保讨论有一定的聚焦性，这也有助于学生把握分享的时间。对于课上未能完成的讨论，教师可以请助教或课代表在课后引导学生在线上群中进行进一步的讨论。

③ 因为本活动的一个重要的目标是帮助学生确立健康恋爱观，所以教师在总结和回应的过程中，应该明确呈现出符合核心主流价值观的论点，并进行明确的引导。如果学生在课堂上表达了另类或者"不健康"的观点，教师要注意判断学生的态度是否真诚，在表示接纳和好奇的同时，邀请其他学生分享不同视角下的观点。若该生坚持自己的观点，教师可以在课后多进行关注，或者与辅导员协作开展相关的教育。

④ 若学生对某个具体问题的解决方法与技巧感兴趣，教师可以现场安排角色扮演等体验性活动，详见备选活动中的活动1和活动2。

活动三　相处篇：爱情的经营——恋爱关系的维持与冲突应对

1. 设计意图

在恋爱过程中，学生可能会经历挫折与痛苦，也存在很多具体的困惑。在这个环节，教师可以继续以小东和小溪的故事为引子，挑选自己班级的学生最为关心的话题进行讲解和讨论。这样一方面能利用学生"追剧"的好奇心激发学生的兴趣，另一方面有助于开展相对聚焦的讨论，有效利用课堂时间。

2. 核心知识点

恋爱的发展过程，详见教材第七章第一节；

爱的5种语言，详见教材第七章第二节。

3. 指导语参考

表白的成功只是恋爱的开始，在真正相处的过程中既有甜蜜的时刻，也有两人一起磨合的过程。让我们继续阅读小冬和小溪的故事，来聊聊在恋爱过程中如何更好地与对方相处吧！

4. 教学过程

（1）故事呈现

小溪回顾了与小东相处的一周，觉得有一个同院的师兄照顾自己，帮助自己适应大学生活，不失为一个好的选择，再加上自己也比较欣赏这个师兄，于是接受了小东的表白。之后，两个人的关系更亲密了，除了上课的时间之外，两人经常约着一起吃饭、上自习，也时常出去看电影、逛街，有时也会学着其他情侣在宿舍门口吻别。随着时间的推移，热恋期的甜蜜过去之后，两人之间的问题也开始慢慢浮现。小溪希望小东花更多时间跟自己在一起，少跟哥们儿在一起玩游戏，小东则觉得自己和哥们儿一起玩游戏也很重要；小溪喜欢看音乐剧，小东却实在欣赏不来，每次都心不在焉；每次出去约会，小东都主动买单，但是时间久了，经济压力很大，心里也开始怀疑小溪有没有心疼自己；每到节日、纪念日，小东都是心事重重，生怕送的礼物不合小溪的心意而导致不欢而散。这一天，小东接到老师的通知，有一个为期一年的国外联合培养机会很适合他……

（2）征集问题

教师请学生针对这个场景提出与恋爱相关的具体问题，以引出对核心知识点的讲解。教师可列举出一些问题作为参考，再请学生进行补充。以下问题可供教师列举时参考。

① 情境性问题：

你觉得小东和小溪的感情遭遇的最大考验是什么？

两人最突出的分歧是什么？

如果你是小东，你是否会选择出国进行联合培养？

如果你是小溪，会如何改善跟小东的关系？

② 抽象的观点性问题：

如何维持一段感情？

如何平衡双方的付出？

双方对于相处时间和方式有冲突怎么办？

如何维持异地恋？

（3）组织讨论与分享

教师请小组选择最感兴趣的一两个问题，开展讨论并做好记录。教师依时间情况，邀请适当数量的小组代表分享本小组的核心观点及理由。

（4）教师讲解与总结

教师结合学生最感兴趣的问题及教材进行相关知识的补充，在相处的观念和方法上，给学生以下引导和建议。

① 爱情的发展会经历4个阶段，即第一阶段的共存（甜蜜期，此时的情侣彼此牵肠挂肚，每时每刻都希望待在一起），第二阶段的反依赖（矛盾潜伏期，感情已经慢慢趋于平淡，双方不再希望天天待在一起，反而希望能腾出更多私人空间，此时另一方会产生被冷落的感觉），第三阶段的独立（矛盾突发期，上个阶段未处理好的问题更加突显，解决不好很容易导致分

手。一方可能需要更多自主支配的时间，而另一方可能会产生猜疑或不断提出要求，让对方证明爱的存在，从而引发很多冲突和矛盾），第四阶段的共生（稳定期，双方的相处模式比较成形，彼此支持的同时还可以保证各自拥有舒适的独立空间）。教师结合爱情发展的4个阶段帮助学生了解在爱情的发展过程中，双方可能处于不同的阶段，但可以通过学习培养爱的能力走到共生期。教师具体可参考教材中对于不同恋爱阶段的策略的介绍，引导学生从差异中学习和谐共处的方法。

② 教师结合教材介绍爱的5种语言，鼓励学生反思自己和伴侣的爱的语言，用对方能接受的语言表达关爱，并具体列出如何表达肯定的言辞，如何安排精心的时刻，如何送出恰当的礼物，如何完成服务的行动，以及如何运用身体的接触增进感情。

③ 教师介绍破坏恋爱关系的四大杀手，帮助学生意识到，在相处的过程中，要注意避免采用指责、轻蔑、防卫、冷淡的处理方式，而应采用更具建设性的方式来维护双方的关系。

5. 注意事项

① 教师要注意根据本校甚至本班学生的实际情况，修改故事的具体细节特征，增加学生的代入感。

② 在讨论的过程中，教师应邀请学生结合具体的例子进行讨论和分享，并请学生多分享内心的感受和需求，这样有助于促进观点不同的学生相互理解，避免讨论中发生激烈冲突。教师要帮助学生理解讨论的重点不在于分出谁对谁错，而是在于让大家看到在相处的过程中每个人会有不同的需求，关注到冲突的本身是存在差异，而没有绝对的谁优谁劣，以及只有彼此尊重、化差异为成长才是最优的选择。

③ 如果时间允许，教师可以在讨论小东和小溪的爱的语言时，带领学生完成"爱的语言测试"，帮助学生通过测试题进一步了解自己的爱的语言，让学生在理解自己爱的语言的基础上，更多了解身边重要的人（包括父母、恋人、好友等）更熟悉的爱的语言，意识到自己与他人的不同，学习换位思考，用更有爱的方式与身边的人互动。

④ 若学生对某个具体的问题的解决方法与技巧感兴趣，教师可以现场安排角色扮演等体验性活动，详见备选活动中的活动3和活动4。

活动四　布置行动作业——为爱情加分

因为每个人的恋爱阶段不同，本课的行动作业很难统一设置。为了更好地促进学生将所学应用于生活，教师可以请学生回顾本次课程学习中印象最深的地方，根据自己所处的恋爱阶段，制订一个想要完成的目标并努力去实现它。教师可以在课堂上预留一些时间让学生设置自己的目标，并在小组中进行承诺，也可以在课上帮助学生把关目标设置是否恰当，提出修改意见。例如，对于暂时不想谈恋爱的学生，教师可以引导其从恋爱准备的角度，选择一个能实现自我提升的目标；对于处于暧昧或追求阶段的学生，教师可以引导其从更好地了解自己和对方的角度确定目标；对于正在恋爱中的学生，教师可以引导其有意识地运用课上所讲的知识修复一次冲突，或者让感情进一步升温。

活动五　教师总结

教师简要核查学生在本堂课中的收获，简要答疑，并进行以下总结。

① 恋爱有风险，但恋爱也可以满足很多心理需要，带来幸福的体验。不管是否选择在大学期间谈恋爱，我们都要学习为自己的亲密关系负责，做好规划，寻求平衡。

② 恋爱前的准备非常重要，成熟的恋爱关系需要双方朝着共同的目标努力，相互尊重，用心经营。

③ 每一段恋爱都因为各自的独特性而有不同的味道，没有绝对正确的方法。应当选择适合自己这段关系的恋爱方式。

⚑ 常见问题解答

问题1：学生没有选择教师预设的问题进行讨论，而是聚焦于别的问题怎么办？

每一个学生对恋爱的需求可能都有所差异，如果全班学生存在一些共同的兴趣点，教师可以暂时放下自己想要讲解的具体知识和内容，陪着学生一起讨论他们更关注的问题。但在总结阶段，教师依然需要将核心内容呈现出来。

问题2：如果学生质疑教师编写的故事内容怎么办？

故事只是一个讨论的素材和引子，教师并不需要为它做太多的辩护。学生提出质疑后，教师可以请学生讲一讲质疑的理由，还可以请学生谈谈他会如何编这个故事，再听听其他学生的想法。借由学生版本和老师版本的差异，教师可以进一步了解当前学生的状况，也可以将这作为一个话题引导学生进行讨论。

问题3：学生质疑恋爱主题课程的教学意义怎么办？比如有的学生认为恋爱主题的课程主要就是讲恋爱技巧和套路的，会"污染"爱情的真诚和纯粹，太多心理学知识会让爱情索然无味。

学生不愿意因理性而让恋爱失去真诚，恰恰说明了学生对爱情的向往和珍惜。而担心爱情会因心理学知识而索然无味，恰恰反映出学生可能并没有意识到"爱一个人也是需要学习的"。教师需要澄清恋爱主题的课程教学的目标不是让一方控制另一方的想法和感受，让学生成为"恋爱高手"，而是帮助学生承认自己对爱情的渴望是正常的，增进学生对于恋爱过程的发生、发展规律的理解，帮助学生与其真正欣赏、爱慕的人健康而长久地相处。恋爱中最重要的套路是用更真诚而恰当的方式，勇敢地向心爱之人表达自己的感受、需求和期待，发自内心地去体会关爱另一个人的幸福，借由恋爱更多地了解自己，了解对方，从而在恋爱中向对方学习，获得自己真正向往的品质，实现彼此成就。掌握相关知识也有助于学生在恋爱过程中更好地进行自我保护，能够更容易接纳自己在恋爱中的挫败，也能更理性地走出恋爱的困境。

 备选活动

活动1：我的理想型

若学生更为关注应该选择怎样的表白对象，教师就可以带领学生开展本活动。教师首先应请学生在纸上列出自己最看重的择偶标准，增加对自己喜欢的类型的觉察和反思。本活动的重点在于让学生借由自己最看重的品质，看到自己的价值观（如认为物质需求和精神需求的满足哪个更重要），看到自己如何受到原生家庭的影响（如择偶标准与异性家长的相关性），看到自己渴望获得哪些品质，对自己有哪些不满。教师在总结提升时，要强调恋爱前学生若能更好地提升和完善自己，就更容易找到一个同样优秀的恋爱对象，防止陷入破坏性的恋爱关系当中。

活动2：拒绝大冒险

为了帮助学生更好地理解表白背后的恐惧，教师可以现场开展该角色扮演活动，（亦可参照教材第七章第二节自助训练模块"谢谢你的爱——善意地拒绝他人"的活动流程）邀请两个学生上台分别扮演A和B，A讲"我喜欢你"，B则需用尊重对方的方式表达拒绝，A可以在被拒绝之后再继续向B表白，B则需进一步拒绝。其他学生可以为双方提建议、出主意，直观感受不同的拒绝方式的效果。这个活动一方面能够让害怕被拒绝的学生做一些脱敏的练习，另一方面能让学生意识到，对于开启一段感情的拒绝要坚定和坚持，否则很容易给对方"仍有机会"的幻想。教师在总结提升时，应引导学生意识到表白失败并不意味着整个人的失败，只能说明双方不适合，或者时机未到。教师也要让大家意识到怎样的拒绝是不伤害对方自尊的，哪些拒绝会给对方带来额外的伤害，哪些拒绝并没有起到拒绝的作用；强调拒绝对方的时候，自己要给予对方充分的感谢和尊重，不应该讽刺和贬低对方，有意加重对对方的伤害；如果担心拒绝得不够决绝，造成对方死缠烂打，自己更应该在态度上保持坚定，清晰简短地说明"我们不适合，所以不能答应你"或者"抱歉，你不是我喜欢的类型，所以不能接受你的表白"，而不应在人格上贬损对方，或者是给出冗长且有歧义的解释。

活动3：恋爱对对碰

如果在课堂上男生和女生的观点有显著的不同，教师可以带领学生开展本活动。每个学生提出对同性或异性比较感兴趣的问题，由助教收集整理之后，请同性或异性进行解答，以促进两性之间的相互了解。在组织相互解答时，教师要特别注意提醒学生对他人的答案保持好奇，将其看作异性群体中可能出现的一种声音，反思可以与不同异性相处的方式，而不是去评判回答者的人品、道德或进行对号入座。

活动4：冲突复盘会

如果学生对冲突如何引发吵架的过程比较感兴趣，教师可以带领学生开展本活动。教师可以邀请学生进行角色扮演，现场表演一段吵架的过程，或者截取一段影视作品中典型的伴侣冲突的对话片段（例如电影《分手男女》中，导致双方分手的对话片段）。教师可以带领学生一起去体会双方争吵的重点是什么，女生可以说一说女主角讲出一句争吵的话之后，最希望得到的回应是什么，听到男主角的回应后，内心是怎样想的；男生也可以表达男主角最希望得到的回应是怎样的，听到女主角的表达或回应时的内心感受又是怎样的。之后，全班学生共同讨论出一个针对剧中冲突事件更合适的沟通方式，注意不要修改前期的基本剧情。教师借此帮助学生反观自己的表达中词不达意、心口不一的地方，学习更为真诚一致的表达方法。

第十课

爱情密码
——大学生健康恋爱及性心理的培养（2）

教学目的

1. 了解自身性生理和性心理的发展。
2. 形成对性的正确认识。
3. 了解性心理方面存在的问题及调适方法。
4. 能够正确处理分手后的关系。

教学内容

1. 秘密问题游戏——热身及性心理导入（10分钟）。
2. 亲密篇：你是风儿我是沙——性心理与性心理健康（40分钟）。
3. 分手篇：最熟悉的陌生人——失恋及其应对（40分钟）。
4. 布置行动作业——制作班级恋爱指南（5分钟）。
5. 教师总结（5分钟）。

教学重点和难点

教学重点：大学生性生理和性心理发展的规律、特点和存在的问题，不同阶段合适的行动和观念，恋爱心理的发展和大学生恋爱心理的特点。

教学难点：大学生恋爱心理问题及调适方法。

材料准备

教学PPT、线上问卷、便笺纸（每人至少3张）。

活动一　秘密问题游戏——热身及性心理导入

1. 设计意图

性心理及性健康的教育在大学生恋爱主题的课程中必不可少，但是不同地区、不同类型的学生对于讨论与性相关的话题的开放程度有所不同。本环节采用匿名形式调查学生对性的联想和态度，以达到以下几个目标：①帮助学生觉察自己对性的态度，增加对自己性价值观的了解；②帮助教师了解班级学生整体上对性的观念与态度，从而对讲解的方式做出准备和调整；③达到热身的效果，通过呈现大家的答案，帮助学生正常化自己对性的负面体验，减少羞耻感，学生后续分享和发言时也会更为真诚和安全。

2. 核心知识点

性心理和性心理健康的概念、性心理的发展阶段，详见教材第七章第三节。

3. 指导语参考

上一课我们一起讨论了恋爱对大学生的意义和价值，也结合小东和小溪的故事，讨论了如何更好地经营恋爱关系。这节课我们将继续阅读两位主角的故事，探索在其他的恋爱阶段需要思考和应对的问题。真正的爱情包含着激情的成分，性吸引和性冲动是恋爱当中不可回避的话题。我注意到有些同学好像已经开始害羞或者紧张了，别担心，我们先从一个匿名的活动开始。（教师在黑板上写下"性"这个字）我想请大家在手里的便笺纸上写一写（或在线上问卷里填写），当看到这个字的时候，你会联想到哪些词汇。（留一两分钟请学生填写）接下来，如果你支持婚前性行为，在纸上打个钩，不支持则打个叉，如果很难说得准，可以打个半钩。

4. 教学过程

（1）课前调研

教师请助教为每个学生发一张便笺纸（或将线上问卷发给学生）。请学生根据自己的实际情况，在便笺纸上或在线上问卷中填写提到"性"会联想到哪些词，教师可以适当提示，无论是"快乐""美好""爱"这些积极的，还是"生育""无可厚非"这些中性的，抑或是"羞耻""难堪""肮脏"这些负面的都可以，没有对错，只要按照自己的第一感觉如实填写即可，填写时不限数量，凡是学生联想到的，都可以让其按顺序写上去。之后，教师请学生对"你是否支持婚前性行为"进行匿名投票。请助教收集所有便笺纸或者整理匿名的线上问卷，再将全班学生联想到的词按数量从多到少的顺序进行整理。

（2）公布调研结果，引导学生进行自我觉察

教师公布全班学生的调研结果，并引导学生根据自己的联想进行自我觉察，例如写下来的词语是积极的多还是消极的多？写的过程当中有哪些感受？当写下这些词的时候，脑中会有哪些声音出现？这些问题的答案都会反映出学生的性心理状态，以及性对于学生的影响。教师提示学生一定慎重与他人发生性关系，为自己和他人负责。

（3）知识讲解：性心理的概念及发展阶段

教师结合教材和学生的答案，简要讲解性心理的概念及发展阶段，帮助学生意识到在大学阶段有性的冲动、有性的困惑是非常正常的。虽然性生理的成熟是自然生长达成的，但是性心理的成熟是需要学习的。

5. 注意事项

① 手工整理学生联想的词可能需要大量的时间，教师可以尽量采用线上问卷的方式开展活动。教师也可以考虑把教材中提到的词录入问卷，请学生做多选题，以迅速生成结果，节省课堂时间。如果条件不允许，教师也可以不收回便笺纸，不做整理，而是邀请愿意表达的学生进行分享和解释，这样也可以达到教学目的。

② 关于性心理及其发展阶段的理论讲解，教师不用深究于具体的概念，可以请学生迅速自主阅读教材的相关内容，把重点放在帮助学生认识和接纳自己当前的状态，看到自己应该学习成长的目标上。

活动二 ▶ **亲密篇：你是风儿我是沙——性心理与性心理健康**

1. 设计意图

在这个环节，教师可以继续以小东和小溪作为主角，设置一个与性有关的、适合自己所带学生情况的故事作为讨论的靶子，引导学生在讨论中有所聚焦，借由投射机制，充分表达自己的观点，并在教师和其他人的反馈中，树立自主、健康和负责任的性观念。

2. 核心知识点

性心理健康的标准，树立自主、健康和负责任的性观念，如何避免性冲动，详见教材第七章第三节。

3. 指导语参考

上一课我们一起见证了小东和小溪爱情故事的开始与发展，他们的关系会如何深入呢？他们会如何面对自己的激情与冲动？他们的故事又能够给我们带来哪些启发？让我们继续来看一看、谈一谈吧！

4. 教学过程

（1）故事呈现

随着小东和小溪进一步的相知和磨合，两个人的感情越来越深，亲密的举动也越来越多。两个人在电影院里看到爱情主题的电影中主人公亲密地拥抱在一起时，也不由地会感觉到身体内有一股很强的能量，让彼此的身体都不太安分。这一次，小东在影片中出现男女主人公的激情场景时，压低声音在小溪的耳朵旁柔声说："亲爱的，我也希望这样跟你更加亲密地做爱做的事。再过几天就是我的生日了，你愿意送我这份特别的生日礼物吗？"

（2）征集问题

教师请学生针对这个故事情境提出与恋爱相关的具体问题，以服务于本部分核心知识点的讲解。教师可列举一些问题作为参考，请学生进行补充。以下问题可供教师列举时参考。

① 情境性问题：

如果你是小溪，你会以何种态度对待小东提出的要求？

如果小溪答应了，你认为两人应该有怎样的准备？

如果小溪不想答应，应该如何恰当地拒绝？

② 抽象的观点性问题：

是否应该向对方提出性要求？

何时适合提出性要求？

如何决定是否答应对方的性要求？

如何在维持好关系的基础上拒绝对方的性要求？

（3）组织讨论与分享

教师请小组选择最感兴趣的一两个问题，开展讨论并做好记录。教师依时间情况，邀请适当数量的小组代表分享经讨论得出的核心观点及理由。

（4）教师讲解与总结

教师总结学生的回答，结合教材第七章第三节性心理的核心知识点进行补充，重点是引导学生了解安全性行为的特征，能够为自己的行为负责任，具体如下。

① 如何正确看待性冲动、性幻想、性自慰的合理性，减少不必要的焦虑，如何有效释放性冲动，避免尴尬时刻的性冲动。

② 针对接受婚前性行为的学生，教师结合教材"树立自主、健康和负责任的性观念"部分，进一步普及学生在性行为中可能遇到的风险及需要承担的责任，帮助学生树立自主、健康、负责任的性观念。

③ 拒绝性邀请并不是拒绝这个人，而是要真诚地表达自己的价值观和具体的考虑，要相信在真正健康的恋爱关系中，双方一定是彼此尊重和理解的。

5. 注意事项

① 教师可以根据自己的开放程度来设计故事的具体细节及讨论的问题。为了更好地带领学生完成教学目标，教师需要提前进行脱敏训练，不要让自己讲着都脸红，不好意思。当教师可以大胆地，像谈论其他的话题一样谈论与性相关的话题时，学生才更容易投入活动，真诚地分享自己的观点。

② 为了消除尴尬的氛围，教师可以在小组分享前，事先准备一两个可能的回答进行破冰，比如设置"及时行乐派""半推半就派""保守拒绝派"等3个不同的立场，鼓励学生先进行表态，更偏向哪个立场，再邀请小组进行细致的讨论。

③ 教师可以根据学生的实际情况，决定是否普及性病及其传播方式、正确的避孕方式、正确使用避孕套的方法等知识。讲解时最好采用一些具有冲击力的方法，例如播放流产过程演示的动画片或纪录片，这会给学生留下非常深刻的印象，让学生更好地理解意外怀孕之后流产的过程对女生的影响，进而激发男生对于女生的保护欲，提升安全性行为的比例。

④ 教师要注意把握学生讨论的深度和方向，尤其注意在讨论过程中，及时发现和纠正学生的"贴标签"行为，即避免在讨论的过程中，由于观点不同而上纲上线，对其他学生的道德品质下结论。教师也要注意观察讨论过程中学生们的投入度和表情，提醒学生在小溪和小东的故事背景下展开讨论，以免对号入座，伤害他人。

⑤ 若学生对某个具体问题的解决方式感兴趣，教师可以现场安排角色扮演等体验性活动，详见备选活动的活动1和活动2。

活动三　分手篇：最熟悉的陌生人——失恋及其应对

1. 设计意图

情感上的挫折是大学生抑郁情绪的重要来源，甚至可能引发危机事件，教师在课堂上与学生一起讨论如何面对分手和情感中的挫败是非常重要的。本部分仍以案例的形式引导学生进行讨论，激发学生的内在想法和感受。教师则结合学生讨论的情况，择机进行知识讲解，帮助学生将自主提出的观点进行理论升华。

2. 核心知识点

如何经营恋爱、如何结束恋爱、如何从失恋的阴霾中走出来，详见教材第七章第二节。

3. 指导语参考

很多同学不愿意谈恋爱，就是因为担心在恋爱当中遇到一些不可控的事件甚至挫折。还有同学不敢开始一段关系，就是害怕这段关系终究会结束。但我们不得不在心里做好这样的准备，哪怕我尽最大的努力使一段关系达成积极的结果，未来也一定会面临关系的结束。毕竟，即使是白头偕老，也会有一个人先离开这个世界。所以对于如何应对失恋的知识与技能，我们有必要提前了解。那么小东和小溪后来怎么样了呢？我们又能从他们的故事中学习到什么呢，让我们一起继续探讨吧！

4. 教学过程

（1）故事呈现

小溪因为不忍心拒绝小东，也不希望压抑自己内在的性冲动，最终答应了小东，在小东生日的那天，两人发生了性关系。在那之后，小溪常常担心父母连自己有男朋友都还不知道，如果知道了自己跟男朋友已经发生了性关系，一定会怒不可遏。小溪总是会一边享受着与小东发生性关系，一边遭受着良心的谴责，担心被父母发现，在心里也多了一份为小东而做出让步的牺牲感。于是小溪不由地对小东多了一些期待，希望他可以更多地满足自己的需求，多陪伴自己。小东却被小溪突然增多的亲密需求压得喘不过气来，在努力地陪伴了小溪一段时间之后，不自主地开始逃避小溪的邀约。再加上小东决定了要去争取联合培养的机会，花了很多时间在备考上，于是两个人的关系开始渐行渐远。在经历了一段时间的冲突和争吵之后，小溪提出了分手……

（2）征集问题并进行讨论

教师请学生针对这个情境提出与恋爱相关的具体问题。教师可列举出一些问题作为参考，请学生进行补充。教师可以列举以下问题启发学生思考。

①情境性问题：

两人为何会走到分手这一步？

如果你是小溪，希望小东怎么做？

如果你是小东，会如何选择？

双方如果想要维持这段感情，需要做出怎样的调整？

②抽象的观点性问题：

哪些原因会导致情侣分手？

哪些矛盾是不可调和的，最好用分手解决？

哪些分手是值得挽回的？

分手后如何挽回对方？

如果不可挽回，要如何摆脱失恋的伤痛？

（3）组织讨论与分享

教师请小组选择最感兴趣的一两个问题，开展讨论并做好记录。教师依时间情况，邀请适当数量的小组派出代表分享经讨论得出的核心观点及理由。

（4）教师讲解与总结

教师总结学生的回答，结合教材进行相关知识的补充，重点是引导学生意识到：恋爱中的冲突需要两人共同做出妥协或让步，而不是始终由一方主动道歉承载更多的委屈；走到分手这一步不是一个人的错，更多是双方互动的结果；提出分手也是两个人的感情更进一步的机会，关键是找到核心的冲突并化解它；分手并不代表着失败，更多是一段关系不再适合彼此，一段不合适的关系的结束能为两段更合适的关系的开始打下基础。教师具体可以结合教材"怎么结束爱：和平友好的分手"的部分进行讲解，如下所示。

① 主动提出分手时需要思考的问题，以及深思熟虑后依然决定提出分手时可采取的具体方法。

② 被提出分手时需要思考的问题，以及可采取的挽救或疗愈方法。

③ 不管是主动提出分手还是被提出分手的一方，都会因为曾经的投入和如今的丧失感受到痛苦，只是每个人应对痛苦的方式不同。可以采用正视现实、换位思考、合理化、情感宣泄、给自己时间、寻求专业帮助等方式，让自己一点点好起来。

④ 健康的分手需要包含以下四大任务：哀悼关系的结束（梦想破灭、遭遇挫败）；找出并承认自己对这段关系走到尽头所负的责任（不是犯错的责任，而是自己和对方无法彼此满足需要、无法同舟共济的责任）；接受对方并表达自己对过去美好经历和努力付出的感激和遗憾；整合此经历对自己的影响，从中学习经验、做好准备后再出发。

5. 注意事项

① 这个部分的讲解除了理念的传达，也要基于教材的内容，教授学生具体可执行的方法，让学生在真正遇到问题时有相应的准备，从而更为从容和灵活。

② 教师应着重强调分手不代表个人的失败，记恨对方其实也是在不停地揭开自己的伤疤，自己要表达情绪，但不要纠缠对方。如果真的不忍心分手，可以容忍对方所有的缺点，那就鼓励学生为自己的感情负责，主动寻求和解。如若导致分手的问题并没有得到有效的处理，那么复合也只是搁置矛盾，未来还是极有可能爆发情感冲突。

③ 若学生对某个具体问题的解决方式感兴趣，教师可以现场安排角色扮演等体验性活动，详见备选活动中的活动3和活动4。

活动四 **布置行动作业——制作班级恋爱指南**

考虑到处于恋爱不同阶段的学生对于知识的运用时机不同，在本部分教师请学生制作属于自己的恋爱手册，以后需要时可以随时查找自己总结的精华，具有很强的适用性。

教师可以请学生结合两次课上大家的讨论和老师讲解的内容，摘取让自己印象最深、对自己帮助最大的知识或者技巧，总结为300字以内的内容，由助教进行整合，形成属于整个班级的恋爱指南。

为了保证不同恋爱阶段的内容都有所涉及，教师可以提前进行分工，安排不同的小组重点整理某一个阶段，或者要求每一个小组做好分工，小组上交的材料需包含对恋爱各个阶段的总结。

活动五 ▶ 教师总结

教师简要核查学生在本堂课中的收获，简要答疑，并进行以下总结。

① 这两节课对于单身的同学而言，也许代入感是最低的，但也是收获最多的！因为有这么多的同学都把自己的经验无私地分享给了你们，在接下来的恋爱过程中，你们遇到的困难可能也有更多的解决办法。

② 性心理健康的人有正常的性欲望，能够正确认识性的有关问题，也具有较强的性适应能力，能通过完善自身的人格，有效处理好与异性的关系。

③ 健康的性关系应该是不违背自己意愿的，有安全保障的，对结果负责的。

④ 分手不是失败，也许是一段感情最好的归宿。失恋后伤心、难过都是正常的，当你能够珍藏曾经的美好回忆，并且从这段恋情中有所收获时，失恋的痛苦也许就会过去了。

【小故事】

钱锺书与杨绛的爱情

钱锺书与夫人杨绛相伴了一生，他们的爱情经得起考验，同时他们守得住流年的平淡，二人在精神和情感上都很有默契。

1932年春天，杨绛考入清华大学并与钱锺书相识，两人的感情也在相处中迅速升温。1935年，杨绛与钱锺书成婚，结为伉俪。不久二人一同出国留学，无论在牛津还是巴黎，都留下了他们相亲相爱的足迹。抗日战争爆发后，杨绛与丈夫选择了回国，辗转任教北大、清华等高校，同时从事文学研究。清华初见、情投意合的"闪婚"、异国他乡的甜蜜、动荡年代的坚守、艰难岁月的相扶、痛彻心扉的别离是他们一生相伴相随的写照。"绝无仅有地结合了各不相容的三者：妻子、情人、朋友。"这是钱锺书曾写给杨绛的"赠语"。

杨绛在2011年百岁之时说过这样一段话："我是一位老人，净说些老话。对于时代，我是落伍者，没有什么良言贡献给现代婚姻。只是在物质至上的时代潮流下，想提醒年轻的朋友，男女结合最重要的是感情，或双方相互理解的程度，理解得够深才能相互欣赏吸引、支持鼓励，从而两情相悦。我以为，夫妻间最重要的是朋友关系，即使不能做知心朋友，也该是能做得伴侣朋友或相互尊重的伴侣。"

钱锺书与杨绛从恋爱走向了婚姻，互为知己、相随相伴、共同成长，令人感动，他们的爱情及为人处事的方式都给后世做出了很好的示范。

🚩 常见问题解答

问题1：学生在讨论中出现观点一边倒的情况，或者持某些观点的人数特别少，无法充分地开展讨论怎么办？

通常情况下，学生的观点具有一定的多元性，如果确实遇到学生普遍持某一种观点的情况，教师为了帮助学生更加辩证地看待自己的选择，可以采用辩论赛的形式，随机抽取一部分学生站在反方立场上，为这个观点发言，这样可以起到很好的补充作用。

问题2：如果学生在某些比较私密话题的讨论环节无话可说怎么办？

教师首先要深入小组分析具体原因，是因为班级的氛围不够安全或融洽，还是因为讨论的问题对于学生来说比较空泛而无处下手，进而做出调整。比如教师可以通过强调课堂纪律和小组规则，提升讨论氛围的安全性；或者通过询问学生更加关心的具体问题，明确讨论任务。如果学生因为缺少相关的经历，无法充分论证，教师也可以减少小组讨论的时间，让班级中有想法、有经验的学生进行分享。再或者，教师可以直接把冷场作为一个讨论的议题，跟学生一起分析当下发生了什么，大家都在想些什么，希望自己做出怎样的调整，从而把冷场作为一个提升团体效能的契机。

问题3：有恋爱困扰的学生在听课和分享过程中产生比较强烈的情绪波动，如流泪或者在讨论中情绪激动地指责小组成员的观点怎么办？

恋爱主题的案例讨论难免会激发学生对于自己恋爱经历的回忆和反思，未被妥善处理的伤痛很有可能在讨论中被激发出来。教师首先要意识到，大课堂不适合过于深入地处理某个学生的问题。教师可以简要核对该学生的情绪，做出安抚，如果该学生所提出的问题具有代表性，则可以将讨论的话题引到这个具有共性的问题上，允许该学生在不过多透露自身经历的基础上，表达自己的观点，并听听其他学生的想法，这样可使该学生获得一些支持和理解。如果该学生的情绪较为激动，而且不愿意参与讨论，则教师可以允许其暂时独处一会，或者由助教陪伴进行安抚，待其情绪平稳之后再重新参与到课堂中来。

🚩 备选活动

活动1：真爱辩论赛

为了帮助学生更清晰地认识到大学阶段的性关系可能对自己带来的影响，教师可以组织对"是否支持婚前性行为"持"及时行乐""半推半就""保守拒绝"等观点的学生代表开展一场自由辩论。每队每次只可以表达一个支持自己立场的观点或理由（包括站在自己立场上的好处，以及站在他方立场上的坏处），之后就轮到下一队表达，直到三队之中有两队的观点都表达完毕。教师要注意辩论的目的不是达成一个共同的观点，而是为了让大家清楚地看到每一种选择的背后都有其好处和代价。每个学生需要提前对每一种选择可能带给自己的影响有所了解，然后根据自己的价值观做出决定。

活动2：拒绝亲密大挑战

自己尚未做好准备时，如何更好地拒绝恋人提出的性要求？对这个问题进行回答其实并不容易，为了帮助学生更好地演练拒绝的方法，学会自我尊重与自我保护，教师可以现场设置这个角色扮演活动。教师邀请两个学生上台分别扮演A和B，A讲"我希望跟你有进一步的亲密关系"，B则需用尊重对方的方式表达拒绝，A则需在被拒绝之后换种理由或者方法继续提出要求，B则需进一步拒绝。其他学生可以提建议、出主意，从而直观感受不同的拒绝方式的效果。这个活动，一方面能给出一些拒绝对方性要求的示范，另一方面能通过角色扮演者帮助学生意识到提出性要求的那一方可能有着怎样的心路历程，以及如何通过对方提要求的方式，判断对方是否足够尊重自己的意愿，进而判断当前的亲密关系是否平等、健康。教师在总结提升时，应引导学生意识到维护亲密关系的方式并不仅仅有发生性行为这一种，双方可以在亲密或承诺的维度方面做更多的努力，拉近彼此的心理距离。

活动3：分手剧场

为了帮助学生更好地体会分手双方的内心历程，呈现出和平分手或者及时挽留的具体方法，教师可以开展此角色扮演活动，邀请学生以情景剧的形式来表演分手的过程。例如，请两个学生作为代表，简要设置一个分手的原因，其中一个讲出"我们分手吧"，另一个采用多种方式来回应，尝试挽回对方，以供其他学生学习不同的回应方式所带来的感受和效果。

活动4：失恋帮帮团

如果学生希望讨论如何更好地帮助失恋的朋友，教师可以将全班学生分为两人一组，每组其中一人扮演失恋者，另一人扮演安慰者，以情景剧的形式来体验安慰朋友何种方式的效果最好并进行总结，切身体验失恋朋友的不同需要及应对的方式。

第十一课
平衡之道
——大学生情绪管理（1）

党的十九大报告指出，要"加强社会心理服务体系建设，培育自尊自信、理性平和、积极向上的社会心态"。良好的社会心态是个人进步、社会和谐、国家发展的重要心理基础和行为动力，是国家文化软实力。积极培养情绪管理能力，有助于大学生成长为具有稳定情绪、拥有理性平和心态、积极进取的人，从而以阳光心态影响周围的人。

📖 教学目的

1. 了解自身的情绪特点及影响因素。
2. 了解情绪的功能及意义。
3. 更能接纳自己的情绪，初步掌握情绪宣泄与调适的方法。

◈ 教学内容

1. 情绪九宫格——热身及情绪概述（20分钟）。
2. 情绪四象限——情绪的功能（30分钟）。
3. 与情绪对话——情绪的觉察与调节（40分钟）。
4. 布置行动作业——情绪觉察练习（5分钟）。
5. 教师总结（5分钟）。

☛ 教学重点和难点

教学重点： 情绪的特点及影响因素、情绪的功能及意义、初步调适情绪的方法。
教学难点： 情绪的功能及对积极、消极情绪的接纳。

⏱ 材料准备

教学PPT、情绪九宫格材料纸（每人一份）、与情绪对话材料纸（每人一份）、情绪四象限材料纸（每人一份）、A2海报纸（每组一张）、水彩笔（每组一到两套）。

活动一 情绪九宫格——热身及情绪概述

1. 设计意图

能够识别和描述自己的情绪状态是情绪管理的重要内容，本活动通过启动学生对情绪的感知和思考，提升学生对自身情绪状态的觉察，丰富学生的情绪词汇库，从而为后续的情绪对话和调节的活动打下基础。

2. 核心知识点

情绪的成分、情绪的种类，详见教材第八章第一节。

3. 指导语参考

这节课我们要一起来谈一谈情绪。当我们提到情绪的时候，你们会想到些什么呢?（给学生一些回应的时间）你们喜欢自己的情绪吗? 你们觉得可以有效地调节自己的情绪吗? 很多同学摇头，是啊，管理自己的情绪真的不是一件容易的事呢。希望自己可以永远保持理性，不受感性的情绪困扰，几乎是一件不可能的事。

大家如果想要更好地了解和管理自己的情绪，首先需要能够识别并描述出这些情绪。今天的第一个活动，就是请大家回顾和识别自己的情绪。回想过去一周的生活，你能想起自己产生了哪些情绪呢? 请大家把自己想得到的、在过去一周内经常出现的情绪，或者只出现一次、但是让你印象特别深刻的情绪写下来。写在哪里呢，就写在你手中的情绪九宫格材料纸中每个格子的左上角，每一种情绪占一个格子，如果你经常出现的情绪超过9种，可以把那些出现次数较少的情绪写在九宫格的下方作为补充。

4. 教学过程

（1）说明活动规则，请学生填写九宫格

教师请助教给每个学生发一张情绪九宫格材料纸，也可以请学生在教材第八章第一节的课堂活动"心情九宫格"部分完成本练习。教师请学生在每一格中填写过去一周内经常出现或者印象深刻的情绪，尽量填满9个格子，如果情绪超过9种，可以把相近的情绪写在同一个格子里。对于情绪体验特别丰富的同学，可以把其他情绪写在九宫格的下方。

（2）知识讲解：情绪的概念及成分

教师请学生反思觉察自己是如何想到这些词的，是靠哪些线索回忆起来的，比如有的学生是记得自己情绪激烈时的身体反应，有的同学是记得在事件发生时自己的行为表现，有些同学可能是记得自己当时的心理感受。教师结合教材讲解情绪包含主观体验、生理唤醒、外部表现3种成分，提示学生可以通过不同的成分线索增加对情绪的觉察。

（3）知识讲解：情绪的种类

教师邀请部分同学分享自己写下的情绪词汇，并依积极情绪、中性情绪、消极情绪分类做板书，请学生将自己写下的情绪同样按照积极情绪、中性情绪、消极情绪进行分类和计数，核查在过去的一周中，自己出现的积极情绪与消极情绪的数量和所占比例。对于消极情绪超过半

数的同学，教师要特别提示其需要增强情绪的觉察和管理。教师还要特别强调大家认为的中性情绪，如"平和""平静""安定"等，其实属于积极情绪的范畴，因为这些情绪本身就能给我们带来积极的体验。

（4）知识讲解：情绪与期待的关系

教师请学生在每个格子中简要填写产生这种情绪时发生的事件的关键词，并用画图的形式简要描绘出每一种情绪，5分钟之内完成（材料及示例如下图所示）。教师应提醒学生注意画图重整体的表达而非细节，用不同颜色或粗细的线条、不同形状或大小的色块来呈现即可。教师可以进一步引导学生归纳总结积极和消极情绪产生的直接原因——实际发生的事情是否符合内心的预期，当预期得到满足时，积极情绪就会产生，而当预期未被满足时，消极情绪就会出现。所以要管理情绪，我们不仅要在情绪产生后合理地宣泄，更要意识到自己内心产生的预期，并且有意识地调整对我们自己、对别人的期待。

开心、喜悦 好友聚会	伤心、难过 跟恋人吵架	害怕、担心 听说下周就要期末考试

（5）小组讨论、分享及总结

教师邀请学生在小组内对整个活动过程中产生的想法、感受进行分享，之后请小组代表在大组中进行分享。教师结合学生的分享，总结情绪与我们的关系，包括消极情绪更容易被觉察到，准确地描述情绪需要有意识地去学习，我们更容易回想到自己经常体验到的情绪，情绪的产生与内心的预期有关，等等，从而引发大家对于情绪的思考和感知。

5. 注意事项

① 为了更好地帮助学生写出一周以来的情绪体验，教师可以播放一些温馨的、有助于回忆过往的音乐，帮助学生与自己的情绪体验相联结。教师也可以进一步用温和、缓慢的语言，引导学生把注意力先放到呼吸上，待心情相对平稳之后，开始引导学生回想在上一周的生活中

发生了哪些事情，给自己带来了哪些影响，这样学生就会有机会接触到自己更多的情绪体验。

② 活动的重点不只是识别情绪，还在于增进学生对于情绪的感知和理解。教师将情绪划分为3类进行梳理，强调中性情绪归属于积极情绪的范畴，都是为了加深学生的印象。如果在活动过程中有学生对此进行质疑，则教师可以及时进行澄清。

③ 因为时间有限，同时考虑到学生绘画水平的不同，情绪九宫格中内容的填写要以简略为原则，起到提示的作用即可。

活动二　情绪四象限——情绪的功能

1. 设计意图

大学生在情绪管理方面常常存在两个问题。一是缺少对积极情绪正向功能的了解，而更多处于对"骄傲使人落后"的担忧中，担心自己为取得的一定的成绩而欣喜，会在后期带来问题，甚至影响人际关系，所以有的学生即使取得了好的考试成绩也不敢表露出来。二是过度担心消积情绪给自己带来的消极影响，认为消积情绪会影响工作效率，应该被完全摒弃，所以习惯批判、压抑、克制自己的消积情绪。

教师通过第一个活动激发学生的情绪体验之后，可以让学生回顾生活中的实例，帮助学生反观自己情绪的功能，更全面地认识情绪的力量，从而更好地宣泄和接纳消极情绪，利用积极情绪的正向功能。根据以往经验，教师先给学生一些自行思考的时间再组织进行小组讨论能使学生产生更为丰富多元的讨论结果，能更有效地避免群体极化现象的产生，所以进行课程设计时，教师应先请学生自行思考再开展讨论。

2. 核心知识点

情绪的功能、情绪管理能力，详见教材第八章第一节；
积极情绪的功能、积极情绪的培养，详见教材第八章第三节。

3. 指导语参考

在刚才的活动中，我们列出了过去一周自己印象深刻的情绪，并为每种情绪都做了图解。接下来，我们将通过一个活动具体来看看情绪到底是如何从正反两方面影响我们的生活的。积极情绪和消极情绪到底会对我们的生活产生怎样的影响呢？我们一起来梳理一下吧！请大家先花3分钟时间填写一下情绪四象限材料纸，想一想积极情绪和消极情绪分别会带给你哪些好处、哪些坏处。充分思考之后，请大家在小组内开展讨论，把小组讨论的结果汇总到海报纸上。

4. 教学过程

（1）说明活动规则，请学生先自行填写四象限表

教师请助教给每人发一张情绪四象限材料纸，请学生结合自己在生活中的具体例子，先自行填写积极情绪和消极情绪的利弊。如果学生觉得直接写出积极情绪或消极情绪的整体利弊有困难，教师可以提示学生以某一种或两种具体的情绪为例，借助于对该情绪的体验来完成填写。

情绪四象限材料纸如下图所示。

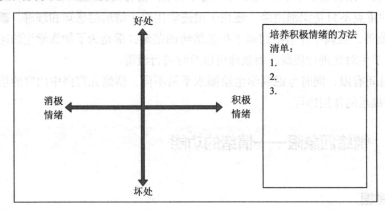

（2）小组讨论，形成组内的四象限大表

教师请学生以小组为单位，讨论和分享自己写的内容，并将讨论和分享的结果填写在海报纸上。在分享过程中尤其要提醒学生在分享时要用具体的例子来佐证自己写下的内容，让组内其他学生更加直观地感受到情绪的利弊。这里的小组可以是进行上一个活动时以讨论的情绪分类形成的临时小组，也可以是前几次课上组建的固定小组，教师可根据学生课上讨论的情况来确定，全班的分组规则保持一致即可。如果在上一个活动中组建的临时小组中讨论时，学生的开放度较高、较为热烈，教师就可以继续安排学生在临时小组中讨论。

（3）小组分享与总结

教师邀请小组代表结合小组制作的海报在班级内进行分享。教师板书小组分享的关键内容，并结合学生的分享和教材内容进行总结和提升。

教师也可以提前了解积极情绪和消极情绪的利弊，便于在带领活动的过程中，启发学生进行进一步思考。总结示例如下表所示。

	好处	坏处
积极情绪	感觉良好，使人幸福； 扩展思维，想到更多的方案； 扩展视野，让人们看到大局； 促进形成更多更高质量的人际关系； ……	让人盲目乐观，做出不当判断； 导致满足于现状； 限制个人的成长与发展； ……
消极情绪	帮助人们远离厌恶的东西； 帮助人们避开危险； 帮助人们争取权益； 向他人发出求救信号； ……	危害身心健康； 影响人际关系； 影响工作学习表现； ……

教师最后要结合教材特别强调积极情绪所带来的积极影响，进而引出下一环节的讨论。

（4）制作培养积极情绪的方法清单

教师请小组成员进行头脑风暴，说一说可以如何更好地培养积极情绪，形成小组培养积极情绪的方法清单，之后各组分享小组内最为认可的5～10个方法，请一个学生将其记录下来，形成一个电子版的班级培养积极情绪的方法清单，并分享给每一个学生，鼓励学生按照清单上的方法，有意识地多做让自己心情良好的事，充分发挥积极情绪的作用。教师可以提醒学生，方法不需要多么系统、全面，有用就行。

（5）教师总结

教师结合小组分享和教材中的PERMA理论，对于本部分的讨论进行总结和提升，提醒学生情绪管理绝不只是调节和控制消极情绪，更包含如何更好地拥有幸福体验，并要注意培养积极情绪。教师进一步结合芭芭拉博士的观点，说明生活中既需要积极情绪，也需要消极情绪，而且"当积极情绪与消极情绪达到一个最佳比例（3∶1）时，才能收获积极美好的生活"，所以获得平和心态的方法之一，就是在遇到一个引发消极情绪的事件时，做3件让自己开心的事，来平衡消极情绪带来的困扰。最后教师结合教材，提出培养积极情绪的具体方法，包括找到生命的意义、规划清晰的未来、发挥自己的优势、有意识地建立和维护良好的人际关系、多与大自然产生联结等。

5. 注意事项

① 学生对于情绪利弊的认知更多集中在积极情绪和消极情绪产生的坏处上，因此活动的重点应放在帮助学生理解积极情绪和消极情绪可能带来的好处，增加对情绪的理解和接纳度上，进而帮助学生改变"情绪是不好的""人不应该表现出情绪""喜怒不能形于色"等对情绪的僵化认知，让学生形成"情绪是我们的朋友""可以倾听情绪的声音""情绪能帮助我们更好地满足自己的需求"等新理念。

② 在讨论的过程中，教师应帮助学生认识到，消极情绪对其的负面影响主要体现在过于压抑或忽视自身需求导致的内在失衡和生理上的毒素；而影响到他人或环境的，通常不是情绪本身，而是在相应情绪状态下我们所表现出来的不当行为，例如暴怒时的口不择言或者破坏公物等，所以要在觉察自己情绪的前提下管理自己的行为。

③ 教师可以总结积极情绪的培养方式其实与自我关爱的方式有诸多类似之处，可以鼓励学生从特别细微和具体的方式谈起，例如给自己买喜欢吃的零食，听自己喜欢的音乐，约朋友一起聊聊天，在受委屈之后找对象倾诉，等等。

活动三　与情绪对话——情绪的觉察与调节

1. 设计意图

情绪的背后有着未被满足的需求，所以情绪管理最直接有效的方式，是在理解情绪所反映出来的心理需求的基础上，用恰当的方式，直接回应未被满足的需求。本活动在前两个活动对情绪进行觉察和归类、探索情绪功能的基础上，结合德式行为治疗的理论，通过引导学生深入体验其最想要改变的某种情绪并与其进行对话，来理解自己内心的需求，从而更好地接纳情绪，并找到更适合自己的调适情绪的方法。

2. 核心知识点

情绪的功能、情绪管理能力，详见教材第八章第一节。

3. 指导语参考

在刚才的活动中，我们为积极情绪和消极情绪都找到了正向的功能，也了解了培养积极情绪的方法。但我们若对消极情绪不管不顾，消极情绪就会对我们的身心和生活带来负面的影响。所以，接下来，我想请大家挑选一种你印象最深的，或者你最想要改变的消极情绪，作为接下来对话练习的对象，尝试听一听这种消极情绪背后的声音，找到可以更好地与它相处的方法。为了保证大家能够同时运用理性和感性的视角完成这个活动，希望大家挑选那些中等强度的、不会让你产生强烈不适感的消极情绪来做这个练习。

4. 教学过程

（1）说明活动规则，请学生挑选想要对话的情绪

请学生结合活动一写出和画出的情绪，以及活动二中的讨论内容，挑选出一个自己印象最深的，或者最想要改变的情绪作为对话练习的对象。学生选定情绪之后，如果教室环境条件允许，教师可以安排选择同一种或同类情绪的学生坐在一起，这样更有助于相互启发，共同进步。与情绪对话材料纸如下图所示。

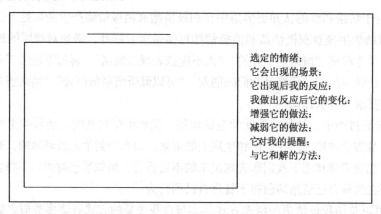

选定的情绪：
它会出现的场景：
它出现后我的反应：
我做出反应后它的变化：
增强它的做法：
减弱它的做法：
它对我的提醒：
与它和解的方法：

（2）教师逐步带领学生完成练习

① 教师给每人发放一张与情绪对话材料纸，请学生在纸上画出选定的这种情绪在自己想象中的样子。学生可能会有这样的描绘：像黑色的大石块压得人喘不过气来，像潮水一般会把自己吞没，像刺一样扎在心上，像一个看不到脸的怪物一样朝自己走过来，像一个炸药桶一样随时可能爆炸，像绿色的油漆一样黏糊糊的且无法摆脱，等等。

② 教师请学生根据自己画出的图像，给这种情绪起个名字并写在左边的横线上，比如大嘴怪、讨厌鬼、绿油漆等。命名的过程有助于学生更为开放地面对这种情绪，为后续的对话打下良好的基础。

③ 教师询问学生"这种情绪什么时候会出现？"请学生去总结和回顾容易引发这种情绪的场景，找到规律，并在材料纸上简要记录，帮助学生意识到情绪的出现是有规律可循的，尤其要关注外部环境的影响。如果学生填写的时候有困难，教师可以提醒学生想一想这种情绪最近一次出现是在什么时候，或者体验最深刻的一次是在什么时候。

④ 教师询问学生"当它出现时，你会做什么？"帮助学生觉察和回顾自己在情绪出现时的反应，并让学生在材料纸上简要记录，意识到自己通常是如何对待消极情绪的。教师可以提醒学生从多个层面填写答案，比如当它出现时，你的脑海中会出现哪些意识？你会如何调整你的身体状态？（比如深呼吸、跺脚、吼几句等。）你会如何与他人或环境互动？（比如看书、找人倾诉、去操场跑几圈等。）

⑤ 教师询问学生"当你这样做之后，它会发生什么变化？是会增强还是减弱？"帮助学生看到自己下意识的反应是否能够有效地减弱这种消极情绪，并让学生在材料纸上简要记录。通

常，如果学生特别想要改变消极情绪，就说明平时的反应不仅不能有效减弱消极情绪，还可能会起到反作用，比如带来新的消极情绪。

⑥ 教师询问学生"你做什么它会增强？你做什么它会减弱或者消失？"帮助学生从过往的经验当中，找到可能导致消极情绪增强的做法，以及可能有效减弱消极情绪的做法，并让学生在材料纸上简要记录。找到这些有效的、例外的做法，有助于增强学生管理情绪的信心。

⑦ 教师请学生尝试换位思考，想象自己是纸上画的这种消极情绪，并试着去回答"你想提醒你的主人注意些什么？你其实是想给他什么建议？"让学生在材料纸上简要记录，帮助学生更好地理解消极情绪的信使功能，碰触到消极情绪背后的需求。

⑧ 最后教师请学生总结"你可以怎样更好地对待这种消极情绪，与它更好地相处？"并让学生在材料纸上简要记录，找到适合自己的情绪管理之路。

（3）小组讨论、分享及总结

教师邀请学生在小组内对自己的画和写下的内容进行分享，之后请小组代表在大组中进行分享。如果学生是按照不同的情绪分组就座的，可以请小组成员共同总结一个针对该情绪的对话结果，并在班级内进行展示。

教师结合学生的分享，总结常见的消极情绪与我们的关系，包括这些情绪容易出现的场景，我们常用的错误对待情绪的做法（如强力地压抑、自我批评与否定），以及有效的做法（适当宣泄、倾诉、转移注意力），对特定的消极情绪所包含的提示信息进行总结与梳理。如愤怒是要提醒我们保护自己的边界，悲伤是一种求救的信号，嫉妒会帮助我们认清自己的位置和想要获得的东西，压抑会帮助我们获得安全感，焦虑会激发行动的动力，等等。教师最后也可提醒学生关注情绪产生时意识流的变化。

5. 注意事项

① 为了将学生的体验控制在恰当的范围内，教师要提醒学生选择那些不会让自己产生激烈反应的情绪或事件来做练习。在练习过程中，教师也要注意来回走动，观察学生的反应，提醒那些情绪起伏较明显的同学根据自己的实际情况来开展练习，如果有觉得不舒服或者不想继续的情形，可以举手示意。

② 教师应提醒学生其不是在上美术课，也不是在参加绘画比赛，不需要画得多么好看，最重要的是让画呈现出自己心里的感觉，如果不能将自己心里的感觉呈现出来，也要相信每一个笔触可能都是自己内在声音的呈现，可以供小组其他的同学去揣摩画面的含义。

③ 不同的学生对于这个活动的体验可能很不一样，有的学生只能通过理性的思考给出一些答案，有的学生在练习时可能对问题"完全无感"，这些都是正常的现象。也正因为学生的体验和感悟不同，这个环节的小组讨论和在班级中的分享才显得更为重要。我们很难通过短短两个课时就帮助学生深刻地理解自己的情绪，但同龄人的有益分享总会让学生有所反思和触动。

④ 小组分享时，教师应提醒学生按照自己想要分享的深度开展分享即可。固定小组中的分享可能会因为小组成员彼此间已经非常熟识而使学生感觉更加安全；对于临时组建的小组中的分享，教师可以提醒学生不必对所有的条目都进行分享，讲一讲自己最有感触或者最有收获的一两个方面即可。

活动四 ▶ 布置行动作业——情绪觉察练习

本节课的主要内容落脚在情绪的觉察与接纳层面，在情绪调适上，重点讨论了积极情绪的培养和消极情绪的初步调适，下一课将更多聚焦于消极情绪的转变，需要学生有更多的觉察。所以教师可以布置情绪觉察练习，详见教材第八章第一节"自助训练——情绪觉察训练"模块，请学生在接下来的一周内记录至少7条，既能增强情绪觉察能力，也为下周的课程做准备。

活动五 ▶ 教师总结

教师简要核查学生在本堂课中的收获，简要答疑，并进行以下总结。

① 情绪本身不是问题，它作为我们的一部分，更多时候担任着信使和哨兵的作用，以它特有的方式提醒着我们：生活中有些事情出现了，需要处理；有危险来了，需要迅速采取行动。

② 虽然我们把情绪依照自己的喜好程度分为积极和消极两类，但其实情绪没有好坏之分，任何情绪都是必要的也是必然的。情绪作为自身的一部分一直陪伴左右，快乐、激动、悲伤、恐惧、愤怒、忌妒都是一种能量，不会因为你喜欢或不喜欢就不出现了。

③ 情绪是一种可以积累的能量，对抗带来的只会是身体内部两种能量的斗争和消耗。我们的对抗不仅不会使情绪消失，还可能会对我们造成很大的伤害。

④ 积极情绪对我们有着非常重要的促进作用，在平时要有意识地培养积极情绪。

⑤ 当消极情绪反复出现时，我们需要调整自己的行为模式，对它做出更为恰当的回应。

⚑ 常见问题解答

问题1：如果有的学生很难回想自己的情绪体验，在情绪九宫格里只能填出一两种情绪，在后续的活动中也很少有能分享出来的内容，怎么办？

接触和体验自己内在的情绪其实需要安全的氛围和直面自己的勇气，因为我们的文化推崇"喜怒不形于色"的情绪管理境界，这会让学生觉得表露出自己的积极或消极情绪是"忘形"或"脆弱"，因而容易回避或压抑自己的情绪。要想增强学生在课堂上的投入度和体验感，教师需要了解学生体验不到自己情绪的具体原因，进而实行相应的调整。从以往的教学经验来看，原因之一可能是环境不够安全，学生害怕表达自己内心的情绪后，会被其他人嘲笑或者鄙视，所以不愿意表达。教师可以花一些时间去营造安全的氛围，比如自己先做一些分享，或者在练习前再次强调班级分享与反馈的规则，尤其是不评判和保密原则。原因之二可能是学生对情绪的应对模式使然，其已经习惯压抑和回避，哪怕是碰触轻度的情绪也会引发其很强的焦虑或恐惧。教师可以鼓励学生在理性思考后回答问题，想象这些问题的答案可能是什么，或者鼓励他们在其他同学分享时，持更开放的态度。如果有类似情况的学生数量较多，教师也可以与学生直接讨论出现该情况的原因是什么，请那些能够有较丰富情绪体验的学生分享一些经验，这个讨论本身也是对他们有帮助的。

问题2：在练习的过程中，如果有学生在练习过程中出现了情绪过于激动的情况，该如何处理？

在练习的过程中，我们专门设置了预防过度情绪体验的指导语，包括不以激烈情绪为练习对象、不做评判性的反馈等。但是，基于课程本身强调体验性的特点，个别学生因为自身性格或经历的特殊性，仍然存在情绪过于激动的可能性。教师可以在课前提醒学生在有较强的情绪反应时，可以使用"我和我自己在一起"技术，即自主书写和回应自己的情绪："在今天的课程中，在_____部分（课程内容），我的内心被扰动了，我感觉到_____（忧伤、愤怒、委屈、担心等，可能不止一种），我允许并接纳自己的情绪。"教师也可以与助教分工协作，采用"扎根技术"帮助情绪失控的学生，通过调动起他对周围的觉察，使其能回到当下，逐渐放松。例如呼唤学生的名字，请他环顾四周，让学生不间断地说出自己看到的颜色、看到的物品的名字、当下听到了哪些声音等。

问题3：如果学生质疑教师的部分讲解偏"鸡汤"，要怎么回应？

学生能质疑教师，在一定程度上是好事，说明学生带着自己的思考在上课，而不只是被动地接收信息。学生质疑的背后，也通常暗含着自己的答案和期待，教师可以先询问学生的观点和看法，知己知彼，方能准确回应，真正满足学生的需求。

参考的回应："我想先问问同学们，到底什么才是'鸡汤'呢？'鸡汤'又会给我们带来哪些好处和坏处呢？如果说一些积极而暖心的言语就是'鸡汤'，那么在恰当的时机和情境下，'鸡汤'可能会产生非常积极的效果；当然如果讲的时机不合适，可能会遭人厌烦。我没有办法保证，我从不讲'鸡汤'，或者每次都能精准地在恰当的时机给出恰当的回应，但我相信，大家有充足的智慧和充分的自主权，可以选择适合自己的信息记在心里，把没用的信息留在教室里就好了。如果说我讲了'鸡汤'，也会为大家发'勺子'，教你怎么喝才能补身体。老师讲的一些理念和方法，你可能会有不同的态度，有同意的，有不同意的。当你同意的时候，请你给自己点个赞，说明你获得了与老师相同的智慧；当你不同意的时候，也给自己点个赞，说明你有自己的思想。同时我也鼓励你去好奇，老师为什么会愿意相信和推广这样的观点，相信这样的理念和方法会给自己带来怎样的好处，也许这份好奇会给你带来一些新的可能性。

⚑ 备选活动

活动1：情绪温度计

这是一个用于训练情绪觉察能力的自助活动，用温度类比情绪的强度。情绪温度计有10个刻度，最低为1，代表情绪非常糟糕，中间的5代表还不算太糟，10表示非常愉悦。教师请学生评估一下此时此刻自己的情绪温度计的刻度是多少，对于这个度数，他们是否满意，并让他们思考如果想提高度数，可以做些什么。这个活动对于场地的要求不高，学生可以在座位上安静地完成，然后两人一组进行交流。

活动2：情绪剧场

为了帮助学生更好地理解情绪与自己的关系，教师可以请学生以角色扮演的形式来完成这个活动。两人一组到讲台上，其中一人扮演另外一人（即情绪的主人）的某一种特定的情绪，两人要呈现出个体和特定情绪之间的位置或动作关系。比如"愤怒"可能会冲到主人前面去挡住入侵的敌人，"委屈"可能会坐在地上去扯主人的衣服，"伤心"可能会把主人的整个头都蒙上一层纱巾，等等。教师可以先出题目，给学生一些体悟和编排的时间，再请学生上台来展现。本活动可以作为教材中"体验情绪——海浪与水草"的变式开展。

活动3：3件好事练习

教师可以要求学生每天睡前记录3件好事，把一天当中发生的让自己感觉到开心、幸福的事记录下来，让学生有意识地管理自己的注意力，主动关注生活当中的积极面，培养自己的积极情绪。

活动4：制作自己的情绪色轮

教师可以要求学生制作自己的情绪色轮。具体做法是先将白纸剪成一个圆形，再用铅笔将其均分为8个扇形区域，每一个扇形区域里写上一种基本情绪：悲伤、快乐、愤怒、恐惧、惊奇、接受、憎恨、期待，用彩笔画出每个扇形对应的情绪的样子，不留白。教师可以让学生每两天画一次情绪色轮，观察自己情绪的变化。

第十二课

平衡之道
——大学生情绪管理（2）

📋 教学目的

1. 了解情绪背后的想法是影响情绪的关键。
2. 能够识别消极情绪背后常见的不合理信念。
3. 初步掌握通过反驳不合理信念进行情绪调适的方法。

◈ 教学内容

1. 天使与恶魔——觉察情绪背后的观点（20分钟）。
2. 搜寻致命IDEA——寻找不合理信念（30分钟）。
3. 辩论剧场——不合理信念的辩驳（40分钟）。
4. 布置行动作业——情绪认知日记（5分钟）。
5. 教师总结（5分钟）。

✍ 教学重点和难点

教学重点：想法是情绪的重要影响因素，不合理信念的特征，通过反驳信念调整情绪体验。

教学难点：不合理信念的识别与反驳。

⏱ 材料准备

教学PPT、海报纸（每组1张）。

活动一 天使与恶魔——觉察情绪背后的观点

1. 设计意图

人们在描述自己内心的纠结与痛苦体验时，常常会用"心里好像有两个小人在吵架"的描述，而这些"小人吵架"的内容也会直接影响到主体的情绪。为了更直观地呈现内心的想法对情绪的影响，本环节通过将内心常见的冲突"外化"的方式，帮助学生直观地体验到不同的想法对情绪的影响，同时也为后续的观点总结和改变性的活动提供素材。

2. 核心知识点

消极情绪的识别、消极情绪的自我调节，详见教材第八章第二节。

3. 指导语参考

大家平时有没有这样的体验，当内心因为一件事情而纠结，不知怎样做才好时，脑海中就好像有两个小人在打架一样。随着两个小人给出不同的观点或原因，你的情绪也会出现起伏。（预留一些时间请学生回应）哪些事情会让你容易陷入内心的纠结当中呢？（收集一些常令学生困扰的素材）是啊，这些事情确实让人很头疼。当你处于纠结当中时，有没有留意过脑海中的声音与自己情绪的关系呢？接下来我们就通过一个具体的活动来感受一下吧！

4. 教学过程

（1）说明活动规则，请学生轮流体验不同角色

教师将学生分为3人一组，如缺少一人，则可安排助教加入，若多出一人，则可安排其作为观察者或者记录员加入某邻近小组。3人轮流扮演"凡人""天使""恶魔"的角色，并完成各个角色特定的任务。（教师在PPT上呈现每个角色具体的任务。）

"凡人"的任务：讲出一个最近让自己比较困扰的事情，讲完之后不再发言，专心体会当"天使"和"恶魔"发言时，自己内心的情绪变化，并在活动结束后做好记录。

"天使"的任务：通过语言帮助"凡人"解除烦恼，让"凡人"的心情更加顺畅。

"恶魔"的任务：通过语言加重"凡人"的烦恼，让"凡人"更加痛苦。

为方便"凡人"体验和记录，"天使"和"恶魔"尽量交替发言，轮流表达自己的观点，并且每次只给出一个观点。

每一轮活动时长为2分钟，2分钟之后，3人先简要讨论一下活动感受，做好记录，然后顺时针轮换角色，共完成3轮，保证每个学生都体验到3种不同的角色。

（2）教师引导学生进行反思与总结

① 整体感受梳理。教师先邀请学生分享自己在刚才活动中的感受，包括扮演不同角色时最突出的感受，扮演不同的角色的难度，扮演哪个角色更容易，哪一个更困难。借由这些问题帮助学生回顾整个过程中自己在扮演不同角色时的体验及差异。有的学生可能会更喜欢或者更擅长扮演"天使"，可以找到各种各样的方法帮助"凡人"从消极情绪中开脱出来，教师可以有意识地记住这些学生，在平时的管理中，安排他们多做助人的工作。有的学生可能更擅长扮演"恶魔"，特别容易发现或想象一件事情中糟糕的一面，这样的学生容易受到情绪的困扰，

需要更多的支持,可以在团体当中承担"风险控制"的任务,帮助团队预判可能的风险,从而让团队做更充分的准备。还有的学生可能在扮演"天使"和"恶魔"时都比较困难,不太擅长总结出观点,但在扮演"凡人"时能更敏锐地觉察自己的情绪变化,这也是很正常的,他们更适合运用自己的直觉来做判断。

② 聚焦"凡人"的情绪体验的变化。借由"当大家扮演'凡人'的时候,听到'天使'和'恶魔'的观点时会有怎样的情绪产生?"这个问题,教师可帮助学生清晰地意识到情绪的产生与脑海中想法的关联。

③ 聚焦"凡人"情绪体验所对应的观点。"当大家扮演'凡人'的时候,觉得'天使'的哪些话会让你明显感受到被安慰,心情更愉悦?""'恶魔'说的哪些话会让你觉得更痛心,心情更郁闷?"借由这些问题,教师能帮助学生识别那些能够有效实现自我安抚的想法和容易导致情绪恶性循环的想法,教师再选择要点进行板书,为下一环节的练习做准备。

(3)教师小结

教师结合学生的分享进行如下总结:内心的想法会影响我们的情绪体验和行为反应;每一种情绪产生的时候,我们的脑海中都会有对应的念头产生;增加对这些念头的觉察,会帮助我们更好地理解自己的感受,也会为后续进行情绪的调适打下基础。

5. 注意事项

① 为了让各小组的讨论更聚焦,小组之间的分享更有启发性,教师也可以提前调研学生常见的困扰,设定"凡人"表达或演绎的场景,要注意"凡人"表达的困扰最好是可以公开表达的小困扰,避免表达过于隐私的困扰或者表述时间过长。例如,"给师兄(师姐)发信息求指导,对方却迟迟没有回复""面试一个社团被拒绝了""跟好朋友闹了一个小矛盾"等。

② 在角色扮演环节,教师应建议最初"天使"和"恶魔"可以一人一句轮流表达,在最后的练习时间里,如每轮练习的最后20秒,双方可以同时表达,让"凡人"有更为丰富多元的体会。

③ 因为本环节讨论反思的内容是后面两个活动的重要素材,所以教师一定要预留记录的时间,提醒学生对"天使"和"恶魔"讲话的要点做好记录,以便开展后续的讨论。

活动二 搜寻致命IDEA——寻找不合理信念

1. 设计意图

情绪ABC理论认为,导致情绪困扰产生的根本不是事件的本身,而是我们脑海中的不合理信念。在这个环节,教师带领学生在前一环节体验性活动的基础上,从学生扮演"恶魔"时提供的各类观点中,总结出不合理信念的核心特征,帮助学生更好地识别大学生群体中常见的不合理信念,也为下一环节进行不合理信念的辩驳打下基础。在课堂上对学生亲身经历的体验所产生的素材进行总结和提炼得出的理论,会对学生更有说服力,也更容易引发学生行为的改变。

2. 核心知识点

消极情绪的自我调节、情绪ABC理论、情绪的内在冰山模型,详见教材第八章第二节。

3. 指导语参考

在刚才的活动中，我们发现了"恶魔"说的一些话会让我们格外痛苦、郁闷或懊恼。那么这些让人痛心的话究竟有怎样的特点呢？它们为什么会引发我们强烈的消极情绪呢？如果我们可以有效地识别这些话，甚至对其进行改变，就可能获得更加平和的内心。接下来，就让我们一起探索一下。

4. 教学过程

（1）活动3人组开展第一轮讨论

教师请学生结合上一环节的活动体验，在3人组中列举出"恶魔"所说的话中让自己印象最深的、对情绪的影响最大的、感到最郁闷的表达。常见的可能是那些带有人身攻击性质的表达，如"你就是个恐包，什么也不敢做""你竟然会相信这种鬼话，简直是太傻了"；或者特别悲观的表达，如"这下完蛋了，你再也不会有机会了"；以及那些直接做出责任判定、不容辩驳的表达，如"这明明就是你的不对"。

（2）邻近的两个3人组合并成6人组，开展第二讨论

教师请学生在6人组中进行讨论与分享，总结出"恶魔"杀伤力最强的表达有哪些共同的特点。如人身攻击、不容辩驳等。

如果有落单的3人组，考虑到9人组的讨论规模过大，教师可以让学生自主选择是继续在3人组中讨论，还是分别参与到身边的3个6人组中。

（3）学生分享及总结

小组派代表在班级中进行分享，教师板书的记录学生分享的核心观点。之后教师结合学生的分享，指出最容易引发消极情绪的观点其实都是"不合理信念"，进一步讲解心理学家韦斯特总结的不合理信念的3个特征，具体如下。

① 绝对化要求。这是指人们以自己的意愿为出发点，对某一事物怀有认为其必定会发生或不会发生的信念，它通常以"必须""应该"的表述方式呈现。比如"我必须达到别人的要求""别人应该理解我""生活必须很公平"等。怀有这样信念的人对事情的期待是特别僵化的，所以特别容易失望，而失望就会引发消极情绪。

② 过分概括化。这是一种以偏概全、以一概十的不合理的思维方式，最常见的是人们对自己不合理的评价。比如自己遇到失败或犯了错误，就认为自己"一无是处""一文不值"，是"废物一个"。这种不合理的评价也会体现在对别人的看法上，表现为别人稍有差错就认为别人"不可救药""不值得交往"。把一个人事情做得好坏跟这个人本身的价值画等号，进而导致要么自责自罪、自暴自弃，要么对他人求全责备、过于严苛。因此，焦虑、抑郁、敌意、愤怒等消极情绪就很容易产生。

③ 糟糕至极。这是指一个人认为如果一件不好的事发生将非常可怕、非常糟糕，甚至认为这件事是一场灭顶之灾，把一个小的失误无限放大到"罪不可赦"的程度。总是带着这样的信念，个体将陷入羞耻、自责自罪、焦虑、悲观、抑郁的恶性循环之中。

（4）开展第三轮讨论及分享

教师请学生继续在6人组中，按3种不合理信念的特征对总结出来的条目进行分类整理，并结合自身的实际经验，列举大学生常见的不合理信念。例如，"我必须获得所有人的喜欢""我应该达到所有人的期待才是好的""我必须依赖别人才能获得成功""爱情应该绝对专一""我

不能有任何自私的念头，否则就是不道德的"。教师引导学生分享讨论的结果，帮助学生更清晰地意识到自己最容易出现的不合理信念。

5. 注意事项

① 讨论的重点不在于内容要多么全面和完整，而在于让学生充分感受到讨论的内容是与自己息息相关的，能给学生带来触动和启发，体验到自己的想法会如何影响自己的情绪，甚至进一步的行为。

② 教师要有意识地引导学生总结出不合理信念的特征，再提出心理学家的观点进行总结和提升，而不要急于在学生总结之前就呈现结果，要在学生的最近发展区范围内教学。

③ 当学生总结出大学生常见的不合理信念时，在时间允许的情况下，教师还可以请学生进一步对自己找到的典型的不合理信念进行命名，比如"苦命先生""一惊一乍"等，命名的过程有利于学生在脑海中将这条不合理信念识别出来，识别本身就是一个解开纠缠的过程，可以削弱情绪困扰。

④ 教师如果具备足够的专业知识与技能，可以在讲解不合理信念的特征时，进一步将不合理信念影响情绪的机制呈现出来，即结合教材第八章第三节的情绪的内在冰山模型，呈现这些不合理信念如何影响个体对自己、对他人的期待，如何影响对内在更深层次的渴望的满足，帮助学生更好地理解自己内在的心理过程。但这个环节对教师的要求较高，教师需要在结合自己的体验，能够理解情绪的内在冰山模型的前提下开展。教师若不在课堂上进行讲解，亦可提示学生课后仔细阅读教材中关于情绪的内在冰山模型的部分及相关的课外阅读材料，拓展学生对情绪的理解。

活动三　辩论剧场——不合理信念的辩驳

1. 设计意图

情绪ABC理论认为，驳斥头脑中的不合理信念，让僵化的信念变得更加灵活，是调节消极情绪最有效的方式。在这个环节，教师带领学生在前一环节识别自己的不合理信念的基础上，结合第一环节的具体体验，开展不合理信念的辩驳，进一步引发学生观点、情绪及行为上的改变。

2. 核心知识点

消极情绪的调适、情绪ABC理论，详见教材第八章第二节。

3. 指导语参考

在刚才的活动中，我们通过对"恶魔"的发言进行反思和梳理，总结出了不合理信念的特征，以及大学生心中常见的不合理信念。那么大家还记得"天使"当初是如何安慰自己的吗？"天使"的发言当中，有哪些是可以有效反驳"恶魔"的观点，安抚我们的情绪的？其实我们都有安抚自己和他人的能力，接下来我们就一起梳理一下哪些想法可以起到辩驳不合理信念和调节情绪的作用。

4．教学过程

（1）3人组开展第一轮讨论

教师请学生结合活动一的体验，在3人组中列举出"天使"的发言当中，让自己印象最深的、最能有效缓解消极情绪的表达。

（2）6人组开展第二讨论

教师请学生在6人组中进行讨论与分享，总结出列举的"天使"的发言有哪些共同要素。若有落单的3人组，可以根据自己的喜好选择讨论的方式和想加入的小组。

（3）学生分享及总结"天使"发言的特点

教师请小组派代表在班级中进行分享，教师板书记录学生分享的核心观点。总结出能够有效安抚情绪的"天使"发言的特点。

教师可以提前准备以下特点以启发学生。

① 理解"凡人"的情绪，看到"凡人"的痛苦与纠结。

② 解释说明"凡人"行为的正当性和合理性，比如其他人在类似场合下也会有类似的举动。

③ 看到"凡人"行为背后好的初心。

④ 列举其他可以证明"凡人"具有好的"人品"的例证。

⑤ 帮助"凡人"看到其行为不是只会带来消极的结果，还会带来一些好处和机会。

（4）讨论并总结反驳不合理信念的方法

教师邀请学生结合"天使"发言的特点和不合理信念的特征，以及大家在练习中的实例，总结出可以有效反驳不合理信念的方法。

教师可以提前准备以下方法以启发学生。

① 要求学生自己列出具体的证据，打破头脑中模糊的印象。例如让学生询问自己"我这么想，有什么证据吗？""结果一定就会如我所想的那样吗？有没有相关证据表明可能出现其他的结果？"

② 将思维从单一维度拓展到多维度。例如让学生询问自己"这件事的发生还有别的原因吗？"或者借助例子给出启发："除了你说的原因，有可能是因为……还可能是因为……"

③ 明确一件事的发生一定是有利有弊的，设定积极表达的前提，从固定型心理模式转变为成长型心理模式："这件事的发生会给我带来好处，它提醒我注意……它建议我未来……"

（5）开展第三轮小组讨论及分享

教师请学生继续在6人组中，结合自身的实际经验，从列举出来的大学生常见的不合理信念中挑出几条，共同讨论如何用刚才提到的方法逐一进行辩驳。教师引导学生分享讨论的结果，帮助学生更熟练地掌握一两种辩驳的方法，建立新的思维模式。

（6）教师引导学生了解更多调节情绪的方法

除了辩驳不合理信念之外，还有很多方法可以帮助我们调节情绪。所以，为了避免学生的思维受到束缚，教师需要花一些时间请学生分享一下自己调节情绪的有效方法，例如及时宣泄、向他人倾诉、运动、深呼吸、多做喜欢的事情等，进一步帮助学生认识到，消极情绪也只是一种能量，当它产生的时候，需要先将其以恰当的方式宣泄出来。教师要让学生了解除了有意识地调整自己的信念和预期之外，还可以从关注自己内心需求入手，用实际行动去满足自己的需要，以回应情绪对我们的提醒。

5. 注意事项

① 因为活动二所用时间较长，在该活动中也许有的小组已经忘记了"天使"具体说了什么，所以教师一定要在活动一中提醒学生做好记录。如果学生的记录过于简要，导致无法还原当时的体验，那么教师可以鼓励学生重新讨论可以如何更好地安慰"凡人"，寻找不合理信念的漏洞。

② 不必引入太多调节方法，教师可以请学生集中练习一到两种，这样更有利于学生熟练掌握与应用。

③ 辩驳过程最好结合活动一提到的具体场景来完成，这样学生更容易找到素材，完成练习。如果学生在辩驳过程中遇到困难，教师可以请全班学生共同参与，寻找辩驳的角度和方法。

活动四　布置行动作业——情绪认知日记

本课的主要内容落脚于情绪背后不合理信念的觉察与辩驳，所以教师可以布置情绪认知日记的练习，请学生在接下来的一周内，关注自己的情绪状态，在体会到一种明显的情绪后将其记录下来。学生应在一周内写下7天的情绪日记，从而更敏锐地觉察自己消极情绪背后的不合理信念，并有意识地通过自我辩驳做出调整。情绪日记具体包括以下内容。

① 今天发生的情绪事件。
② 在这一过程中出现的情绪或身体感受。
③ 事件发生时自己的想法。
④ 这个想法符合当前的事实吗？
⑤ 还有哪些可能性？
⑥ 自己还可以怎样想？

活动五　教师总结

教师简要核查学生在本堂课中的收获，简要答疑，并进行以下总结。

① 客观发生的事情并不会直接影响我们的情绪，我们对事情的看法决定了我们的情绪反应甚至行为结果。

② 3种典型的不合理信念会导致消极情绪的产生，增加对这3种不合理信念的觉察，并针对性地开展辩驳，有助于我们成为行动的主人。

③ 除认知调整外，我们还可以通过改变行为的方式进行情绪调适。

【小故事】

塞翁失马，焉知非福

古时候，有一位老人，人们称他塞翁。一天，塞翁的一匹马跑到塞外去了，邻居们都为他感到可惜。可是，塞翁却说："丢失一匹马没关系，说不定这会变成一件好事呢！"过了一段时间，那匹马自己跑回来了，还带回了一匹马。邻居们知道后，都跑来向他祝贺。可是，塞翁却一点也不高兴，说："这不算什么，虽然白白得到了一匹马，但这说不定会成为一件坏事呢！"塞翁的儿子很喜欢骑马，一天，他骑着被带回的那匹马出去玩，不小心从马上摔了下来，摔断了腿。邻居们得知这个消息后，都过来安慰。可塞翁没有伤心："这没什么，孩子的腿虽然断了，但这说不定会成为一件好事呢!"不久，敌人大举入侵，边塞上的青年都被抓去打仗，大部分人都死在了战场上。塞翁的儿子因为断了腿不能打仗，就保住了性命。

塞翁有失必得、有得必失的平和心态，具有朴素的辩证唯物主义思想，面对生活中的经历，能够以平常心处之，用理性的思维看待事情的发展变化，值得我们学习。

⚑ 常见问题解答

问题1：学生无法将"恶魔"的发言归类为3种不合理信念之一怎么办?

本课需要认知参与的任务会比较多，可能会出现学生过度在意逻辑性的情况。教师若未能理解不合理信念的底层逻辑，可能很难直接给出回应。例如，学生可能无法将"你这么想就是矫情"的观点直接列为3种不合理信念之一，因为它没有"必须"或"应该"的字眼，也没有直接显示出"糟糕至极"的结果。其原因是这一观点并未表达出不合理信念的底层逻辑。它让学生感受到糟糕的情绪，可能是因为背后藏着"我必须坚强，不能矫情"的绝对化要求；或是"一个人如果表现出矫情，就说明这个人缺少适应能力"，进而引申出"一个无法适应环境的人，便是一无是处的"的过度概括化；还有可能隐含着"如果我此刻无法容忍这些挫折，那么未来的生活会非常可怕"的糟糕至极的结果。归根结底，3种不合理的特征可能都会推导出"我不够好""我不值得被爱"等信念。

但是不合理信念的确认是需要理论基础与技巧的，所以，当学生遇到这些问题的时候，教师与其直接答疑解惑，不如避免进入"辩论"或"纠错"模式，鼓励学生从不同的角度来理解遇到的困难。教师可以邀请班级内的学生一起思考，一个暂时找不到不合理信念特征的发言背后可能隐藏着哪些潜在的信念；一起来探讨别人一句看似不起眼的"评论"是如何引发了一系列的自我否定，从而击穿一个人的心理防线的。

问题2：学生在讨论中无法有效辩驳不合理信念怎么办?

对不合理信念进行辩驳的基础是找到反例，并通过其他解释路径或者找该信念的积极意义。如果不合理的信念没有找准，辩驳的时候就会遇到困难。所以教师要依据解决问题1的方法，帮助学生往下找一找不合理的信念是什么，但这并不意味着只有找到最根本的不合理信念才能开展辩驳。从以往经验来看，特别难以辩驳的不合理信念可能是与事实相关的判断，例如"本科生就是比研究生更难找工作"，这个观点会给当事人带来很重的心理压力。辩驳的重点在于把"角色"或者"身份"与一个人的价值和未来的可能性解绑，把辩驳的方向放到可控的方面。例如"优秀的本科生也能找到很好的工作""没有马上找到工作并不代表一个人的能力差，可能是因为方法不当"。

⚑ 备选活动

活动1：渐进式肌肉放松或正念呼吸训练

本活动的开展方式详见教材第八章第二节的技能练习模块。教师可以参考教材提供的指导语，在带领学生体验了消极情绪之后，集体做一次渐近式肌肉放松或正念呼吸的训练，帮助学生掌握即时性的有助于调整情绪的方法。

活动2：探索内在的冰山

教师讲解教材中的影响情绪的内在冰山模型，为每个学生发一张冰山图，带领学生结合生活中引发消极情绪的事件，3人一组，探索并填写自己在该事件发生时"内在的冰山"，增强对自己的了解。教师可以在绘制一个典型的冰山模型的基础上，带领学生共同探索如何通过改变冰山的每一个层面来带动情绪的改变。

活动3：曼陀罗绘画

曼陀罗绘画能通过象征方式展现绘画者的无意识冲突，绘画者借助曼陀罗绘画特有的整合功能，整合内心矛盾，能获得内心的和谐与稳定，实现自我疗愈。教师可以发放曼陀罗绘画用纸，请学生结合自己的情绪状态，绘制自己的曼陀罗，并且在此过程中达到放松身体、接触并释放情绪的目的。

活动4：观影与分享

全班共同观看讲述情绪管理主题的动画片《头脑特工队》，教师亦可提前截取相关的片段，更直接地呈现情绪与主人的关系，以及情绪对主人的作用。重点观影的片段包括主人公童年时几种情绪占主导的片段；忧忧促使主人公向外求助，最终带领乐乐走出困境的片段；乐乐发现每一段快乐的记忆前期都有忧忧的出现的片段；等等。结合本节课程内容，教师可以引导学生分析主人公的不合理信念有哪些，每个情绪小人又是如何改变的。教师也可以在学生观影前收集专业的影评，以启发学生讨论和讲解知识。

第十三课

逆境突围
——大学生压力管理与挫折应对

十九届六中全会公报指出，要"坚持敢于斗争"。坚持敢于斗争就需要我们练就不畏强敌与风险的品格。我国人民从来不缺乏不惧风险、敢于斗争、勇于胜利的精神。我国传统文化中提倡如下对待挫折的态度：天将降大任于是人也，必先苦其心志，劳其筋骨，饿其体肤，空乏其身，行拂乱其所为。挫折于人犹如沙砾于河蚌，经过一次次痛苦的磨合后，沙砾被孕育成闪闪发光的珍珠，因此，经历了挫折的人生也会更加绚烂。大学生要学习我国传统文化中的自强不息、奋斗不止的精神，学习发奋图强、百折不挠的斗志，并从中汲取成长所需的精神力量。

📖 教学目的

1. 了解压力的定义、压力的来源及压力的影响。
2. 了解挫折与压力的关系，识别面对压力和挫折的常见行为模式。
3. 学会管理压力与应对挫折的方法。

◈ 教学内容

1. 你的压力大吗——压力的识别与评估（15分钟）。
2. 绘制压力圈——压力源与挫折来源探索（35分钟）。
3. 逆境突围——寻找压力管理和挫折应对的方法（40分钟）。
4. 布置行动作业——开展赋能行动（5分钟）。
5. 教师总结（5分钟）。

≋ 教学重点和难点

教学重点：压力和挫折对大学生的影响，学会管理压力、应对挫折。
教学难点：管理压力与应对挫折的方法。

◷ 材料准备

教学PPT、压力圈材料纸（每人一份）、逆境突围材料纸（每人一份），水彩笔（每组一两套）。

活动一　你的压力大吗——压力的识别与评估

1. 设计意图

通过评量问句技术，学生可对压力水平进行自评，并对自身的压力状态进行觉察，从而投入对本章主题的讨论；这也能帮助教师直观了解学生的压力状态，从而有针对性地调节教学的内容和方法。教师通过进一步核对学生进行自评的依据，能引出压力反应的不同层面；通过核查学生应对压力的信心，能帮助学生认识到压力对个体的影响并不只由压力本身决定，还与自己的主观能动性密切相关，进一步增强学生面对压力的信心和掌控感。

2. 核心知识点

压力的概念、压力的身心反应，详见教材第九章第一节。

3. 指导语参考

当谈到压力的时候，大家的第一反应是什么呢？（等学生简要回应）不知何时起，"压力山大"这个词流行了起来，成为大家的一个较为普遍的状态了。那么大家当前的压力有多大呢？如果用1～10分来评估，1分代表毫无压力，10分代表压力大到无法忍受，你会给自己的压力打多少分呢？我们以讲台前缘正中作为1分，以教室的后墙正中作为10分，把这两个点的连线当成一把尺子，尺子被等分成10个刻度，尺子上的每一个刻度都代表着相应的分数，大家先大概看看每个分数在哪个位置（教师大概定位一下5分和6分的位置），请全体同学根据你给自己压力的评分，站在相应的位置上吧！评分相同的同学可以横着（平行于黑板）站成一排哦。好，我们现在开始！

4. 教学过程

（1）说明活动规则，请学生给自己的压力评分

如果教室的空间较大，人数较少，建议教师采用指导语推荐的方式，让学生根据自己对压力所评的分值站在相应的位置上，这样引导全班动起来有很好的热身效果。有条件的话，教师还可以用彩色的纱巾、座椅或者其他道具把1分、5分、10分3个点标记出来，方便学生定位。如果是大班教学或者是在固定桌椅的教室，全体学生不方便同时活动，教师可以请学生采用手臂评分的方式，把手臂完全垂直向下作为1分，手臂完全垂直向上作为5分，手臂向前抬高45°作为2分，完全平举作为3分，向上抬高到135°作为4分，从而直观呈现自己的压力分数，这样也能起到一定程度的热身效果。如果手臂也不太好举，教师可以请学生用手指给出分数，或者用教学App、在线问卷等现场统计学生的分数。

（2）教师邀请典型代表发言

学生给出分数后，教师请学生进一步思考"你是依据哪些线索进行压力评分的?"通常而言，学生的压力评分会相对"负偏态"，即在5分以上的学生更多一些，5分以下的学生更少一些。在3分以下的学生会很少。教师可以首先邀请评分较高的一两个学生发言，说说自己是如何评分的，最大的压力是什么；再邀请分数居中的一两个学生发言，说说自己是如何评估的，分数在中间的感觉如何；最后邀请分值较低的一两个学生发言，说说自己是如何评分的，是如何让自己处于较低压力状态的。

（3）知识讲解：压力的概念及身心反应

教师根据学生发言，总结学生整体的压力状态及主要的压力，提出压力的本质，即压力会是我们觉得自己所具备的能力、资源无法应对"外在需求"时的一种反应，而且每个人的反应会有所不同。教师根据学生分享的评估线索，结合教材简要讲解压力之下的身心反应，包括认知、躯体、情绪、行为等方面的不同反应；帮助学生通过打分情况认识到，只有极少的人是完全没有压力或者是压力特别小的，与压力共存是我们大部分人正常的生活状态。

（4）请学生对应对压力的信心打分

参考对压力评分的方式，教师请学生评估自己应对压力的信心。1分代表完全没有信心，10分代表信心极强，相信自己完全可以成功应对压力，请学生站在适合自己的位置上，或者在原地以教师要求的方式给出评分。教师邀请分数特别高和特别低的代表发言，说说自己打分的理由。评分较高的学生通常会分享一些有效应对压力的方法，如做好规划与时间管理、学会寻求帮助、转移注意力等；而评分较低的学生则会分享面对压力时的困难和无助，比如不知道该如何完成任务、对自己的能力没有信心等。

（5）教师小结，提升学生应对压力的信心

教师可以结合学生的分享，帮助学生看到，其实让大家有压力的事情可能是类似的，应对压力的信心是与对"外在要求"和"自身能力与资源"的评估密切相关的，对压力的评估是一个相对主观的过程，可以调整的空间很大，所以应对压力的信心是可以调整的，从而提升学生应对压力的信心。

5. 注意事项

① 本活动最主要的是目的是导入本章主题及热身，以开启后续的活动，所以教师要注意对时间的把控，如果采用全班一起走动的形式，可以减少对学生的访谈数量及深度。如果是大

班教学，学生不便于走动，也可以把问题抛给小组，请小组直接做出总结，减少教师的总结时间。

② 评分活动有两个，是为了更加直观地呈现学生在两个问题上的状态。通常教师会发现那些压力分数较高的学生，其实应对压力的信心并不低，甚至可能二者都是最高值。这样可以直观地帮助学生看到压力大本身并不是问题，如果有足够的信心，压力就可以是很好的动力。如果时间比较有限，换位置比较困难，教师可以在学生给压力评分后采访学生时，直接引导学生谈一谈自己应对压力的信心水平及原因。

活动二　绘制压力圈——压力源与挫折源探索

1. 设计意图

这一活动需要在介绍压力管理的基础上，融合挫折应对的内容，教师需要在参照教材知识逻辑的基础上，梳理挫折和压力的关系，并将二者有机地结合起来安排体验活动及知识讲授。在一定程度上，挫折情境本身就是大学生最重要的压力来源，在梳理压力源并思考应对方式时，就包含了应对挫折的方法。压力的积极认知观与挫折的积极应对观在本质上是相通的，都包含着对压力和挫折的接纳，都重视从压力和挫折中看到可以收获和提升的地方。如果学生可以用积极的态度应对挫折，压力也会得到有效的管理。如果学生在梳理压力源的过程中未提及挫折，那说明学生可能暂未遇到特别令自己困扰的挫折。

意识到压力的存在之后，识别压力源是开展压力管理的重要步骤。本活动基于教材第一节课堂活动模块的设计，采用可视化的形式，让学生检视自己的压力源（通常包含重要的挫折在内），以进一步增强对自己压力状态和产生压力的原因的觉察。

2. 核心知识点

压力源概述，详见教材第九章第一节；
挫折的来源，详见教材第九章第二节。

3. 指导语参考

我们在给自己的压力水平打分的时候，常常会在心里盘算一下自己眼前有哪些需要搞定的人、需要解决的问题、需要完成的任务，这些会带给我们压力的人或者事，就是我们的压力源。压力源有很多种，有的是人为因素，有的是自然环境因素。如果我们想要更好地管理自己的压力，就需要先搞清楚到底是哪些因素正在给我们带来压力。接下来，我们就通过一个活动进一步探索自己的压力源吧！

4. 教学过程

（1）说明活动规则，学生完成书写

教师请助教为每个学生发放压力圈材料纸，在探索自己当前所面临的压力之前，请学生想一想，如果用一种动物、植物或矿物来代表自己，其会选择哪一种，然后在压力圈材料纸中间最大的圆圈里，用最简单的笔触画出来。在中间的圆圈内用一种事物代表自己，有助于学生更好地联结自己当前的状态，在分享时可以表达更多的感触。如果在实际操作中，学生觉得有困难，也可以直接写上自己的名字。

之后，教师请学生在外围大大小小的圈内写下最近生活中的压力，填写时要注意，圈越大代表压力越大。如果有些压力源只想自己梳理，不想让其他人知道具体的内容，学生可以把对应的压力源用简略的形象画出来。压力圈材料纸如下图所示。

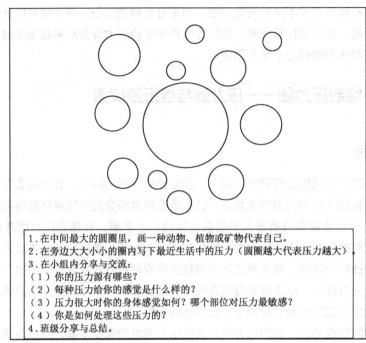

1. 在中间最大的圆圈里，画一种动物、植物或矿物代表自己。
2. 在旁边大大小小的圈内写下最近生活中的压力（圆圈越大代表压力越大）。
3. 在小组内分享与交流：
（1）你的压力源有哪些？
（2）每种压力给你的感觉是什么样的？
（3）压力很大时你的身体感觉如何？哪个部位对压力最敏感？
（4）你是如何处理这些压力的？
4. 班级分享与总结。

（2）组内分享

教师请学生依照材料纸上提示的问题，在小组内依次分享自己的答案。学生分享压力源时，不必面面俱到，可以只讲最为突出的压力源。让学生分享每种压力给自己的感觉，是想鼓励学生增加与自己感受的联结，用更真诚的态度面对这些压力事件。询问压力很大时自己的身体感觉如何，哪个部位对压力最敏感，有利于进一步让学生通过躯体感受压力，增加识别压力的敏锐度，更直观地评估这些压力对自己的影响。有时大脑给出的判断会与身体给出的判断不一样，这种差异也可以引发学生的反思。最后教师让学生分享其是如何处理压力的，从而解决问题，并为下一个活动做铺垫。

（3）班级分享与总结

教师邀请小组代表分享自己组内讨论的结果，尽量要求学生结合讨论的问题进行分享。教师根据学生分享的结果，结合教材呈现大学生常见的压力源及压力应对方式，帮助学生看到大部分的压力都是共通的，压力带给我们的感受也是多面的，不只是消极的。

5. 注意事项

① 如果时间和资源允许，画画时可以让学生用彩笔或油画棒，这样能从色彩运用的层面促进学生进行自我反思与觉察。为了保障后续分享的时间，教师要提醒学生用最简单的方式来描绘，写完压力源后，绘制的过程不要超过3分钟。

② 分享压力很容易碰触到一个人内心的真实感受，分享压力时他人的反应也将直接影响到分享者的情绪感受。为了让分享的环节起到一定的支持作用，教师可以提醒学生，当其他人发言的时候，将自己的压力圈材料纸先扣过来，专注于倾听，将注意力集中在分享者身上。

③ 这个部分的讨论通常会花比较长的时间，每人可能需要两三分钟才能把自己的压力源及压力应对方式相对完整地分享出来。所以教师要根据时间情况决定讨论组的规模，鼓励组长做好时间管理，保证每个学生都有机会分享。

活动三　逆境突围——寻找压力管理和挫折应对的方法

1. 设计意图

压力管理的最终方案是制定有效的行动方案，切实回应压力所带来的挑战。本活动将短期焦点解决的基本理念应用于压力管理和挫折应对的情境，运用表达性艺术治疗的方法与技术，帮助学生在找到主要压力源的基础上，进一步寻找压力管理和挫折应对的方法；通过激发学生更好地与当下的感受联结，在过往的经验中寻找有效管理压力和应对挫折的方法，想象问题解决之后的美好生活，激励学生重视压力管理，朝理想目标努力。绘画比写字更能激发学生的联想，能帮助学生在讨论与反馈中获得更多新的视角。

2. 核心知识点

压力认知策略、挫折的意义、培养乐观品质，详见教材第九章第三节。

3. 指导语参考

在刚才的活动中，我们已经找到了压力源，接下来我们需要集中火力，以一个具体的压力源为例，寻找管理压力的方法。大家不要着急选定你要管理的压力，我们将继续通过绘画的方式，让我们的身体感觉和情绪感受为我们提供更多的线索，借由这个过程，找到管理当前最重要的一个压力的具体方法。

4. 教学过程

（1）说明活动规则，学生完成绘画

教师请助教为每个学生发放材料纸和水彩笔，请学生在4个格子中，用最简单的线条、色块或图案，依次画出自己当前或近期的感受、当前最大的压力、管理这个压力的办法及压力消除之后的样子。

逆境突围材料纸如下所示。

当前或近期的感受	当前最大的压力
管理这个压力的办法	压力消除之后的样子

因为绘画需要运用到直觉和感性思维，有些惯用理性思维的学生可能就会遇到困难。教师可以鼓励这些学生先把想到的东西写下来，然后尝试用最简单的笔触去表达这些东西，比如画一个黑色的圆圈、勾勒一个平躺着的火柴人等。如果学生觉得画起来确实困难，也可以只写关键词。

（2）组内分享

当组内学生基本完成绘画时，教师请组长带领组员依次分享自己的答案。分享的重点在于每个格子中的内容，即每个格子中画的是什么，想要表达的意思是什么，以及在做这个练习时自己有什么样的感受。

某一组员在分享时，其他组员要把自己的画扣过来，专注于倾听，如果有好奇的地方，可以适当做一些提问或回应，帮助分享者更加清楚自己所处的状态、所拥有的资源和可以采用的方法。学生在提问时要注意不评判、不解读，而是用开放式的问题，启发分享者做更多的补充。比如分享者可能在一个格子里画了两个图形，但是讲解时只解释了其中的一个，其他学生就可以提问"另外一个图形代表什么意思？"帮助分享者澄清。或者画小草、大树时通常都会用绿色，但是分享者用了别的颜色，其他学生就可以直接提问"为什么画小草用了这个颜色？"当分享者提到的做法不够具体时，也可以进一步请分享者补充具体可以怎么做，比如分享者说"我需要多学习一些知识来应对这个问题"，其他学生就可以提问"通过怎样的方式，学习哪一方面的知识呢？"分享者若说"我可能需要向他人寻求帮助"，其他学生就可以提问"具体向谁寻求帮助？具体是哪一方面的帮助？"如此，分享者能更加清楚接下来可以如何采取行动。

（3）班级分享

教师邀请小组代表分享自己组内讨论的结果，通过分享针对某一种特定的压力可以怎么做，可帮助学生了解应对压力的具体方法，这也有助于小组之间互相进行启发。分享压力消除之后的样子，可以激发学生思考自己究竟想要过怎样的生活，从而降低不合理或不重要的期待，进而减小压力；同时增强克服困难的动力，营建积极心态。

（4）教师讲解与总结

教师结合学生分享的结果及教材总结常见的有效的压力管理方式。教师通过总结消除压力之后可以拥有的美好生活，可帮助学生看到压力的积极作用，建立积极压力观。教师通过总结可以采用的具体方法，可帮助学生梳理压力管理的行为策略，包括完成任务、学会拒绝、发展更多宣泄压力的方法。教师通过总结应对的资源，可帮助学生看到自己的心理复原力，学会更好地运用身边的人际资源，帮助自己渡过难关。

5. 注意事项

① 在学生绘画的过程中，教师可以观察学生的完成情况，尤其关注情绪反应与他人不同的学生，了解该学生的具体情况，并给予适当指导。

② 如果时间允许，教师可以在绘画开始之前，带领学生先进行一次正念呼吸训练，帮助学生以更加稳定和积极的态度投入绘画当中。在绘画和分享过程中，教师也可以适当放一些轻音乐，为学生营造安全、温馨的表达氛围。

③ 关于知识的补充和讲解的部分，教师不一定需要在最后集中完成，也可以在学生分享到某个相关的知识点时，直接予以回应和总结。

活动四　布置行动作业——开展赋能行动

本课希望学生可以正视自己遇到的压力或挫折，在小组成员的帮助下，找到可以摆脱困境的方式。行动作业则需要进一步推动这一进程，让学生结合压力和挫折的积极认知观，认识到压力和挫折都不见得是坏事，所以不一定要去减少或者消灭它，最重要的是让学生看到压力和挫折的积极面，为自己赋能。所以教师可以请学生在课后进一步开展赋能行动，把自己在逆境突围活动中列出来的可以采用的方法具体落实到行动中，并撰写200字的实践报告，向小组汇报，在小组成员的见证下，收获成功管理压力带来的成长。

活动五　教师总结

教师简要核查在本堂课中的收获，简要答疑，并进行以下总结。

① 谢尔耶认为压力是产生于个体无能力、无资源应对"外在需求"时的一种非特定的生理反应。压力程度的感知取决于个体对外在需求和自身资源的评估。

② 我们要有意识地借由压力带来的身心反应增强对压力的觉察，及时开展管理压力的行动。

③ 压力和挫折都可以提高我们的潜能，我们可以积极地拥抱压力与挫折，获得成长。

【小故事】

高士其：身残志坚的红色科学家

高士其（1905—1988），原名高仕鋲，福建福州人，生于1905年11月1日，1925年赴美留学。他在一次试验中由于意外事故，受脑炎病毒感染而瘫痪。1930年回国后，他以科学小品文为武器，投入爱国救亡运动，写出了《菌儿自传》《抗战与防疫》等众多优秀科普文学作品，受到读者欢迎。1937年，他奔赴延安，是当时奔赴延安的唯一一留美学者，被毛泽东等称为"中国的红色科学家"。虽是全身瘫痪，高士其并未将自己视为病人。他身残志坚，坚持科普创作，终生践行"把科学交给人民"的伟大事业，成为中国科普文艺领域的一代宗师。他的作品中，《我们的土壤妈妈》《时间伯伯》是深受少年儿童喜爱的优秀科普作品，他的著作给人们以智慧、力量、启发和激励，吸引着青少年进入科学的广阔天地。1988年12月19日，高士其在北京逝世。中共中央组织部称他为"中华民族的英雄"。1999年12月14日，为纪念和表彰这位中国著名科学家、科普作家、教育家对科学与人类，特别是对中国科普事业的发展所做出的杰出贡献，经国际小行星命名委员会审议通过，将中国科学院紫金山天文台发现的一颗国际编号为3704的小行星正式命名为"高士其星"。

从高士其的经历中，我们可以看到他不畏挫折、不畏艰难、自强不息的生命态度。在面对打击、压力、挫折、风险之时，我们该何去何从呢？高士其为我们做出了典范，值得每一位当代青年思考和学习。

★ 常见问题解答

问题1：有的学生反馈做完绘制压力圈活动后，比刚开始上课时压力更大了怎么办？

这个现象并不奇怪，最可能的原因是学生最初评估压力时，只联想到了离自己最近的压力源，而在绘制压力圈时，在更充分的思考中，或者在同伴的启发下，想到了更多需要自己面对或解决的问题。教师可以结合教材中压力的防御机制的相关内容，启发学生看到自己在参与活动之后对压力的防御机制相较于参与活动之前是否有变化，让学生看到前后两种机制都是有用的，但是起作用的方式和对未来的影响是不同的。清晰地了解自己的压力源，虽然对当下会是一个更大的压力，甚至可能带来冲击，但知己知彼才能更好地做出规划，更加有效地应对未来的风险，进而减少受挫的可能。

问题2：学生在分享环节情绪比较激动怎么办？

分享压力本就容易触发学生的情绪反应，所以学生在分享时会有情绪的波动是非常正常的现象。如果学生的情绪反应在可控的范围内，比如轻声哭泣、默默流泪、语气激动地表达愤怒但没有行动上的反应，都是不需要教师给予特别关注的，交由小组自行消化和处理即可。如果个别学生的表现已经超出了可控的范围，其声音或动作吸引了全班学生的注意，或者引发了同组学生的恐慌，教师就需要对该学生进行单独的安抚，甚至及时寻求其他的帮助。如果学生情绪可以被安抚，则继续上课，如果学生希望多一些空间，可以请助教暂时陪伴。因为我们的活动设计并不强调让学生体验创伤性事件，所以发生这种需要紧急应对的情况的概率是比较低的。

★ 备选活动

活动1：数字自我介绍

如果教室场地不适合进行压力评分，教师可以采用这个活动来引导学生热身。学生用3个数字来介绍自己。教师可以先做一个示范，帮助大家掌握活动规则。例如教师以年龄为第一个数字，引出自己当前所处的人生阶段和现实压力；以工作年限为第二个数字，引出自己在工作上的压力及困扰；以孩子的数量为第三个数字，引出作为家长对孩子的期待及面对的压力。有的同学会用幸运数字进行介绍，为自己打气；有的会用恋爱的时长作为数字进行介绍。通常，学生在介绍时，都能反映出自己最重视的价值及压力源，从而能拉近彼此的心理距离。

活动2：我的挫折应对方式

在压力源梳理环节，教师可以带领学生回顾最近一个月内的经历，找出遭遇的一个对自己影响比较大的挫折事件，之后再请学生依次梳理这些问题：挫折来源于自己、他人还是环境？自己面对这个挫折时的反应是什么？这个反应对于消除挫折带来的压力有多大的帮助？自己通常应对挫折的方式是什么？如果自己可以采用教材中所讲的应对挫折的积极防御策略，自己会怎么做？

第十四课

心灵加油站
——心理咨询

人民健康是民族昌盛和国家富强的重要标志。党的十九大报告做出实施健康中国战略的重大决策部署，强调坚持预防为主，倡导健康文明生活方式。我国陆续出台了《"健康中国2030"规划纲要》和《健康中国行动（2019—2030年）》，致力于提升全民的健康素养，推动心理健康促进行动。大学生要成为自己心理健康的第一责任人，学习心理健康相关知识，积极采取行动，维护和促进自身心理健康。

📓 教学目的

1. 了解心理咨询的概念、特点、工作对象、设置和形式。
2. 了解和掌握大学生运用心理咨询资源的方法。
3. 了解和掌握心理咨询起作用的原理。
4. 增加对自身心理行为模式的觉察，了解和掌握维护自身心理健康的方法。

◈ 教学内容

1. 什么时候需要做心理咨询——问题引入（10分钟）。
2. 我的低谷时刻——心理问题的自助与求助（40分钟）。
3. 揭开心理咨询的面纱——心理咨询概述（20分钟）。
4. 握手活动——觉察的作用及练习（20分钟）。
5. 布置行动作业（5分钟）。
6. 教师总结（5分钟）。

⬲ 教学重点和难点

教学重点：心理咨询的概念和功能。
教学难点：大学生的身心保健。

🕐 材料准备

教学PPT，两种不同品种的葡萄干各一大袋（保证每人各一粒）。

活动一 什么时候需要做心理咨询——问题引入

1. 设计意图

一是可以起到"启下"的作用，引出后面环节要讨论的"我的低谷时刻"；二是可以让学生看到绝大部分人都会先自己想办法解决生活和学习中遇到的难题，让学生看到自身解决问题的价值，同时了解向专业人员求助也是解决问题的一种方式。

2. 核心知识点

本活动用于引入问题，不涉及具体的核心知识点。

3. 指导语参考

大家好！我们今天课程的主题是心理咨询，有个问题想先问问大家，你认为自己在什么时候需要做心理咨询？

4. 教学过程

（1）教师提问学生分享

教师提问"什么时候你会做心理咨询？"并邀请5～8个学生回答。

学生可能的回答：在心情特别低落、情绪状态不好时，问题长时间得不到解决时，自己特别痛苦又无能为力时，感觉自己不会做心理咨询等。

（2）课堂小调查

教师可以请接受过心理咨询的学生举手。

（3）教师总结

教师根据学生的分享做简单总结。这个部分主要用于问题引入，教师在总结时需要"启下"，引出下一个活动。教师总结时可参考如下内容：真正做心理咨询的人很少，但是每个人都会遇到困境，有情绪低落、状态不好的时候，此时绝大部分同学都能自己解决问题，即使没有做心理咨询，也会用一些朴素的、自发的心理学的方法帮助自己；所以并非遇到困难就只能做心理咨询，心理咨询只是其中一种解决问题的方式。

5. 注意事项

学生在分享时，不用展开具体情境，做特别具体的分享，尤其是心理咨询相关经历的分享。如果有学生开始详细分享自己当时的经历，教师可以适时温和地打断。

活动二 ▶ **我的低谷时刻——心理问题的自助与求助**

---

1. 设计意图

可能很多教师会有疑问，这一课讲心理咨询就可以了，为什么要分享低谷时刻？通常来说，大学生遇到了困扰，导致内心有冲突或出现情绪不好时，会想到做心理咨询。但其实大学生遇到问题时，通常不会第一时间想到求助专业人士（做心理咨询），而是先自己想办法解决问题。绝大部分大学生都可以靠自己解决心理困扰，并在自己解决问题的过程中获得成长。需要接受心理咨询的只是很少一部分大学生，我们鼓励大学生学习和运用心理咨询的原理来帮助自己解决问题，这也是心理咨询的核心理念——"助人自助"的体现。所以本课不仅要介绍心理咨询，更重要的是让学生了解必要的心理咨询的知识和原理来帮助自己，进行合适的身心保健，在必要的时候再求助专业人士（心理咨询师或者精神科医生）。

另外，从系统观的角度来看，个人内部系统和外部系统都是帮助学生解决问题的资源。①个人内部系统——学生的认知和行为模式、智力水平、学习能力、性别、年龄、个性特点等，都是学生的内部资源。②外部系统——同学、朋友、老师、家长和其他亲人、学校的各种机构（包括心理咨询中心）、医院等，都是学生的外部资源。我们鼓励学生充分运用内部资源和外部资源来帮助自己解决问题，心理咨询只是众多外部资源中的一个，学生切忌把心理咨询当作唯一的资源。

这个活动一是可以让学生了解到自己有很多解决问题的资源（包括内部的和外部的），心理咨询只是其中一个可以运用的资源；二是可以让学生对自身的心理行为模式有更多的觉察；三是可以让学生通过小组其他成员的分享，学习解决问题的新思路和新方法。

2. 核心知识点

心理问题的自助与求助，详见教材第十章第二节。

3. 指导语参考

刚刚我们了解到每个人其实都会遇到人生的低谷时刻，在这样的情况下绝大部分同学都会用各种各样的方法、运用各种资源来帮助自己走出低谷。接下来我们要进行一个小组分享活动，一共有两轮，第一轮是在小组中分享一个自己曾经走出来的低谷时刻，并说明自己当时是如何深陷其中的。当然，我们每个人都经历过不止一个低谷时刻，大家可以选择一个自己愿意在小组中分享的，已经顺利走出来的低谷时刻，简单分享在那个时刻发生了什么，自己的状态如何即可，不用对过程做特别具体的分享。第一轮的分享完成后，我再告诉大家第二轮的分享任务。第一轮的分享有15分钟的时间，我会在还剩3分钟的时候提醒大家。

4. 教学过程

（1）第一轮小组分享

教师布置小组分享任务：分享一个自己曾经走出来的低谷时刻，并说明当时自己是如何深陷其中的。分享时间为15分钟。

教师需要强调分享的是"已经顺利走出来的低谷时刻"，学生可以自行把握"低谷"的程度，也可以自由选择分享自己经历的哪个低谷时刻。在这里教师一定要尊重学生的选择，不用刻意强调低谷的程度，千万不要规定学生只能分享最低谷的时刻，而应将决定权交给学生。

（2）第二轮小组分享

教师布置小组分享任务：分享自己是如何走出来的，重点分享有哪些内部资源和外部资源帮助自己走了出来。每组请一位代表在全班进行总结发言，分享时间为15～20分钟。

对于内部资源和外部资源，教师可以做适当的讲解和引导：内部资源包括认知模式（例如"当时我就想我肯定能从低谷中走出来的"）、智力水平（例如"想出了非常有效的方法"）、学习能力（例如"学习某种新的方法，从别人身上学习不同的解决问题的方式"）、某些个性特点和特质（例如"特别努力，很坚持"）等，外部资源包括同学、朋友、家人、心理咨询机构、医院等。

（3）大组分享

教师邀请3～5个小组的代表对如何走出低谷，应用了哪些内部资源和外部资源进行分享。

分享的重点放在帮助学生走出低谷的各种资源上，而不是对低谷时刻的描述上。

（4）教师总结

教师运用系统的理念总结学生可以怎样帮助自己走出低谷。

学生的分享所涉及的知识点可能比较多，如心理咨询的概念——助人自助、自助与求助，身边的心理咨询资源，大学生身心健康的维护等，教师可以根据学生分享的情况来总结。教师要将第二轮分享和总结的重点放在帮助学生走出低谷的各种资源上，鼓励学生充分运用个人内部资源和外部资源来帮助自己解决问题，心理咨询只是众多外部资源中的一个，学生切忌把心理咨询当作唯一的资源。

5. 注意事项

① 在学生分享时，教师要轮流入组观察学生的分享是否有困难，是否聚焦于分享主题等。在第一轮分享时，教师要强调不分享具体的事情经过，只对情境做简单的分享即可，如果有学生开始分享具体的事件过程，教师或助教需要温和地打断该学生的分享。

② 在最后总结时，教师要注意"启下"，如"心理咨询是众多资源中的一个，大家要如何运用好这个资源呢？"这样就可以接上后面的内容——心理咨询的简介。

活动三　揭开心理咨询的面纱——心理咨询概述

1. 设计意图

一是导入相关知识点；二是从两个角度——学生会做心理咨询的理由、不愿做心理咨询的担忧来设置问题，可以帮助教师了解学生的情况，学生之间也可以了解彼此的想法，并将这些想法正常化；三是学生通过分享、阅读，结合教师的答疑，能了解心理咨询的概念、特点、工作对象、设置和形式；四是能让学生掌握心理咨询起作用的原理。

2. 核心知识点

心理咨询的概念、工作对象、设置，详见教材第十章第一节。

3. 指导语参考

在刚刚的活动中我们了解到帮助我们走出低谷的资源有很多，心理咨询是其中的一个。说到心理咨询，大家可能会有一些自己的想法、担心和疑问，接下来请大家分享一下自己对心理咨询有哪些想法、担心和疑问。

4. 教学过程

（1）教师提问，学生分享

教师提问（见指导语），并邀请8～10个学生分享。

学生可能的分享：

"心理咨询真的有用吗？"

"和人聊天就能帮我？"

"心理咨询师会怎么帮助我呢？"

"别人会知道我咨询的内容吗？"

"心理咨询能帮我什么呢？"

"我要谈的话题太难以启齿了，心理咨询师会嘲笑我吗？"

"别去浪费时间了，根本就没有用。"

（2）教师布置阅读任务

教师让学生带着这些想法、担心和疑问，阅读教材第十章第一节的内容，时间设置为10分钟。

（3）教师答疑和总结

教师询问学生是否有疑问，如果有，教师根据学生的提问进行回答。

这个部分涉及的知识点比较多，但教师并不需要面面俱到地进行讲解，重点围绕心理咨询的概念（心理咨询起作用的原理）做讲解和总结即可（详见教材第十章第一节的相关内容）。心理咨询的概念：心理咨询师运用心理学的原理和方法，帮助求助者发现自身的问题及其根源，从而挖掘求助者本身潜在的能力，来改变其原有的认知结构和行为模式，以提高其对生活的适应性和调节周围环境的能力。心理咨询的过程是一个"助人自助"的过程，心理咨询是靠求助者和心理咨询师的共同努力（双方达成工作同盟）来起作用的，心理咨询师在咨询过程中就像一面镜子，帮助求助者增加对自己的觉察，帮助求助者看到自己的认知结构（思维模式）和行为模式，并改善这种认知结构（思维模式）和行为模式，从而提升求助者应对自身问题的能力。为什么心理咨询师不直接帮助求助者解决问题呢？因为每个人其实都有解决自身问题的潜力，都有解决自身问题所需的资源。学生了解了心理咨询起作用的原理、觉察的重要性后，即使不做心理咨询，也可以运用心理咨询的原理和方法帮助自己提升应对问题的能力，做好身心保健。

5. 注意事项

教师总结时也可以引导学生看到"深陷其中"的意义，学生在陷入人生低谷时，可能会觉得一切都没有意义，其实"深陷其中"也是有意义的，学生体验痛苦的时候也是其找寻出路的时候，痛苦越大，改变的动力可能就越大。对于"深陷其中"，教师可以引导学生看到其背后的需要和所能产生的强大的动力。如果一个人一直"深陷其中"，那么他需要做的并不是如何快速走出来，反而是如何去理解自己，看到"深陷其中"对自己的作用和意义。

活动四　握手活动——觉察的作用及练习

1. 设计意图

一是让学生意识到有意识觉察自动化的思维和行为模式的意义，看到改变的历程；二是让学生通过觉察练习，学习觉察的方法，增加对自身思维和行为模式的觉察，做好身心保健。

2. 核心知识点

身心一体的健康理念、大学生的身体健康维护、大学生的心理健康维护，详见第十章第三节。

3. 指导语参考

刚刚我们了解了觉察在心理咨询助人自助过程中的重要作用，接下来请大家伸出自己的双手，十指交叉相握（教师做如下图所示示范），好的，请大家看看自己哪只手的拇指在上（稍做停顿），有的同学右手拇指在上，有的同学左手拇指在上。现在请大家将手松开，重新十指交叉相握，刚刚右手拇指在上的同学，这一次要换成左手拇指在上，刚刚左手拇指在上的同学，这一次握手要换成右手拇指在上（稍做停顿，教师做示范）。

4. 教学过程

（1）教师带领学生开展握手活动

见指导语。

（2）教师邀请学生分享两次握手的不同体验

教师邀请3~5个学生分享两次握手的不同体验。

学生可能会分享：第一次握手的时候根本不用想；第二次握手的时候感觉有些别扭，得想一想。

（3）教师讲解自动化的思维和行为模式、觉察的重要作用

教师讲解什么是自动化的思维和行为模式：在第一次握手时，大家会不假思索地双手相握，并没有想要怎么握，这就是自动化的思维和行为模式，就像一个人走路一样，并不会思考是先迈左腿还是先迈右腿，这个过程是自动化的、不需要思考的，每个人身上都有非常多的自动化的思维和行为模式。

教师讲解觉察的重要作用。觉察能带来选择的可能性，选择能带来改变的可能性。第二次握手实际上是打破了自动化的行为模式（改变），大家会想一想要怎么握，感到不自在（并非自动化的过程），而这种觉察、思考，就可以让我们有更多选择（决定如何握手，是左手拇指在上，还是右手拇指在上，抑或是双手拇指并行等），而更多选择就带来了改变的可能性。在生活和学习中，我们应如何改变自己的不良思维和行为模式呢？首先就是要觉察，在觉察的基础上，去看到更多的可能性（选择），从而做出改变。

教师讲解改变的历程：改变的过程并非是一帆风顺的，我们需要不断地进行觉察和练习，就像要将第二次握手变成右手拇指在上，我们得不断觉察，并经历成千上万次的练习，才能使其成为一个新的自动化的行为，大部分人会经历走两步、退一步的过程，这是非常正常的。

（4）觉察练习

教师要按照教材中的指导语提前做准备，可以将教室的灯光调暗，提醒学生保持安静，选择一个舒服的坐姿。为了让学生体验到不同品种葡萄干的差异，教师要准备两种不同种类的葡萄干，给每名学生各发一粒。详见教材第十章第三节的"正念吃葡萄干练习"，教师可扫描教材中的二维码播放音频，亦可自己念如下指导语。

正念吃葡萄干练习

请大家闭上眼睛，把手伸出来，接下来会有人放两粒东西在你的手掌中（请助教将葡萄干放到学生手掌中，如果没有助教协助，教师可以提前将葡萄干发给学生）。

体会一下它落在你手掌中的感觉，感受一下它的温度和重量。

首先，用另外一只手拿起其中一粒，把它放在手掌上或者夹在拇指与其他手指之间，摸一摸它，感觉一下它的质地、形状、软硬、温度、重量，它表面是光滑的还是凹凸不平的。

再换另外一粒，这一粒和上一粒相同吗？它的形状是怎样的？它是软的还是硬的？它是温暖的还是冰凉的？它是轻的还是重的？它是光滑的还是凹凸不平的？

现在拿起其中一粒放在你左边的鼻孔下面，用你左边的鼻孔闻一下，你闻到了什么样的气味？你在闻的时候，嘴巴和胃有没有产生任何有趣的感觉。

然后把它放在右边的鼻孔下面，用你右边的鼻孔闻一下，你又闻到了怎样的气味？和你的左边鼻孔闻到的一样吗？

现在拿起另外一粒放到你左边的鼻孔下面，重复刚才的过程，这次你闻到了什么？和刚才一样吗？停顿，再放到右边的鼻孔下面，重复刚才的过程，你又闻到了什么？

现在拿起其中的一粒慢慢放到嘴唇边，注意手和手臂要准确地知道把它放在什么位置。轻轻地把它放在嘴里面，不要咀嚼，注意一下它是如何进入嘴里面的。用十几秒去体验一下它在嘴里面的感觉，用你的舌头去探索。你的舌头感觉到的这个东西是怎样的？它的质地怎样？它表面的味道怎样？它是软的还是硬的、它的表面是光滑的还是凹凸不平的？

当你准备好咀嚼它的时候，注意一下应该如何咀嚼及从哪里开始咀嚼。然后，有意识地咬一到两口，看看会发生什么，体会在你每一次咀嚼后它的味道的变化。停顿，不要吞咽下去，注意嘴里感受到的味道和质地，并且时刻留心，随着这个东西本身的变化，它的味道和质地会有什么样的改变。

当你认为可以吞咽它的时候，看看自己能不能在第一时间觉察到吞咽意向，即使只是你吞咽之前经验性的意向。

最后，注意它进入你的胃之后，还剩下什么感觉。体会一下在完成了这次全神贯注的品尝练习后，全身有什么感觉。

（5）学生分享

教师邀请5～8个学生分享活动的体验和感受，分享主要聚焦于对自己有哪些新的觉察上。

学生可能的分享："以前从来没有发现葡萄干在嘴里的味道是非常丰富的，刚开始咀嚼的时候有些苦涩，慢慢地开始发甜，到后来慢慢变淡。""吞咽的时候我能很清晰地感受到嚼烂的葡萄干和唾液顺着喉咙往下滑的感觉。""原来我左边的鼻孔和右边的鼻孔的嗅觉灵敏度略有不同。"等等。

（6）教师总结

有意识的觉察练习可以帮助学生提升对自己思维和行为模式的觉察，觉察到平时忽略的信息。教师要让学生聚焦于对自己有哪些新的觉察上。通常通过正念练习，学生会觉察到更多平时没有留意的信息，教师在总结时可以引申出在生活中增加觉察的意义和作用。教师需要强调改变的过程并非一帆风顺，会经历曲折，学生需要不断地觉察和练习才能建立一种新的思维和行为模式。

教师可结合教材第十章第三节的相关内容，强调身心一体的健康理念，让学生不要仅对身体进行觉察，对心理的觉察同样重要，总结如何进行身心保健。如果时间有限，教师可以让学生在课后自行阅读这部分的内容。

5. 注意事项

① 在握手环节的分享阶段，教师可以让学生聚焦于两次握手时的不同体验，引导学生总结出第一次握手的时候根本不用想，属于自动化的思维和行为模式，第二次握手的时候感觉有些别扭，得想一想，从而让学生了解觉察对于改变有重要的作用。

② 在进行正念吃葡萄干练习时，教师如果没有经验，最好能够跟着教材中的音频自己先体验一遍整个过程，如此才能更好地理解学生的体验，才能更好地实现这个练习所具有的教学效果。体验后教师可以多读几遍指导语，以熟悉内容和把握节奏。

活动五　布置行动作业

教师应推动学生在生活中进行觉察练习，对自己的思维（认知）和行为模式有更多的觉察。教师可以让学生选择一个小的行动来进行觉察，比如吃饭的时候会咀嚼多少下、感受不同食物的味道、体验吞咽的感觉等；也可以对自己走路的过程进行觉察，比如走路速度的快慢、步伐的大小、脚踩在地上的感觉等；也可以聚焦于内部心理过程进行觉察，比如面对别人说的一句话，自己的内心感受和想法是什么？教师还可以让学生搜索"正念呼吸""正念行走"的相关音频，进行自主练习，提升自己的觉察能力。

活动六　教师总结

教师简要核查学生在本堂课中的收获，简要答疑，并进行以下总结。

① 每个人都拥有解决自己问题的内部资源和外部资源。

② 在必要时求助是强者的行为。

③ 觉察带来更多选择的可能性，更多选择带来改变的可能性。

④ 身心是一体，要做自己心理健康的第一责任人，维护好身心健康。

【小故事】

钟南山院士的养身秘籍

中国工程院院士、国家卫健委高级别专家组组长钟南山已经80多岁了，但他肌肉健硕、精神十足，常常一边工作一边锻炼，一口气能做10个引体向上，他说："锻炼就像吃饭一样，是生活的一部分，我们要建立一种观念，就是要一辈子运动，这样才能享有比较高的生活质量，最大的成功就是健康地活着。"钟南山院士认为健康是一个人做事的本钱，健康是需要投资的：一要运动、锻炼，二要重视心理健康，三不要吃太饱。健康的生活方式是影响身心健康的重要因素，好的身体和精神面貌也是个人实现自我发展和为社会做贡献所必备的基础。身体是革命的本钱，钟南山院士为青年学子们树立了榜样。

钟南山院士的行为，启发大学生们思考要成长为全面发展的新时代接班人，就要从实现自身的健康做起，从做好自己身心健康的第一责任人做起，发展好自己，进而为实现中国梦贡献力量。

🏴 常见问题解答

问题1：我是辅导员，这一章的内容太过专业，我担心自己讲不好怎么办？

这个担心是非常正常的，这一章的内容确实比较专业，没有接受过专业训练的人是很难将这部分内容讲透的，教师可以根据自身的学习和理解酌情把握如何讲解和总结。教师可以提前熟悉教材中本章的内容，也可以加强自身学习，参加相关的培训，阅读相关的科普书籍，比如《蛤蟆先生去看心理医生》就是一本非常通俗易懂的科普读物，教师也可以将其推荐给学生阅读。

问题2：在握手练习和正念吃葡萄干练习中，如果学生没什么特别的感受怎么办？活动意义遭到质疑怎么办？

有的学生可能真的觉得没有什么特别的新发现，这是正常的，教师可以让他倾听其他人的分享。教师不必强求每个学生都有领悟和学习，每个人的觉察能力是不同的，教师应持开放的态度。有的学生可能会质疑这些活动的意义，此时教师可以邀请该学生表达自己的想法，同时可以邀请其他学生表达自己的想法，学生的想法可能是多元的，每个人从课堂中学到的知识也可能是不同的。学生不一定会像我们提前设定的那样反应，即便是设计非常精妙的活动，也可能会遇到"翻车"的时刻，这是非常正常的。

🏴 备选活动

活动1：肠胃喜欢什么

本活动的主要目的是让学生学习身体健康的维持方法。活动过程如下：教师在PPT中依次呈现3个不同的问题——"肠胃喜欢什么？""肠胃不喜欢什么？""在饮食方面，你有哪些养身的妙招？"请学生在小组中讨论；教师应提醒学生分享要具体，如肠胃喜欢细嚼慢咽；然后，教师邀请3个小组派出代表做分享，其他人可以做补充。

活动2：我的心理保健妙招

本活动的主要目的是帮助学生学习心理保健的有效方法。活动过程如下：教师请每个学生在小组中分享3个自己使用过的心理保健的有效方法，一名成员做记录，对小组成员分享的方法进行汇总；然后教师请各小组代表在大组中分享本组汇总的心理保健的有效方法；教师可以对提名最多的心理保健的有效方法进行重点点评和总结。

第十五课

走近异常心理
——大学生常见精神障碍及应对

党的十九大报告提出要"加强社会心理服务体系建设"。社会心理服务体系建设事关人民群众身心健康，事关社会和谐稳定，是实现社会治理体系和治理能力现代化的重要内容。《中华人民共和国精神卫生法》指出，"全社会应当尊重、理解、关爱精神障碍患者"。和谐社会应该是公平正义、诚信友爱、宽容支持、安定有序的社会。消除对精神障碍患者的歧视，帮助患者减轻病耻感，创造温暖、包容、友善的支持环境，是当代青年大学生义不容辞的社会责任。

教学目的

1. 了解精神障碍的概念，掌握精神异常的初步判断方法。
2. 大学生常见的精神障碍的识别。
3. 掌握精神障碍的应对措施。

教学内容

1. 匿名小调查——精神障碍概述（10分钟）。
2. 精神障碍症状知多少——大学生常见的精神障碍（40分钟）。
3. 得了精神障碍该怎么办——精神障碍的应对（40分钟）。
4. 布置行动作业——了解我身边的资源（5分钟）。
5. 教师总结（5分钟）。

教学重点和难点

教学重点：了解大学生常见的精神障碍。
教学难点：精神障碍的应对措施。

材料准备

教学PPT、便笺纸（每人一张）、海报纸（每组一张）、粗头签字笔（每组一支）。

活动一　　匿名小调查——精神障碍概述

1. 设计意图

精神障碍患者是一个相对小众的群体，大部分大学生没有患过精神障碍，对精神障碍的了解可能来自影视作品、身边的人或事，常常存在很多误区，比如精神障碍扛一扛就过去了，患上精神障碍是自己太脆弱了。匿名的调查活动，可以让学生毫无顾虑地写下自己对精神障碍的看法，了解学生对精神障碍的常见认知误区，再结合教师讲授，一方面可以开场及热身，另一方面可以帮助学生正确了解精神障碍的相关知识。

2. 核心知识点

精神障碍的概念、精神障碍的脑机制、精神障碍的治疗、反精神障碍歧视，详见教材第十一章第一节。

3. 指导语参考

精神障碍对大家来说可能既熟悉又陌生，熟悉的是大家或多或少都听说过谁得了抑郁症，谁精神不太正常，陌生的可能是精神障碍究竟是什么，得了精神障碍该怎么办，接下来老师就带大家了解精神障碍。我们先做一个匿名小调查，关于精神障碍你首先想到的5个词或者5句话是什么？任何的词和话都可以，请大家写到便笺纸上。

4. 教学过程

（1）教师开场和布置活动

教师开场，布置活动：邀请学生在便笺纸上写下关于精神障碍首先想到的5个词或5句话，学生写完后教师将便笺纸收上来。

教师请学生匿名填写，可以在上课前给学生发便笺纸，也可以利用某些教学App开展调查，以方便收集和汇总。

（2）教师抽取部分便笺纸分享（App上汇总分享）

教师抽取部分（10张左右）便笺纸在课堂中分享，可以请助教或一个学生在黑板上板书，如果用的是教学App，可以直接在App中汇总呈现。

教师可以让助教将全部便笺纸汇总，将结果呈现在班级群中，让大家了解其他学生对于精神障碍的态度和想法。

学生可能的回应：可怕，会伤人，疯子，治不好了，可怜，离他越远越好，关怀，需要帮助，得及时治疗，等等。学生的回应中可能包含一些常见的误区，比如疯子，会伤人，治不好了，等等；也可能有很多积极的观点，比如关怀，需要帮助，得及时治疗，等等。教师可以根据学生的回应做简单回应，比如，很多人觉得精神障碍患者很可怕，是疯子，也有很多同学提到需要给他们更多的关怀，充满了善意。精神障碍患者真的是疯子、都会伤人吗？扛一扛就能过去吗？接下来我们一起来了解一下精神障碍的相关知识吧。

（3）教师介绍精神障碍的相关知识

教师讲解精神障碍的概念、脑机制、常见的误区、治疗等内容，详见教材第十一章第一节。

教师可以将学生对精神障碍理解的误区作为切入点，强调科学了解精神障碍的作用和意义——关注自身心理健康，为明天的健康生活买保险；关注他人的心理健康，为自己和谐的生存环境做建设。教师借此引导学生更好地维护自身和他人的精神健康，然后对本部分内容进行讲解和总结。

教师讲解和总结精神障碍的概念。精神障碍指由各种原因引起的感知、情感和思维等精神活动的紊乱或者异常，导致人出现明显的心理痛苦或者社会适应等功能损害。学生对精神障碍的概念比较容易产生的疑问的是究竟什么是"异常"。教师可根据自身知识做适当科普："异常"通常指的是和现实情境不匹配，产生巨大偏离的情况。比如抑郁情绪每个人都有，当一个人生活不如意，或者有重大丧失（亲人去世）的时候可能会产生抑郁情绪，但这种抑郁情绪是和现实情境匹配的，而精神障碍患者则是生活中没有发生让其感到抑郁的事件，其也持续处于抑郁的状态之中。

教师讲解和总结精神障碍的脑机制、常见的误区、治疗等内容。教师可以结合学生的分享来讲解，针对常见的误区，比如患精神障碍就是因为个体太脆弱了，扛一扛就过去了，教师可以结合精神障碍的脑机制来讲精神障碍的生理基础，这也是精神障碍患者需要去医院就诊，甚至药物治疗的原因。再比如，有的人认为得了精神障碍的人就是疯子，会伤害他人，教师可以讲解绝大部分精神障碍患者并不是"疯了"，他们通过药物治疗可以正常地学习和生活，并且绝大部分精神障碍患者也没有攻击性。在讲解精神障碍的治疗时，教师可以强调"多管齐下"

的重要作用，对绝大部分精神障碍患者来说，"多管齐下"的综合干预效果最好。一个人如果被诊断为精神障碍，那么其不仅需要接受专业治疗（药物或者心理），还需要从自身、家庭和社会等角度进行反思和调整。

5. 注意事项

① 这个部分的内容比较专业，教师在讲解时不要以专业人士（医生）的身份进行讲解，不要以医生的身份做专业判断和答疑。这个部分的教材内容比较翔实，教师可以给学生布置阅读任务，让学生到教材里找答案。教师如果觉得讲解这个部分内容有难度，就可以运用教材中的慕课，给学生播放慕课的内容。

② 这个部分的内容基本都由教师讲授，教师在讲授过程中可以举一些例子。教师如果没有了解过精神障碍的相关知识，就可以阅读一些相关的书籍，参加相关的培训。

活动二 ▶ 精神障碍症状知多少——大学生常见的精神障碍

1. 设计意图

大部分学生不了解常见精神障碍的症状。教师通过给小组布置任务，让学生阅读教材中关于某个精神障碍的知识并进行分组展示，增加学生的参与感，在有趣和多样的形式下加深学生的感受和体验，帮助学生更直观地了解大学生常见的精神障碍及其症状表现。

2. 核心知识点

抑郁障碍、焦虑障碍、失眠障碍的识别，详见教材第十一章第二节。

3. 指导语参考

刚刚我们了解了精神障碍的相关内容，接下来我们一起来看看大学生常见的精神障碍，大家知道有哪些吗？（让学生自由回应，待学生回应后教师继续）对啦，刚刚大家讲了好几个都是大学生常见的精神障碍，主要有抑郁障碍、焦虑障碍和失眠障碍。现在我要给大家布置一个小组任务，每个小组都需要展示一种精神障碍的表现，具体的形式不限，每个组展示时间是3分钟（教师可根据时间自行设定）。第×、×组（教师可自行设定）负责展示抑郁障碍，第×、×组（教师可自行设定）负责展示焦虑障碍，第×、×组（教师可自行设定）负责展示失眠障碍。分享完的小组要承担后一小组的点评任务，最先分享的小组的点评由最后分享的小组来进行（如果小组数量过多，教师可提前确定好哪些小组需进行分享）。我会给大家15分钟的时间阅读教材中的相关内容并做准备，大家清楚要求了吗？（根据学生的回应做补充或者相应说明）好，大家可以开始了。

4. 教学过程

（1）教师布置小组任务

教师布置小组任务，指定某些小组讨论和展现其中一个精神障碍，比如一共有6个小组，就指定2个小组讨论一个精神障碍的表现，待教师讲完后进行小组展示。如果小组数不是3的整数倍，比如有8个小组，可以3个小组讨论抑郁障碍，3个小组讨论焦虑障碍，2个小组讨论失眠障碍，教师可根据情况自行设定。

小组展示的要求：展示出这种精神障碍即可，具体形式不做要求。

（2）完成小组任务

教师给小组15～20分钟的时间进行阅读、讨论和完成小组任务。

期间教师可以轮流入组进行观察和指导，询问学生是否有疑问，是否需要支持。15～20分钟的时间虽然比较紧张，但在课程后期，小组内的学生之间往往已经建立起比较信任的关系，更有默契，配合的效率也更高，在短时间里小组讨论出的结果及展现的内容，有时候可能会出乎教师的意料。教师根据对学生的了解和预判，如果觉得时间太短可以适当延长，减少后面小组展示的组数。

（3）小组展示和点评

不管一共有多少小组，为了把控时间，对于每种精神障碍，教师最多邀请2个小组上台展示，或最多一共邀请6个小组上台展示，每组展示3～4分钟。如果组数少于6组，可适当增加每组的分享时间，教师做好总时间把控即可。

在每一组展示完后，前一组对该小组的展示做点评，第一组的点评由最后一组来完成。教师可以让学生将点评聚焦于是否展现出了该精神障碍的核心症状和典型表现，帮助学生学会识别常见的精神障碍。下面是每种精神障碍的核心症状和可观察到的外在行为表现。

抑郁障碍的核心症状：心情低落，对过往能享受到乐趣的活动丧失兴趣和愉悦感，食欲下降，早醒，思维迟缓，注意力不集中，信息加工能力减退，等等。可观察到的外在行为表现：语速慢，语调低沉平缓、没有高低起伏，表情漠然，眼睛无神，反应迟缓，等等。

焦虑障碍的核心症状：焦虑，担忧，害怕，恐惧，紧张不安，心慌，胸闷，气短，出汗，肌肉紧张性震颤，等等。可观察到的外在行为表现：语速快，声音颤抖，嘴唇发抖，呼吸急促，手抖，说话难以被打断，一个话题接着一个话题，等等。

失眠障碍的核心症状：入睡困难，夜间醒来后再次入睡困难，早醒，疲劳，精力或动力缺乏，注意力不集中，记忆力下降，烦躁，情绪低落，等等。可观察到的外在行为表现：黑眼圈，哈欠连天，显得没精神、疲惫，记不住事情，注意力难以集中，等等。

如果学生的展示效果不佳，没有展现出不同精神障碍的典型的症状及外在行为表现，则正好说明教师需要向学生普及精神障碍的相关知识。教师可以根据以上内容对不同精神障碍的核心症状和外在行为表现进行讲解和总结。

5. 注意事项

① 如果可以，教师最好提前一周布置小组任务，给学生充足的准备时间，可以指出学生在哪里能够获得专业的科普资源，也可以让学生找一些典型的视频来播放。

② 该教学过程的时间需要把控好，建议教师在教学PPT上将具体的要求和任务展示清楚。在小组进行讨论和完成小组任务时，教师可以轮流到各小组查看和指导，解答学生遇到的问题，帮助学生完成任务。在小组展示时，前一组要对后一组的展示做点评，最好能指出哪里做得好，哪里还有待改进，对于某个精神障碍的典型症状，如果在小组展示中没有展现出来，教师可以进行补充。教师如果对于把握核心症状有困难，可播放关于精神障碍的科普视频。

活动三 　得了精神障碍该怎么办——精神障碍的应对

1. 设计意图

精神障碍的应对是一个教学难点，学生对此的了解不多，常常是通过影视作品，或身边的人和事来了解的，对此有诸多的顾虑和误解。大部分学生没有得过精神障碍，也不知道精神障碍患者会遇到哪些困境，希望得到哪些支持。教师可通过假设提问，并对问题进行讨论和总结的方式，帮助大学生增加对精神障碍患者的了解和理解，同时了解精神障碍的应对方式。

2. 核心知识点

大学生精神障碍的应对措施，详见第十一章第三节。

3. 指导语参考

刚刚我们了解了大学生常见的精神障碍及其表现，接下来我们想一想，如果我们得了精神障碍该怎么办。请大家在小组里讨论3个问题：如果自己得了精神障碍该怎么办？可能会遇到哪些困境？希望得到的具体支持是什么？（具体希望别人说什么？做什么？）还是根据刚才的分组，你们刚刚展示的是哪种精神障碍，现在就讨论哪种精神障碍。我会给每个小组发一张海报纸和一支笔用来做总结，总结过后每个小组派一个代表分享小组的讨论结果。

4. 教学过程

（1）教师布置小组分享任务

教师让学生根据上一活动的分组在小组里讨论3个问题：如果自己得了精神障碍该怎么办？可能会遇到哪些困境？希望得到的具体支持是什么？（具体希望别人说什么？做什么？）上一次活动中展示的是哪种精神障碍，在本次活动中就针对哪种精神障碍进行讨论。时间可设置为15分钟。

（2）小组分享

学生可能的分享如下。

如果自己得了精神障碍该怎么办？——"如果我得了抑郁障碍，我可能不会告诉别人，会去心理咨询中心寻求帮助，也可能会去医院，总之我希望尽量自己去面对和解决这个问题，也许我会告诉我的父母，我相信他们会理解我。"

可能会遇到哪些困境？——"可能难以得到周围人的理解，他们还可能误解我，可能觉得我怪怪的，让我整天都不开心。""我也不知道该如何和别人解释，可能会封闭自己。"

希望得到的具体支持是什么？——"包容的环境，不要问我怎么了，也不要问我为什么开心不起来，能够包容我就可以了，和我正常相处，不用给我特别的关注和照顾。"

（3）小组展示

如果小组数量过多，教师不用邀请所有小组做分享，可以只邀请第一轮未做分享的小组做分享。教师应针对每种精神障碍邀请2个小组做分享，一共6组，每组3～4分钟。如果组数少于6组，教师可适当增加每组的分享时间，做好总时间的把控即可。

（4）教师点评

在每一组分享完后，教师要对该组的分享做简单点评，比如该组分享的应对措施是否为正确的，共情所遇到的困境，总结希望得到的具体支持，等等。

（5）教师总结和讲解

教师简短总结学生的分享。由第一个问题教师可引申出精神障碍的常见应对措施，重点强调早发现、早治疗，遵医嘱进行治疗的重要意义。由第二个问题教师可引申出精神障碍患者的常见困境，比如要不要告诉父母，要不要告诉周围人，如何防复发，等等。由第三个问题教师可以引申出如果身边的人有精神障碍时该怎么做。详见教材第十一章第三节的相关内容。

5. 注意事项

① 在布置分享任务时，教师可引导学生将希望得到的支持具体化，可以具体到希望别人说什么、做什么，不希望别人说什么、做什么。如果学生的分享比较抽象，教师一定要引导学生说出具有可操作性的具体行动。教师可以引导学生分享其更深层次的想法，比如学生说"希望对方和平常一样对待自己"，教师可以继续追问："这样对待你对你来说意味着什么？可以多分享一点吗？"学生可能会继续说："这意味着我并没有被特殊对待，我只是生病了，人都会生病，这并没有什么。"

② 教师在总结和讲解时，可以承上启下，让学生了解精神障碍的治疗和防复发有时不能只依靠药物，还得去除引起复发的高危因素，这些因素通常与个人的认知、情感体验和行为模式有关，详见教材第十章第三节的相关内容。

③ 对于这部分的讲解，教师可根据自身的理解程度来进行，如果觉得相关内容太专业、自己难以把握，可以播放教材中的慕课，或者让学生自行阅读教材中的相关内容。

活动四 布置行动作业——了解我身边的资源

该活动致力于推动学生行动起来，了解精神障碍的治疗机构。教师应让学生了解所在地区的精神疾病专科医院以及有精神科或心理科的综合性医院，具体包括医院的名称、有哪些科室等。

活动五 教师总结

教师简要核查学生在本堂课中的收获，简要答疑，并进行以下总结。

① 精神障碍不可怕，可防可治。

② 脑损伤、脑神经发育异常、神经生物化学异常等都是精神障碍产生的原因。

③ 关注自身心理健康，就是为明天的健康生活买保险；关注他人的心理健康，就是为建设和谐生存环境做贡献。

【小故事】

治愈咖啡馆

2020年10月，上海市杨浦区精神卫生中心开了一家"治愈咖啡馆"。收银、咖啡制作师、服务员都是正在该中心接受康复治疗的患者，咖啡馆一开张就受到了医护人员和住院病人家属的欢迎。今年36岁的小程是第一批上岗人员，在咖啡馆里担任收银员，她在上大学时因为学业和人际交往的巨大压力难以排解，陷入了抑郁症的泥沼。因为病情反复，不断加深，她一度在家休息了7

年，如今这份咖啡馆的工作，让小程在规律中感受到了一丝平静，甚至在谈起当年的患病诱因时她都能露出释然的神色。小程说，希望自己病愈后，能够真正实现就业，成为一名收银员，体验崭新的人生。"让患者逐渐向职业生涯过渡"是这家咖馆的初衷，希望患者在保护性的环境中锻炼生活技能，并以此为起点，稳步迈向社会生活。

"治愈咖啡馆"为康复中的精神障碍患者提供了实训机会，有利于社会对精神障碍患者进行关爱，逐渐使精神障碍去病耻化。上海市杨浦区精神卫生中心将对精神障碍患者的关爱落实到行动中，值得全社会学习和倡导。

★ 常见问题解答

问题1：面对学生过多、过深的自我暴露该如何应对？比如自己的精神障碍史、自己遇到的困难等。

如果学生有过多的自我暴露，可能说明在课程后期小组成员已经建立了比较深厚的情感和信任感。如果学生的自我暴露比较深，比如学生分享自己确诊过精神障碍，被同学知道后孤立自己，所以现在不会和任何人说自己得过什么病，在这种情况下教师可以进行倾听和共情，也可以让其他学生给予该学生支持，比如询问小组其他学生的看法或者全班学生的看法等。如果学生自我暴露的内容让教师感到担心，教师可以在课后了解该学生的情况，必要时建议其寻求专业帮助。

问题2：学生反馈自己去了医院，或者身边人得了精神障碍去了医院，吃了药但是没效果怎么办？我身边有人得了精神障碍，去医院也没治好，我不知道该不该让学生去医院怎么办？

教师需要把握的原则是不评论医院的治疗，将专业的事情交给专业的人去做，建议学生找专家会诊，或者去更高一级的医院，听取医生的建议；同时建议学生努力去除引发疾病的高危因素。医生并不能包治百病，对于有的情况，医生也会束手无策，但这并不是不推荐精神障碍患者去医院就诊的原因。

问题3：在开展匿名小调查活动的时候，如果学生写下的内容特别负面，比如"可怕""疯子""躲远点""好不了了"等怎么办？

教师需要对此做正常化处理，这些可能是大部分人下意识的想法，正好可以将其作为引申教材内容的契机，从而说明学生对精神障碍的了解还存在很大的误区，学习相关的知识是非常有必要的。

★ 备选活动

活动1：安慰练习

抑郁障碍是大学生群体中最常见的精神障碍之一，该活动通过角色扮演来帮助大学生找到与患抑郁障碍的同学相处的方法。活动流程如下：在小组中由一个组员扮演患抑郁障碍的人，其他组员轮流对他进行安慰，由扮演者来设定具体的情境，结束后扮演者反馈哪些安慰的话比较有用、哪些没用，大家一起进行讨论，随后每个组派一个代表上台分享。教师可以从理解和共情两方面进行总结，强调学生要表达对对方的理解，而不是一味地否定对方的想法和感受去劝说对方。需要注意的是在活动过程中，教师要让扮演者自己设定情境，并提醒扮演者展现出抑郁障碍患者的样子，也可以采取扮演者说一些话，其他组员轮流回应的方式开展该活动。

活动2：观看精神障碍小视频

教师播放关于抑郁障碍、焦虑障碍和失眠障碍的科普视频，让学生直观地了解3种常见精神障碍的症状及相关科普知识。观看完视频后，教师可以请学生讨论和分享在生活中观察到的几种精神障碍的外在行为表现，如果有学生现身说法，可以让该学生重点说说自己的表现和感受。最后教师简单对不同精神障碍的核心症状和外在行为表现做讲解和总结。

第十六课

生命的顽强与脆弱
——大学生生命教育与心理危机应对

中国传统文化中儒家和道家的思想，都强调一种整体的生命观，这种生命观认为生命是自然形成的，不是独立的，而是相互关联、前后相续的。个体生命只是整个生命链中的一段，人类的整体生命会一代一代地延续下去。个人的生命不仅属于自己，还与父母、孩子、爱人，甚至和国家、全人类相关。对大学生来说，探索生命的意义，不能仅把眼光聚焦于个人，更要把个体有限的生命融入整个国家、社会甚至是全人类命运共同体的发展大计里，进而拓宽个体生命的意义。

📖 教学目的

1. 认识及感受生命，了解生命的意义。
2. 建立积极正向的生命观。
3. 学会识别心理危机的信号。
4. 掌握初步的自杀危机预防与干预的方法。

◈ 教学内容

1. 一分钟脉搏——生命及其意义（15分钟）。
2. 生活馅饼图——有意义的生命（35分钟）。
3. 面对生命中的至暗时刻——生命中的危机及其应对（40分钟）。
4. 布置行动作业——我理想的生活（5分钟）。
5. 教师总结（5分钟）。

⬜ 教学重点和难点

教学重点：建立积极正向的生命观，追寻有意义的生命。

教学难点： 大学生心理危机的预防与干预。

⏱ 材料准备

教学PPT、生活馅饼图材料纸（每人两张）、彩笔（每组两盒）。

活动一　一分钟脉搏——生命及其意义

1. 设计意图

该活动可以让学生从两个维度体验生命，一个是存在维度，一个是时间维度。学生能通过数自己的脉搏（一分钟）体验生命的存在和有限性，学会珍爱生命。

2. 核心知识点

生命的心理学内涵，详见第十二章第一节。

3. 指导语参考

大家好！你认为什么东西到处都是但是无比珍贵？（稍做停顿）（学生可能会回答"空气""水""时间""生命"等）对，空气、水、时间、生命到处都是且都非常的珍贵，对个人来说其中最重要的是生命，如果没有生命，这一切都没有意义了。生命给了我们机会去了解和探索这个世界，也给了我们无限的可能性，我们今天就来探讨生命这个主题。你觉得什么是生命？你是怎么感受你的生命的？你什么时候意识到你是"活着"的？（与学生进行简单互动，待3～5个学生回应后教师继续引导，学生可能会回应"感受自己的心跳""感受自己的呼吸""在运动的时候"等）好的，刚刚的几个同学说得非常好。接下来老师想邀请大家通过一个活动体验一下自己的生命，请大家伸出一只手搭在另一只手的手腕上（教师做示范），感受一下自己的脉搏（稍做停顿，待大家都准备好），接下来我们计时一分钟，请大家感受一下自己的脉搏，同时数一下自己的脉搏。好，现在计时开始。

4. 教学过程

（1）教师布置活动任务

教师布置活动任务：请学生伸出一只手搭在另一只手的手腕上，感受自己的脉搏，对脉搏进行计数，教师计时一分钟。

教师可以先借由提问"什么东西到处都是但是无比珍贵？"这一问题引出本节课的主题。然后教师进行第二轮提问"你觉得什么是生命？你是怎么感受你的生命的？你什么时候意识到你是'活着'的？"与学生进行简单互动，请学生回应自己对生命的感受和体验，引出本次活动。

（2）教师引导学生分享感受

教师邀请5～8个学生分享自己的感受。教师要引导学生进行两个层面的反思和分享，一是体验生命的层面，二是感受时间的层面。教师可通过具体问题来让学生反思和分享，比如："感到自己的脉搏是有力的还是微弱的？""体验到自己的生命是怎样的？""1分钟的时间是长还是短?""在教师叫停的时候，是什么感觉? 有什么想法?"等等。

在体验生命的层面，学生可能会回应"我感到自己的脉搏跳动很有节奏感，非常有力""我感受到的是一种绵延流长的感受""感觉非常奇妙，脉搏就像一条电线把整个身体接通了，我能感觉到它的存在"等等。

在感受时间的层面，学生可能会回应"一分钟的时间太快了，一晃眼就过去了""感觉一分钟还挺长的，数到40下的时候，还在想怎么还没到时间""没什么特别的感觉，都没注意时间"等等。

教师根据学生的回答做出回应，比如:"刚刚大家讲得都非常好，我听到有的同学分享自己的脉搏特别有力，而有的同学的脉搏是绵延流长的，有的人感觉非常奇妙，透过脉搏感受到了自己的存在，我们的生命就是这样一个奇妙的存在（教师可以通过简单讲解心脏的精妙构造来说明生命的奇妙）。"

（3）教师讲解生命以及生命的奇迹

教师讲解生命以及生命的奇迹，详见教材第十二章第一节相关内容。

教师可结合学生做一分钟脉搏活动的分享、心脏的精妙构造及教材中的相关内容（大约4亿个精子中的一个和卵子结合才形成一个生命）来讲解每个生命都是一个奇迹，引导学生重视自己的生命，珍爱生命中的每一分每一秒。

（4）教师提问、学生分享

教师提问:"对你来说怎样的生命是有意义的?"

教师邀请3～5个学生分享，与学生进行简单互动。教师提这个问题的目的是引出后面的内容，不用展开分享和讨论。

学生可能的回应:"能创造价值就是有意义的生命""为自己而活就是有意义的生命""能够开开心心过好每一天""可以体验和创造""和爱的人在一起"等等。

教师根据学生的回答进行回应，比如:"大家的分享都非常棒! 不管是为自己，还是创造价值，还是和喜欢的人在一起，老师感叹每个人的不同（感叹大家思考的深度），也感叹生命的意义是多么的多元和丰富。"

（5）教师总结生命的心理学内涵和生命的意义

教师借由学生的分享，总结生命的心理学内涵，让学生了解动物的生存是为了繁衍，而人的生存目的和意义远不止繁衍后代，人有许多的心理需求，强调精神性生命和价值性生命对人的重要性，相关内容详见教材第十二章第一节。人的生命全过程就是由一次次生命活动所组成的。一次次生命活动的质量决定了生命全过程的质量，个人重视每一次生命活动的质量就是重视生命全过程的质量。教师通过讲解生命的心理学内涵，引出生命的意义——过好当下的每一天、每一分、每一秒。

5. 注意事项

① 这个部分主要用于"启下"，教师在总结时需要引出下一个活动。

② 教师在讲解生命的意义时，要避免与学生进行哲学上的思辨和争论，否则将偏离教学主题。我们在教学过程中，要引导学生重视生命的过程，从小处入手。

③ 教师要注意时间把控，避免产生过多形而上的讨论和发散的讨论。比如对于问题"对你来说怎样的生命是有意义的?"不需要给学生太多发散分享和讨论的空间，只需邀请几个学生回应即可，这个问题的目的不是引发学生进行发散性的讨论，而是把教学内容引出来。生命

的意义并非是学生在课堂上能够讨论清楚的问题，因此教师一定要注意把握好引导和分享的界限，避免在这个问题上花过多的时间。

④ "老师，我真的不知道生命的意义是什么""我是谁？我从哪里来？我要到哪里去？老师，这些问题我一直思考不清楚，怎么办？"这类问题教师该如何回应？教师可以将这类问题正常化，学生所处的发展阶段，正是对生命充满迷茫、好奇和探索的阶段，学生有这样的疑惑，甚至对自己的生命意义充满了怀疑都是非常正常的现象。对于生命的意义，教师可以强调追寻有意义的生命过程比找到生命的意义更重要，过好当下的每一分、每一秒就能拥有有意义的生命。

⑤ 教师可能会遇到学生的其他挑战，比如："老师你觉得生命有意义吗？你觉得生命的意义是什么？""一个人过得很苦时，生命有意义吗？"学生提出这些问题是非常正常的，因为人对生命及其意义的思考本身就是非常多元的，但本课程的目的不是讨论清楚生命的意义，而是要让学生重视追寻生命意义的过程。关于生命的意义是什么需要人用一生去回答，并不是在课堂上就能探讨清楚的。

活动二　生活馅饼图——有意义的生命

1. 设计意图

一次次生命活动的质量决定了生命全过程的质量，过好当下的每一天就能拥有有意义的生命。生活馅饼图可以帮助学生觉察自己当下的生活状态，并核查当下的生活状态是否是自己理想的生活状态，从而帮助学生看到自己理想的生活状态，让学生以正向积极的目标为引领，向理想的生活状态前进。

在心理健康教育中，我们强调"以小见大"，教师要避免将生命教育课上成"哲学思辨"课，避免学生进入哲学思辨层面进行思考，这会让学生更加迷茫。引导学生重视"小处着手""以小见大"，从每天的生活点滴着手，能让学生不感到迷茫，知道如何拥有有意义、高质量的生命，将所学知识用于实践。

2. 核心知识点

生命的意义、发现生命意义的途径，详见第十二章第一节。

3. 指导语参考

如何基于当下每一分钟的生命活动去提升我们生命全过程的质量呢？接下来的这个活动就可以帮助大家核查自己当下的具体生命活动状态。这个活动叫"生活馅饼图"，我会给每个人发两张材料纸，给每组发两盒彩笔。每张材料纸上有一个大圆，大圆被线分为了24等份，代表一天的24小时。请大家在名为"现在的生活馅饼图"那张材料纸上，根据每天生活中各个重要事项的时间分配情况，比如"睡觉""吃饭""学习""娱乐""运动""兼职""交友""恋爱"等，在相应比例的部分用不同颜色的彩笔涂上颜色，并在旁边标记出具体的事项和所占的时间（小时数）（教师可以在PPT中呈现示范图），每天的时间安排不可能一模一样，大家根据近期的平均时间来画就行。

4．教学过程

（1）教师布置任务——画"现在的生活馅饼图"

教师发放材料纸，并布置任务。教师最好在PPT或黑板上给学生呈现示范图，如下图所示。

现在的生活馅饼图

理想的生活馅饼图

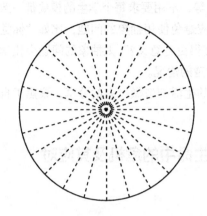

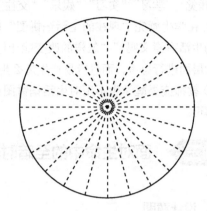

在画的过程中，教师可以引导学生回顾和观察自己目前的生活，如每天的24小时是如何分配的，并告诉大家时间分配情况没有好坏对错之分，如实画下即可。具体有哪些重要的事项，每个学生也不必相同，根据自己实际的情况来画即可，一些不重要且花时间非常少的事项可以不用记录。

（2）教师提问并布置任务——画"理想的生活馅饼图"

在学生画完"现在的生活馅饼图"后，教师需要使用具体且聚焦的问题来引导学生，这样更容易引发学生进行思考、觉察和反思。教师提问："你对你目前的时间分配情况满意吗？""你理想的时间分配情况是怎样的？哪些事项是你希望增加时间的，哪些事项是你希望减少时间的？"然后请学生在名为"理想的生活馅饼图"的材料纸上作画，具体要求同前。

待学生画完后，教师请学生反思："你将采取什么行动来改变你目前的生活，使它更接近你理想中的生活？"

（3）小组分享

每人分享对自己的生活馅饼图的反思，哪些事项是希望增加时间的，哪些事项是希望减少时间的，将会采取什么行动来改变，使自己的生活更接近理想中的生活。

（4）大组分享

邀请3～5个小组代表进行分享。

（5）教师总结

教师总结生命的意义、发现生命意义的途径，详见教材第十二章第一节相关内容。

教师总结生命的意义时，不用对生命的意义做专业界定，应强调人的生命全过程就是由一次次的生命活动所组成的。一次次生命活动的质量决定了生命全过程的质量，个人重视每一次生命活动的质量就是重视生命全过程的质量，高质量的生命全过程就是有意义的生命历程。

教师总结发现生命意义的途径时，可以结合学生的分享来进行，比如有的学生希望增加学习的时间，其背后可能是希望自己能够有价值感；有的学生希望增加挑战，或者突破自己的能力，这背后就与"梅花香自苦寒来"的意义有关。教师可参考教材第十二章第一节奥地利心理学家维克多·弗兰克尔的总结。

5. 注意事项

① 在画生活馅饼图时，教师可根据学生的特点来做对一天24小时进行分配的展示和举例，设置相应的模块，每个模块不用固定，学生可根据自己的时间安排来确定，比如"吃饭""睡觉""学习""实习""娱乐""交往""恋爱"等，不用要求每个学生的模块都一致。

② 在学生画完"现在的生活馅饼图"后，教师应避免使用抽象的问题，比如"你觉得你目前的生活有意义吗？""怎样的改变能让你的生活变得更有意义？"太抽象的问题会让学生进入哲学层面进行思考，而且容易产生怎么想也想不清楚的情况。

③ 教师应提醒学生不用对生活馅饼图以及自己的生活细节做过多的分享，聚焦于自身的反思即可。

活动三 面对生命中的至暗时刻——生命中的危机及其应对

1. 设计意图

生命既有波峰也有波谷，学生既要扩展生命的广度和深度，追求有意义的生命历程，也要学习如何面对生命中的至暗时刻，即如何进行危机的识别与应对。虽然遇到心理危机的学生只是少部分人，但这部分内容很重要。本活动希望通过互动的方式，由教师做科普讲授，传递正确的理念和心理危机应对技能，让学生学会如何科学认识自杀，掌握心理危机的自助、求助与互助的方法。

2. 核心知识点

心理危机的概念，大学生自杀的常见原因，科学认识自杀，心理危机的自助、求助与互助，详见教材第十二章第二节和第三节。

3. 指导语参考

我们在追求有意义的生命历程的过程中，可能会面临一些挫折，甚至是至暗时刻，产生心理危机。心理危机是指存在具有重大影响的心理事件，主要指一个人赖以生存和发展的基本需要和供给发生了改变，这种改变可能是负面的。简单说就是由于突然的变化，个体以往用于处理问题的方式都不管用了，不知如何适应当前的情境，此时个体就会处于暂时性的失衡状态，也就是基本需要和供给产生了改变。比如说有的人因为被爱人抛弃，觉得永远也找不到真爱了，而产生杀人或自杀的想法；有的人饱受抑郁症的折磨，长期经历痛苦，找不到生活的意义和乐趣，而做出自杀的决定。"危机"一词包含两方面的内容：一方面是"危"，代表威胁或者危险；另一方面是"机"，代表机遇。可见危机并不是一个负面的词。个人在遭遇心理危机时，不仅要看到"危险"，而且要看到改变的"机遇"。如果能得到及时和专业的处理，绝大部分的心理危机都能被化解，转"危"为"机"。因此我们有必要了解关于心理危机的一些自助、求助和互助的专业知识。这里老师要先抛出一个很具有挑战性的问题给大家：请你想象一下如果你身边有人对你透露自杀的打算，你会怎么做？

4. 教学过程

（1）教师讲解心理危机的概念，请学生分享

教师先简单介绍心理危机的概念并举例说明，强调心理危机的"危"和"机"的双重含义，以及通过及时和专业的处理，大部分心理危机都能被化解，从而引出学习这部分内容的意义，最后抛出问题和学生互动（详见指导语）。

邀请10个左右的学生进行分享。学生可能会回答"压力太大了，不知道该如何回应对方，应想办法回避这个话题""先聊聊看对方是真的想自杀，还是只是心情不好想吐槽""告诉对方这样想不对""询问对方为什么想自杀""询问对方发生什么事情了，尝试安慰对方""带对方去心理咨询中心""告诉老师"等。

教师引导学生进一步分享，比如"你会怎么判断对方是否真的想自杀呢？""对方告诉你他想自杀的原因后，接下来你会怎么做呢？""你会如何回避这个话题，能具体说说吗？""你会怎么安慰对方？你会说些什么或者做些什么？""是什么原因让你决定告诉老师？"等。如果有学生分享自己的亲身经历，教师可以给一定的时间让其分享。学生的分享越丰富、越具体、越深入，在下一教学环节教师可运用的素材就越多。

理想的状态是学生发现身边的人有心理危机时，可以及时告诉老师或者寻求专业人士帮助（比如到学校的心理咨询中心寻求帮助，部分有抑郁障碍的学生可以到校医院寻求精神科医生的帮助等）。但现实生活中，学生可能会对这些做法有诸多顾虑，或者是想不到有什么好的资源和办法。所以在这里，教师的引导可以围绕学生的做法、学生为什么不这样做的顾虑展开。

（2）教师总结当身边的人遇到心理危机时可以如何做

根据学生的分享，教师可先对学生的反应进行正常化处理，比如学生说"压力太大了，不知道该如何回应对方，应想办法回避这个话题"，教师可以回应："有关自杀的回应和规划是非常专业的工作，训练有素的专业人员都会觉得非常有压力，我们面对这种情况时，感到压力大、想回避是非常正常的反应。但面对身边的朋友，其实我们是想要帮助对方的，接下来我们就一起来看看我们如何判断一个人是否有自杀倾向，如果有自杀倾向我们要怎么做。"

教师总结如何初步判断一个人是否有自杀倾向，当一个人存在自杀倾向时该如何回应，详见教材第十二章第三节相关内容。在判断一个人是否有自杀危机时，教师需要强调可以从自己的感受和直觉层面来判断，如果真的内心非常担心和放不下，最好鼓励对方寻求专业帮助，在特别危险的情况下，还需要陪伴对方寻求专业帮助，或者求助于老师。

在这里对于是否求助于老师，学生可能会出于对隐私权的考虑而纠结："对方遇到问题是对方的隐私，我要不要告诉老师，如果告诉老师会不会搞得人尽皆知，对方会不会埋怨自己？如果不告诉老师，可以告诉谁？"在这个问题上，学生会有自己的考虑和犹豫，教师可以让学生多多分享。教师在讲授中可以强调当生命权与个人隐私权有冲突时，要优先保障生命权。因为生命权是兼具公权私权性质的权利，价值更高；所以，当身边的人有自杀倾向时，需要优先考虑生命权而不是隐私权，详见教材第十二章第三节相关内容。因为每个学校的实际情况不同，所以教师可以根据自己所在学校的实际情况来选择如何讲授和回应学生，如果大部分学生都比较信任自己的班主任、辅导员，教师可以建议学生求助于班主任、辅导员。如果大部分学生不信任自己的班主任、辅导员，教师可以建议学生求助于学校的心理咨询师及社会资源。教师介绍可以求助的专业资源，详见教材第十二章第三节相关内容。

教师总结并强调自杀的规劝是专业工作，鼓励对方寻求专业帮助。当身边的人遇到心理危机时，要让他们运用各种资源（专业和非专业的资源），千万不要一个人扛，否则压力会非常大，而且危机者的焦虑和压力很容易传染给别人，这也是人们回避这个话题的原因，有的时候"好心"会让我们承受巨大的压力。非专业资源包括但不限于辅导员、班主任、其他信任的老师、家人等，专业资源包括但不限于学校心理咨询中心、校医院精神科、精神疾病专科医院、危机干预热线等。教师也可以这样讲解："危机干预是一个专业工作，我们需要做好专业的防护才能去帮助别人；医生（心理咨询师）具有专业的医学（心理学）知识，能有效帮助病人，所以我们要学会转介，鼓励病人求助。"

（3）教师提问，学生分享

教师提问："你是如何看待自杀的？"

教师邀请3～5个学生进行分享。学生可能的回答"太脆弱了""是一种解脱""太可怕了"等。教师根据学生的分享引入后面的内容。

（4）教师进行自杀的科普教学

教师讲解大学生自杀的数据，详见教材第十二章第二节相关内容。教师可强调自杀是每年大学生非正常死亡的第一死因，大学生自杀已成为学校、社会、家长和大学生自身非常关注的问题。

教师讲解引起大学生自杀的常见原因，让学生科学认识自杀，详见教材第十二章第三节相关内容。教师可引用教材中吴才智等人和杨振斌等人的研究，吴才智等人进行的大学生自杀应激源的研究发现，当前引发大学生产生自杀倾向的最主要的3个应激源是学业受挫、爱情受挫和严重家庭冲突，但该研究未指出其中有多大比例的学生患有精神障碍。杨振斌等人研究发现，大约有2/3的自杀的大学生可能患有精神障碍：33个自杀的大学生中有10个被诊断为患有抑郁症，有2个被诊断为精神分裂症，有9个虽然当时没有确诊，但事后被诊断为患有抑郁症。

教师最后总结：绝大部分自杀可防可治。

（5）教师提问、学生分享

教师提问："当自己遭遇自杀危机时可以怎么做？"

教师邀请3～5个学生进行分享。

（6）教师讲解遭遇自杀危机时自助的资源

求助的资源在前面的内容中已介绍过，这个部分重点讲解自助的资源，详见教材第十二章第三节相关内容。教材中列举的4个做法都是学生遭遇自杀危机时非常重要的自助做法。教师应强调，除了寻求专业帮助外，自助也是非常重要且必要的。

（7）其他知识科普

教师讲解危机事件影响群体的自我照顾、如何面对有自杀倾向的同学，详见教材第十二章第三节相关内容。

5. 注意事项

① 这个部分的内容涉及的知识点比较多，但并不难理解，教师不用展开讲述，做好科普工作即可，即告诉学生什么是心理危机，危机包含"危险"和"机遇"两个部分，自杀可防可治，具体有哪些预防方法，学生遭遇危机时有哪些可以求助的资源，如果身边的人遭遇危机可以如何应对。

② 为了避免教师进行干瘪的讲授，这部分的教学采取了"教师提问，学生回答"的互动方式进行，自杀危机只有很少的学生会遇到，所以很难在课堂中让学生产生"体验感"，因此建议教师用提问与回答或者讨论的方式进行教学即可，教给学生正确面对自杀的理念。

③ 在第一个活动中，教师不要止步于学生的分享，需要根据教学内容对学生进行有目的的引导，让学生进行更具体、丰富、深入的分享。

④ 如果时间充裕，教师可以询问学生是否有疑问，并针对学生的疑问进行互动答疑。

活动四　布置行动作业——我理想的生活

此行动作业旨在推动学生过有意义的生活，对自己的生命更加负责。教师可让学生根据自己的"理想的生活馅饼图"进行具体的行动（可以是多做的，也可以是少做的），比如希望自己学习的时间多一些，可以选择去一趟图书馆；比如希望自己能够增加运动时间，可以选择跑一次步；比如希望减少看小说（娱乐）的时间，可以从减少20分钟开始行动起来；等等。

活动五　教师总结

教师简要核查学生在本堂课中的收获，简要答疑，并进行以下总结。

① 一次次生命活动的质量决定了生命全过程的质量，个人重视每一次生命活动的质量就是重视生命全过程的质量。

② 危机既包含"危险"也包含改变的"机遇"。

③ 绝大部分自杀可防可治。

【小故事】

"燃灯校长"张桂梅

张桂梅是云南省丽江市华坪女子高级中学党支部书记、校长。从青春靓丽、笑靥如花，到苍老憔悴、满身伤病，张桂梅将最好的青春年华献给了山区的教育事业。她致力于教育扶贫，扎根边疆教育一线40余年，推动创建了中国第一所公办免费女子高中，2008年建校以来帮助1800多名女孩走出大山、走进大学。张桂梅身患多种疾病，但她拖着病体坚守三尺讲台，用爱心和智慧点亮万千乡村女孩的人生梦想。在华坪女高，有这样一段震撼人心的誓词："我生来就是高山而非溪流，我欲于群峰之巅俯视平庸的沟壑。我生来就是人杰而非草芥，我站在伟人之肩藐视卑微的懦夫！"正是这样的誓言，激励着许多家境贫寒的山区女孩不认命、不服输，走出山区，看见更广阔的世界。

张桂梅的事迹相信很多大学生并不陌生，她用全部生命教书育人的精神鼓舞着大学生们思考自己的生命意义，身体疾病打不倒、大山深处藏不住的是她舍己为人的坚定使命和精神，所以她才会喊出"豁出命改变她们的命，值！"这正是中国人的生命精神：努力让自己活得有意义，为社会做贡献。

⚑ 常见问题解答

问题1：关于生命意义的内容很抽象，很容易令学生陷入哲学层面的争论，怎么样才能讲好、讲明白？

教师有这个担忧是非常正常的，生命的意义确实是一个非常抽象的话题。教师在讲授过程中一定要避免陷入哲学层面的思考，这样会把自己绕进去，也会让学生处于云里雾里，心理健康教育课的教学目标和哲学不同，我们不需要进行哲学思考，只需将生命教育落到实处，落到学生每一天的生活和学习之中。

问题2：课堂中有学生透露自己有自杀的想法，该怎么办？

教师课后应立即和该学生聊一聊，初步评估学生的自杀风险，依据风险等级，根据所在学校的危机干预要求和规定启动危机干预程序。如果风险等级不高，不用启动危机干预程序，可以鼓励学生进行专业求助，并且在结课时询问学生是否已经求助，如果结课时学生还未进行专业求助，教师可根据当时的情况酌情考虑是否要启动危机干预程序。如果教师不是专业心理咨询师，不会做心理危机的评估，可以求助于心理咨询中心的专业教师，或者转介学生去心理咨询中心进行危机评估。在转介时，教师需要"手把手"转介，即保证学生去了心理咨询中心，接受了专业评估。

问题3：如果有学生对自杀的话题特别感兴趣，怎么办？

教师需要进一步了解和关注该学生，最好能约该学生在课后聊一聊，询问是否是该学生或其身边的人有自杀的想法。如果是该学生有自杀的想法，请参见问题2处理，如果是该学生身边的人有自杀的想法，可以询问学生从本次课程中收获了什么，是否需要其他的支持。

问题4：危机与应对这个部分的内容太专业，担心自己讲不好怎么办？

教材已经对相关知识点进行了较为详细的阐释和梳理，这个部分的内容偏重于提供资源和应对方式，都不难理解，教师只需做好知识的普及就行，不用讲深讲专。

问题5：危机与应对这个部分的内容太沉重，开不了口怎么办？

与死亡相关的话题在中国的文化里是一个禁忌，确实对很多人来说都开不了口，或者会用一种非常隐蔽、婉转的方式来讲。但课堂不同于平常的人际交往，也许难度并不像想象得那么高。如果教师确实有困难，可以让学生阅读相关的内容，也可以采用小组呈现的方式进行讲授，这样可能会有意外的惊喜和收获。

⚑ 备选活动

活动：谁和我一样，在死之前，我想……

这个活动的主要目的是帮学生澄清自己对生命的追求，在与人沟通分享的过程中获得更多共鸣。具体过程如下：首先教师请学生分别写下3～5个到达人生终点前希望完成的事情，然后请一个学生起立挑选一个希望做的事情和大家分享，注意用"我想知道，谁和我一样，在死之前，我想……"的句式，再邀请和该学生有类似想法的学生站起来，接下来按顺序请更多的学生进行分享。通过这个活动，学生会对某些想法达成共识，进而产生共鸣，而对于某些看起来比较小众的想法，教师也可以引导学生积极思考，进行总结。

第十七课

总结课
——学期收获盘点

📝 教学目的

1. 帮助学生在开放、接纳、相互信任的班级氛围中，回顾学习内容，夯实学习收获。
2. 通过小组总结，延续小组之间的情谊，为大学阶段后续的心理健康发展建立支持性资源。
3. 帮助学生看到自己在一个学期课程中的成长与改变，增强维护自身心理健康的信心。

✉ 教学内容

1. 课前发放活动材料——活动准备（课前5分钟）。
2. 课程回顾与总结——梳理知识及收获（45分钟）。
3. 小组回顾与总结——延续组内互助（40分钟）。
4. 布置结课作业——撰写自我成长报告（5分钟）。
5. 教师总结（5分钟）。

🖋 教学重点和难点

教学重点： 回顾学习内容，夯实学习收获，建立长期互助关系。

教学难点： 把握好课堂节奏，营造积极向上的结课氛围，增强维护身心健康的信心。

🕐 材料准备

教学PPT、彩色超轻黏土（每人一份）、A2彩色海报纸（每组一张，颜色要与小组名签颜色一致）、水彩笔或油画棒（每组一两套）、导学课小组团建的海报（提前提醒组长或助教带到课堂上）。

活动一　课前发放活动材料——活动准备

本章不涉及具体的教材知识点，重点在于带领学生回顾本学期的课程内容，积极面对未来的挑战。教师和助教提前15分钟进入教室做准备。待学生进入教室时，教师请每人挑一份喜欢的彩色超轻黏土，每组领取一张与自己组内名签颜色一致的海报纸，由组长暂为保管。

这样安排是因为第一课课前发放了彩纸让学生制作名签，名签的颜色是小组成员间缘分的象征，所以结课时发放与小组名签颜色一致的海报纸，可以彰显这一缘分，进一步增强成员对小组的归属感。同时，最后一课的设计呼应第一课，也能给学生带来有始有终的完形心理体验。彩色超轻黏土的可塑性很强，价格也相对较低，适合于帮助学生以艺术化的形式呈现自己的收获。

活动二　课程回顾与总结——梳理知识及收获

1. 设计意图

教师通过带领学生简要回顾课程所讲的内容、课上的主要活动及每次课后的行动作业，重申每堂课最想要传递给学生的理念，借由小组成员的相互补充，帮助学生系统地回顾在课堂上共度的时光，激发学生对收获进行总结。本课程知识的学习需要落实到维护心理健康的行动，具体体现在课后行动作业的完成上。本环节的知识梳理由教师带领完成，学生在生活中实践应用所带来的收获改变则在小组中进行讨论。

2. 指导语参考

时光如水，生命如梭，一个学期很快就到了尾声。大家还记得你们在上第一堂课时的状态吗？还记得第一堂课上小组的展示内容吗？在心理健康教育课堂上，让你印象最深、收获最大的是哪个活动，是谁的分享？我们的每一次课程还有一个非常重要的，不可或缺的环节，就是课后的行动作业。大家还记得我们都布置过哪些行动作业吗？哪次作业让你的印象最深？哪次难度最大？这一学期的行动作业对你的帮助如何？让我们一起来回顾这一学期我们一起走过的旅程吧！

3. 教学过程

（1）教师梳理回顾课堂内容

教师结合本学期课上使用的PPT制作一个合集，带领学生回顾整个学期的课程内容。主要内容应包括课上开展的活动、关键的知识点、每个主题关键理念的总结与升华及每次课的行动作业。

（2）小组讨论与分享

教师请学生在小组中简要分享印象最深的知识和活动，之后翻阅自己的行动作业记录本，分享自己本学期的作业完成情况：哪一次作业的挑战最大，哪一次作业的收获最多。教师让学生借助于小组成员的相互补充，将课堂经历拼接得更加完整，进一步增强学生的获得感。

（3）班级分享与总结

教师邀请几位代表简要分享小组讨论的结果，列出让大部分同学都印象深刻的内容。教师也可以通过自我表露的方法，分享自己在教学过程中印象最深的环节和印象最深的分享，尤其是那些与大家的记忆一致的，温暖、感动的画面，将课堂的氛围引向高潮。

4. 注意事项

① 除了播放PPT合集之外，教师可以使用助教在平时的课堂上拍的照片或录制的视频，在结课前制作一个"精彩瞬间回顾"的视频，用更加鲜活的方式带领学生回忆课堂经历。教师也可以仅呈现每次课程的主题，通过与学生互动的形式，逐个邀请学生分享自己在该主题课堂上印象最深的活动及关键的知识点。教师还可以在学生的回应与反馈中，更直观地了解哪些活动更受学生欢迎，为下一轮的备课和教学做好准备。

② 虽然有一整节课的时间，但细致回顾与分享起来，时间还是比较有限的。我们鼓励教

师将更多的时间用于启发而非讲解，本节课最重要的目的不是细致地回顾所学的知识，而是给学生清晰的线索去梳理自己的收获。具体的关键知识回顾可以请学生通过在课后通读教材来实现，这样知识梳理更成体系，吸收效果可能也更好。

活动三 小组回顾与总结——延续组内互助

1. 设计意图

经过了一学期十几次多主题、多维度的深度分享之后，分工协作良好的小组成员通常会建立起很深的情谊。在结课环节，教师有必要留给小组一定的时间做联结、分享甚至告别工作。尤其是以选修课形式开设课程的班级，小组成员后续一起学习、活动的机会可能会很少，必要的告别会让大家更加珍惜这份课堂体验。对于来自同院系或同班级的，不需要告别的小组，教师则可以让其花些时间协商继续互助协作的方案，延续这份缘分，更好地发挥小组的积极作用。

为了与第一课相呼应，本环节需参照导学课上制作的小组海报，回顾小组成员对小组的贡献，再借由小组手工共创的形式，艺术化地表达小组成员的收获与规划。同时，活动过后学生可以获得一个具有象征意义的作品，能进一步激励学生成长进步。

2. 指导语参考

这节课是我们这门心理健康教育课的最后一节，今后就不会有硬性规定要求大家每周的这个时间聚在一起活动了，老师也不能跟大家每周一聚了，想到这里我竟然有一些伤感。我们每节课都设置了小组活动的环节，大家还记得你们第一次小组团建时制作的海报吗？（留出一些时间请学生展开海报看一看）现在看到这张海报有什么感想？（简要互动）我想大部分的小组经过一个学期的分享、讨论与协作，组内各成员对彼此都有了很多的了解，相互之间建立起了很深的感情。小组成员带给彼此的感悟和成长，是值得被看到、被纪念的，所以，接下来，就请大家以小组为单位，用你们手上的彩色超轻黏土，以及水彩笔/油画棒，共同创作一张能够代表你们收获的立体海报吧！

3. 教学过程

（1）说明活动规则，小组共同制作海报

教师明确活动规则，重点包括以下内容。

① 每组20分钟的讨论、制作和分享时间。

② 制作主题与小组的收获和规划相关，可以体现出对课程所学内容的回顾、描述当下或是展望未来，由小组成员共同讨论确定即可。

③ 用彩色超轻黏土来制作立体形象或线条、形状，更加鲜活地呈现小组成员的收获，也可以借由水彩笔等其他工具材料进行装饰和补充。

（2）学生代表分享

待大部分小组制作完毕后，教师可以邀请有意愿的小组上台展示，助教为展示的小组拍照。教师在此过程中可以进行提问和引导，帮助学生表达出更多在创作过程中的思考和设计，更充分地展示小组内部的情谊。其他未能展示的小组原地拍摄全组成员与海报的合影，并发到班级群中。

（3）小组讨论后续支持方案

教师结合教材第六章人际关系主题中的关键知识点，提醒学生在维护自身的心理健康过程中，良好的社会支持所发挥的重要作用，鼓励小组成员一起讨论在接下来的大学生活中，如何继续发挥小组的作用，为彼此提供更加有力的支持。

教师可以准备一些设计后续支持方案的思路，供课上启发学生使用，例如定期聚会，分享近期开心的事或者遇到的困难；在小组中打卡以坚持锻炼身体；在小组中坚持开展3件好事练习；当遇到情绪困扰时，在小组成员的帮助下寻找并辩驳不合理信念；共同阅读教材中的推荐书目，分享读书体会……

（4）学生分享与总结

教师邀请小组代表分享自己制作的方案，请其他小组参考并完善自己的方案。

4. 注意事项

① 因为制作海报的过程需要讨论主题、确定制作方式、分享彼此的想法，本身就是团建的过程，所以给出20分钟的时间，万一时间不够用，教师可根据现场情况适当延长3~5分钟。

② 教师也可以结合学生情况，先带领学生讨论一个后续支持方案的框架，例如多长时间组织一次何种形式的聚会；在遇到哪些困难的时候可以寻找哪些人的支持；当自己的余力有限时，彼此可以如何礼貌地拒绝邀请并提供其他可以支持的资源；等等。

③ 如果学生的创意有限，制作海报时有困难，教师也可以适当举例给学生一些启发。比如用小组成员课上曾经类比自己的形象在海报上围成一个圈，象征友情永不散。又比如用彩色超轻黏土塑造一个形象来表达自己的收获：用小鸟代表内在更为轻松自由；用不太规则的球形代表自己在为人处事方面更加灵活；用书和圆球代表自己学习到了很多知识，变得更充实了；把彩色超轻黏土搓成一条绳又盘成一个圆饼，代表自己对内心重新做了梳理。

④ 在学生制作的过程中，教师可以播放一些背景音乐，帮助学生更加沉浸地体会外化内心体验的过程，增强与内心的联结感。

⑤ 学生在组内分享时，教师可以鼓励组员之间相互提问和激发，以获得更多的觉察与收获。

活动四　布置行动作业——撰写自我成长报告

为了进一步检验学生的学习反思及收获，教师要求学生以个人为单位，在课程结束后的两周内，提交自我成长报告，要求突出本课的学习感受、促进成长的过程，鼓励学生进行深度的自我剖析，故事、思考、辩论形式皆可，不少于2000字。电子版命名为"姓名+学号"，在×月×日之前发至课程邮箱，教师评分并予以反馈。教师也可以根据学校的考核要求，布置其他形式的期末作业。

活动五　教师总结

教师对本次课程的过程及学生的分享进行简要总结，并表达自己在这一轮的心理健康教育课程中，获得了哪些感动、进步与成长，最后送出对学生的祝福。有条件的情况下，教师可邀请全班学生共同合影留念。

🚩 常见问题解答

问题1：学校不支持采购彩色超轻黏土等非办公类的材料怎么办？

彩色超轻黏土只是呈现收获的一种形式，这里选用它主要是因为其可塑性强，有助于学生的表达。事实上，理念比工具更重要，任何形式的材料都可以被用来呈现内心的收获，纸类工具中的彩纸、A4纸、便笺纸，办公用品中的回形针、橡皮筋、绳子都可以被用作教具。我们要相信学生有足够的智慧和创造力去呈现他们的想法。比如学生可以把纸折成纸飞机，代表轻松飞翔，更有信心；也可以把纸揉成团再打开，以表达虽然自己看起来跟以前很像，但心中留下了很多痕迹，已经变得不一样了；等等。

问题2：学生来自不同的院系，只是在一起上选修课，平时没有太多的机会相处，如何鼓励他们继续相互支持？

教师是否愿意相信学生可以继续相互支持，是否愿意鼓励学生继续相互支持很重要。如果教师相信小组成员的相互支持确实对他们的心理健康有帮助，哪怕小组成员是选修课上来自不同院系的学生，后期相聚的机会不多或意愿不强，教师仍然可以在这个环节引导小组多做一些后续支持方案的讨论。也许后期不会每一个学生都继续相互支持，但教师的鼓励总是会发挥一些作用，能为那些愿意获取或继续提供支持的学生提供一个讨论的机会。

🚩 备选活动

活动1：小组心理情景剧展演

学生在情景剧的创排中，会暴露出在平时生活中遇到的问题，并且寻求可能的解决方案，增进对内心的觉察、学生在表演的同时，可以深入地了解真实情况和他人的感受，增加对人际关系的敏感程度，因此小组心理情景剧展演是一种非常有效的心理提升方式。教师可以在学期中期就安排好小组展演的主题，给学生多一些时间进行准备，常常会有意想不到的收获。

活动2：小组做主题知识报告或课程设计报告

基于学习吸收率金字塔理论，学生教别人怎么做，或者直接运用所学知识去实践，学习吸收程度最高，可达90%。所以教师可以给学生安排进行小组报告的考核作业，请每个小组结合教材，选定一个最感兴趣的章节，进行10分钟的创意课堂报告或者制作一个5分钟以内的小视频。每个小组汇报后，教师可预留一些提问的时间。

教师还可以请学生根据所学的主题，选择一个主题进行课程设计，请学生来演示如果由他们小组来讲这一主题，他们会怎么讲。这就要求小组对相关知识有一定的了解，能够体会学生的需求，同时还需要站在教师的视角来考虑问题，更好地理解教师的初衷。小组的课程设计对教师下一轮的备课与教学也会有所启发。

活动3：心灵之网

如果是小班教学，教师可以购置足够长的彩色绳，在简要回顾课程内容之后，邀请学生围成一圈，由教师指定一个学生手握彩色绳球，开始简要分享自己收获。该学生分享结束之后，握着绳的一端，把球传给跟自己有一定距离的另一个学生，请对方继续分享学习收获，以此类推，每有一个学生分享，就织出一根线，最后所有学生共同织成一个彩色的收获之网，再进行合影留念，会很有意义。

活动4：绘制成长树

教师为每个学生发一张A3的白纸，请学生在回顾课程主题及自己的行动作业之后，绘制一棵属于自己的成长树。树的外形、类别都由学生自己设置，果实则代表学生一个又一个的收获。最后每个学生展示自己的成长树并进行小组及班级的合影。

活动5：填写成长账单

教师可以提前设计一个相对结构化的问卷，帮助学生梳理一个学期以来的收获与改变。收集到的客观指标可以帮助学生更好地了解其当下的状态和在班级中的位置，主观的体验则可以帮助学生进行更加个性化的梳理。问卷最后应由学生填写对未来生活的展望，这有助于学生在总结过往收获的基础上，满怀希望地向前走。教师还可以仿照社会或购物平台的年度账单形式，将整个班级、年级的数据制作成可视化的院系或学校层面的报告，以有效宣传心理健康教育课程及其效果。教师可以让学生直接在课堂上通过这份账单做总结，也可以以作业的形式让学生在课后完成。

第三部分

多元化教学设计
及课程建设

常用主题的课程设计

　　本书的第二部分已经对大学生心理健康教育课程中常见的主题设计进行了详细的介绍，然而，基于我们以往的实践经验，大学新生的适应与发展、营建良好的宿舍关系和原生家庭与个人成长也是大学生非常关注的主题。在我们的调研中，大学生对这几个主题的关注有时甚至会超过第二部分的个别主题。所以我们在这一部分对这3个主题可参考的设计进行介绍，以供授课教师根据学生的特点和需要来灵活设置课程内容。

　　为了呈现更多可使用的内容或素材，以下设计没有严格按照两课时的要求来安排，教师可以根据实际情况，选择最贴合学生需求的内容，应用于心理健康教育课程或者心理班会的实践中。

（一）　主题一　大学新生的适应与发展

　　从高中进入大学，由于生活环境、学习内容、理想目标、情趣爱好、人际关系等方面都发生很大的变化，学生会遇到各类挑战，如果处理不当可能引发严重的心理问题。通常而言，大学生的理解能力强，思考能力强，大部分学生有很好的觉察力，对心理学知识感到比较新奇，也希望拥有健康的心理状态，希望获得提升心理适应能力的知识和方法。开展大学新生的适应与发展主题的教学，提供具体适应的方法，有助于提升大学生的心理健康水平。

📝 教学目的

　　1. 了解大学生活的特点、入学后可能面临的挑战，了解常见的大学生适应心理问题的表现及原因，了解学校心理健康服务的内容及使用方法。

　　2. 意识到新生适应的重要性，在遇到心理适应上的困难时，能主动向班级心理委员、辅导员或学校心理咨询中心求助。

　　3. 能够觉察自己的适应状态，并运用所学知识指导自己积极调整，解决相关问题，提升适应能力。

◆ 教学内容

　　1. 大学生活的特点和可能面临的挑战。

　　2. 常见的大学生适应心理问题。

　　3. 改善情绪体验、提升适应能力的方法。

　　4. 如何合理使用学校心理健康服务。

　　部分知识点请参见教材第一章第三节。

📐 教学重点和难点

重点：常见适应心理问题及自我调整的方法。
难点：改善情绪体验、提升适应能力的方法。

⏱ 材料准备

教学PPT。

💗 教学过程

1. 课程导入

【教师提问】引导学生思考"你想象中的大学生活是什么样的？从开学到现在，你印象中的大学和想象中的一样吗？你的内心都经历了哪些感受？"要求每人用3个形容词来描述内心的感受。

【活动体验】学生通过体验活动"我想知道谁和我一样"，描述内心的感受，迅速建立团体氛围，拉近彼此之间的情感距离。教师可以让学生填写大学新生心理适应能力自测问卷，帮助学生初步了解自己的适应能力。

2. 大学生活的特点和可能面临的挑战

【案例分析】教师列出几个典型的在入学适应时遇到挑战的案例，涉及人际孤独、宿舍矛盾、学业困惑、竞选受挫等方面，让学生明白每个人都会或多或少地经历一些适应上的困难。
以下为参考案例。

案例1：开学前，小丽对在大学即将交到的朋友充满了期待，可开学一周之后，她感受得最多的却是孤独。班里的同学来自不同的地方，彼此各不熟悉，她们中有的比她漂亮，有的比她身材好，有的在乐器考试中达到了很高的级别，有的十分热情，这些人一来就引起了很多人的注意，而她没什么突出的特长。她很想与大家成为朋友，却不知道该如何开口。她最好的朋友都留在了南方读书，老师也不像以前那样关注成绩很好的自己，这是她第一次离家出远门，她无比想家，想念高中的美好时光……

案例2：小李去年以很好的成绩被北京某高校录取，开学时小李很兴奋，宿舍的同学也都十分客气，但两周后，他发现跟室友在很多生活习惯上有矛盾，冲突也开始增多。在一个月内，小李仅因为和一个室友作息时间不同就闹过几次不愉快，另一个室友也总是在同一个话题上跟他唱反调，这让小李很不舒服，次数多了，小李和室友的关系渐渐紧张，小李甚至产生了不愿意回宿舍休息的想法……

案例3：读高中时，老师告诉小张，大学是一个"人间天堂"，考大学就是学生在高中时最重要的目标，他也一直谨记老师的教诲，不断激励自己一门心思埋首苦读，终于考上了理想的大学。但他跨入大学校园后，在第一次班会课上就发现了周围高手如云，几乎其他所有的同学都有当班干部的经历，昔日那种仅在成绩上"鹤立鸡群"就备受关注的优越感荡然无存，这让他感到十分失落。加上这所学校当年在本省招生的专业不多，为了保证录取，他选了一个自己也不太了解的专业，根本不知道在学习方面该如何下手，也不知道毕业后有什么出路，这让他感到十分迷茫……

案例4：小刘在读中学的时候一直担任班干部，因为同学们对他很了解，所以他能不断连任。进入大学之初，他想要在大学班级里同样有所作为，信心满满地认为靠自己的经历一定可以当选班长，但由于同学们彼此都不了解，他在自我介绍时准备不充分，因此在第一次竞选班干部的时候落选了。小刘因此十分郁闷，甚至怀疑同学们跟自己对着干，老师对自己有偏见，暗暗决定再也不帮老师或同学做任何事情了……

【教师讲解】新生的心理适应任务及可能遇到的问题：生活环境的适应（不能适应气候、饮食、居住条件等）、人际关系的适应（舍友、老师、朋友关系处不好）、自我的评价（自卑、被动、退缩等）、专业学习的适应（不知学什么和怎么学）、目标的重新确立（不知道自己应该聚焦于哪一方面）等。

3. 心理适应的规律及调适方法

【理论讲解】桥梁过渡心理适应的三阶段理论，尤其是每一个阶段可能出现的心理反应，如下图所示。

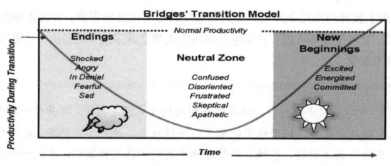

【活动体验】为缓解常见的负面情绪，教师可以请学生写一段向过去生活告别的话，首先向那些宝贵、独特的经历及自己的努力致敬，然后向它们说"再见"；再请学生对自己进行SWOT分析，从而树立适应的信心。

4. 应对适应问题的具体策略

针对每一种常见问题，教师应结合自身的适应经验和带班经验，引导学生讨论出具体可操作的行动建议。

例如，针对生活环境的适应，学生可以运用熟悉效应，主动了解、熟悉城市和校园环境，积极参加相关的校园活动。针对自我认知上的适应，学生需要认清现实并试着接受不能改变的部分，反观理想，重新定位，不断调整，主动争取实现理想的机会，意识到不可能永远做"第一"，但可以一直做"唯一"。针对人际交往的适应，学生要真诚待人，积极主动，总结经验，允许自己逐步建立新圈子等。针对专业学习的适应，学生需要充分了解学习环境，积极利用学习资源和寻求经验与指导，学会自学、科学预习复习，自主探索专业特点，适应新的学习气氛，注重发展能力等。

5. 介绍学校心理咨询中心的地理位置、联系方式、服务内容及使用方法

✍ 布置行动作业

学生可以任选以下一个或几个来完成。

① 与舍友一起讨论，尝试建立一份可行的宿舍公约。

② 尽快熟悉校园的有关职能部门和服务机构（如：学生宿舍管理中心、就业指导中心、心理咨询中心等）。

③ 建立良好的生活习惯，尝试开展一两种适合自己的运动。

④ 找几位老乡聊聊大学生活。

⑤ 发展一种兴趣爱好并坚持。

⑥ 找几位学长聊聊专业和学习。

⑦ 精心设计一个以宿舍为单位的集体活动，宿舍全体成员共同参与。

⑧ 学习如何料理生活杂事（比如洗衣服、购物等）。

⑨ 做财务计划，列采购清单，给自己建立一个账本。

（二） 主题二　营建良好的宿舍关系

选题原因：人际困扰是大学生的主要困扰之一，大一上半学期舍友之间还能比较客气，而到下半学期一般就会"本性毕露"，容易爆发冲突与矛盾。宿舍关系和氛围，既会影响到大学生的学习状态、人际交往和情绪状态，也是大学生应对危机时应考虑的重要保护性因素。

📝 教学目的

1. 了解大学宿舍生活的特点，了解容易引发宿舍矛盾的因素。

2. 引导大学生意识到良好宿舍关系的重要性，愿意主动营造良好的宿舍关系，有互帮互爱的意识。

3. 能够反思自己在宿舍中的不当行为，能够用恰当的方式面对和处理宿舍中的差异和冲突，能够采用恰当的方式改善宿舍关系。

🔖 教学内容

1. 宿舍关系对于大学生的重要意义。

2. 常见的大学生宿舍关系冲突与矛盾。

3. 应对宿舍冲突、修复宿舍关系的方法。

4. 营造良好宿舍氛围的方法。

📖 教学重点和难点

重点：常见宿舍关系问题及应对方法。
难点：如何恰当运用所学方法处理实际冲突。

⏱ 材料准备

教学PPT。

💬 教学过程

1. 热身及主题引入

运用手指操（可在网上搜索熟悉的版本）或"石头剪刀布"（规则详见本书第二部分人际关系主题）进行热身后，教师直接提问引入主题："谈到宿舍，你会想到哪些词？还记得你第一次进宿舍的场景吗？宿舍里，让你印象最深的事是什么？"

2. 讲解宿舍关系对大学生的意义

列举积极和消极影响的例子（如教师所熟悉的宿舍同学关系都很好，共同升学的例子，以及一些负面案件），让学生看到宿舍关系可能的发展范围，认识到宿舍关系的重要意义。例如，宿舍关系是大学阶段最基本的人际关系之一，宿舍是大学生社会化的重要平台，宿舍人际相处是大学生健全人格形成的重要渠道，宿舍生活是大学生良好生活习惯养成的重要阵地，宿舍成员是大学生人际资源的重要蓄水池等。

结合奥尔德弗的ERG理论（详见本书第二部分恋爱关系主题的相关知识），教师应提醒学生良好关系是幸福感的来源，是成长发展的有力保障。在大学阶段，宿舍关系不好，可能给学生带来一种漂泊感，还会使学生产生焦虑、抑郁等不稳定的消极情绪，影响学业状态。宿舍关系好了，学生就像在校园里有了另一个安心的家，还会收获一辈子的好友，舍友还会成为一起乘风破浪的战友。

宿舍关系介绍案例的指导语可参考如下内容。

我特别欣赏自己一个本科同学的宿舍，他们8个人差异极大，但相处得很好。他们的秘诀就在于刚开学时就制定了一个坦诚相待，有话好好说的规则，并且为了促进彼此的了解和关心，搞了一个有趣的活动：每年元旦都要互赠礼物。具体送给谁呢？提前一个月搞一个抽签仪式，抽到的送礼对象要保密，并用一个月的时间来观察和了解这个送礼对象的喜好和需求，力求在元旦时送出最贴心的礼物，当然价位区间要提前限定。毕业之后，哪怕有人远居海外，他们也借助网络和快递延续着这个传统，到今年已经坚持了15年。据说在他们的微信群里，什么话题都可以谈，群里的消息不会分享给其他任何人，彼此给到的也一定是支持和积极的建议。他们彼此之间不是家人却胜似家人。

我也很欣赏另外一个同学的宿舍，入学之初，他们就把目标一致定为要继续深造，约定互相监督、不忘初心、团结友爱、资源共享。上课时互相监督坐在第一排的座位，课后相互分享补充笔记，考前共同复习、相互出题查缺补漏。最终他们的成绩全部都在年级前20%，2人出国深造，4人保研成功。

还有这么一个宿舍，4位成员多才多艺，另外2位来自较为偏远的小镇，为了更好地拉近彼此的关系，他们定期举行兴趣爱好分享会，轮流带领宿舍成员共同体验自己的兴趣爱好，形成了非常融洽的宿舍文化。

宿舍关系也不一定都能如此和谐融洽、彼此促进，如果过于以自我为中心，矛盾冲突处理不当，也可能酿成严重的后果。

3. 常见的宿舍关系冲突调研

教师可以提前发放问卷或现场采用教学App进行调查，请学生反馈"舍友的哪些行为给你带来的困扰最大？"以明确所带班级常见的宿舍关系冲突，调整授课重点。

学生不喜欢的舍友行为通常包括如下方面。

① 生活习惯不良：作息不一致（太晚睡、太早起、闹钟响了不起床）、不讲卫生（不打扫卫生、不洗澡、不尊重他人打扫卫生的成果）、不良嗜好……

② 缺乏界限感：爱占小便宜、乱用别人的东西、随意侵占公共空间、开过分的玩笑……

③ 口无遮拦，自以为是：随意评价他人、过于直接、讲话阴阳怪气……

④ 以自我为中心，自私自利：大声外放电子设备、强词夺理、推卸责任、冷漠……

⑤ 缺少投入，令人扫兴：对集体话题没兴趣、不参加集体活动、散发负能量……

调研结束后，教师询问学生通常会以怎样的方式应对这些不喜欢的舍友行为，了解学生当前的应对模式，调整自己讲解的方法和深度。

4. 同室相处的原则及应用

为帮助学生掌握应对宿舍冲突的方法，教师可先讲解宿舍相处的原则：真诚一致、平等尊重、宽容友爱、界限清晰。

讲解指导语可参考如下内容。

如何把冲突、差异化为成长，从而拥有良好的宿舍关系呢？要遵循以下4个原则。

第一，真诚一致：要尊重自己的感受。如果有负面情绪，不要强压着，真诚一致地表达出来更有助于促进关系。真实开放地把自己对舍友的期待讲清楚，让别人知道自己真正的需要，而不是猜测，否则只会徒增烦恼。

第二，平等尊重：尊重对方，不要给对方贴标签，要记得不管家境、生活习惯上有什么差异，对方与自己在人格上都是平等的。当与对方持有不同意见的时候，请记得大家都没有"错"，只是立场不同而已，要接纳别人与自己的不一样，不要以"对错是非"的观念去处理人际问题。

第三，宽容友爱：要有主动性，主动去构建关系。有的学生害怕受伤，永远被动等待，这样你是安全了，但也失去了很多机会。如果对方犯错后主动求和，那么要学会宽容，记仇不一定会伤害别人，但一定会伤害你自己。

第四，界限清晰：不能让别人侵犯自己的底线。在一段关系中始终委屈自己，只会使关系越来越糟糕。靠讨好对方得来的关系，也常常是非常脆弱的。

教师进一步结合实际案例，解读4个原则的运用方法。

以"舍友习惯晚睡，严重影响我的睡眠"为例，首先，运用真诚一致的原则，说明自己的困扰："我只有在相对安静的环境中才能踏实入睡，最近×天，你有×天都直到半夜×点才停止敲键盘，在那之前我真的没办法睡着，所以最近严重缺觉，精力受到很大影响……"接着，运用平等尊重的原则，考虑对方可能的原因："我知道，你晚睡肯定有你的道理，可能是因为……"再运用宽容友爱的原则，提出实际建议与期待，并征求对方的意见："我希望你可以考虑我的实际情况，尽量在×点之前……或者……你觉得呢？或者你有更好的方法？"最后，运用界限清晰的原则，若满意对方给出的方法，可以表达："谢谢你的理解，也希望你……（针对晚睡原因的祝福）"若不满意对方给出的回应，需要坚持底线："抱歉，我无法接受这个处理方式，我们还得再谈谈……"

再以"舍友随意侵占我的个人空间、用我的东西"为例，首先，运用真诚一致的原则，说明自己的困扰："我很在意自己的隐私/不习惯与别人共用……，最近×天，你有×次……我会觉得很不自在……因为……"再用平等尊重的原则，表达对对方的理解："我知道，你这么做肯定有你的道理，可能是因为……"继续用宽容友爱的原则，提出实际建议与期待，并征求对方的意见："希望你可以考虑到我的习惯，未经我允许，不要……或者……如果你需要……的话，请你提前告诉我一声，让我知道。你觉得呢？"最后，运用界限清晰的原则，若满意对方给出的方法，可以表达："谢谢你的理解，也希望你……（送出祝福）"若不满意对方的做法，则表达："抱歉，我恐怕不能接受这个处理方式，因为……"

学生对具体困扰进行讨论后，教师总结出以下有效的沟通习惯。

① 为自己的愿望负责：如果想要改善自己的处境，就要从改变自己的沟通方式开始；以"我"字开头的陈述，坦诚表达自己的想法、感受和期望，真诚指出别人对自己造成的负面影响，而不是仅寄希望于别人主动发现与改变。

② 考虑别人的处境：考虑到别人的权益、需要、目标和难处，让事情对大家都公平。

③ 以解决具体情境中的问题为目标：把讨论引向解决问题，而非追究责任，主动贡献解决问题的方案，提出邀请，寻求共识。

④ 预备性的开场白：降低自己的焦虑，减少别人抵触或敌对的反应。

⑤ 果敢而简明地陈述完整的信息：包括观察到的客观情况，自己的想法和感受，对对方处境的理解，自己的意愿、建议或期待。

5. 促进良好宿舍关系的策略

活动体验：回顾"宿舍温馨时刻"，即回顾相识以来在宿舍成员之间发生的让自己觉得开心、感动、温馨的时刻，在宿舍和大班里进行分享。

学生列出的"宿舍温馨时刻"可能有：主动关心同学、为舍友排忧解难、有责任感、愿意付出、主动打扫卫生、尊重他人空间和隐私、互帮互助、戴耳机不公放、不影响他人休息、被鼓励和肯定、被换位思考后共情、真诚的沟通、聊天有共同话题、一起嬉戏打闹、分享美食和故事等。

教师对学生的分享要点进行板书，并讲解爱的五种语言（具体参考本书第二部分恋爱关系主题的核心知识点）及其在宿舍中的应用。例如，基于肯定的言辞，可以相互鼓励，擅于发现彼此的优点；基于温馨的时刻，可以组织集体活动（生日会、出游、卧谈会）；基于爱的礼物，可以互送特定或随心的礼物；基于服务的行动，可以彼此关心，热心互助，制定公约说明必要的宿舍义务（如值日）；基于身体的接触，可以确定在进行情绪支持或表达鼓励时使用的身体接触方式等。

若时间允许，教师可以结合爱的语言中"肯定的言辞"，现场开展"优点大轰炸"活动（具体可参考本书第二部分人际关系主题第二次课的相关内容）。

📝 布置行动作业

学生可以任选以下一个或几个来完成。
① 主动表达对室友的关心。
② 积极参加宿舍集体活动。
③ 一起制定宿舍公约。
④ 整理好自己的空间，完成该做的杂务。
⑤ 给室友帮个忙。
⑥ 组织一次卧谈会。

（三） 主题三　原生家庭与个人成长

选题原因：心理学的众多科学研究发现，一个人的性格特征、自我意识的特点、价值观的形成、人生态度及情感表达等方面，都会受到原生家庭潜移默化的影响。大学生的很多心理困扰都与其家庭密切相关，探讨大学生家庭与个人成长的关系，有助于削弱原生家庭的负面影响，实现个人成长。

📄 教学目的

1. 初步认识到自己受到了原生家庭的哪些影响。
2. 能够在一定程度上理解父母也是普通人，站在父母的视角看待自己的家庭。
3. 能够与原生家庭有一定的和解，让爱能够在家庭中流动起来。
4. 能够处理好与原生家庭的关系。

◈ 教学内容

1. 原生家庭对大学生的影响。
2. 接纳原生家庭的负面影响，理解与父母和解的意义。
3. 超越原生家庭限制及让爱流动起来的方法。
4. 应对原生家庭冲突的方法。
部分知识点请参见教材第一章第一节相关内容。

✍ 教学重点和难点

教学重点：原生家庭对大学生的影响、与父母和解的意义。

教学难点: 对父母局限性的理解与接纳、爱的五种语言的理解和实践。

材料准备

教学PPT，A4纸（每人一张），剪辑好的电视剧片段，《猜猜我有多爱你》绘本电子版。

教学过程

1. 热身活动及主题导入

教师带领学生讨论与原生家庭有关的电视剧，如《都挺好》《安家》《理想之城》《乔家的儿女》《八角亭谜雾》等，结合经典的影评及分析，讲解原生家庭对个体的影响。教师也可以通过提问"原生家庭会对我们产生怎样的影响"，请学生简要讨论一下原生家庭对自己的影响程度，以引入主题。教师可简单总结原生家庭对个体的影响，详见教材第一章第一节相关内容。

2. 我的原生家庭图

教师采用绘制"我的原生家庭图"的活动，让学生对自己的原生家庭有进一步的认识。学生需绘制出18岁以前，与自己生活在一起的主要家庭成员。

绘制的方式有两种，一种是治疗式的家谱图，绘制方式可参考下图。

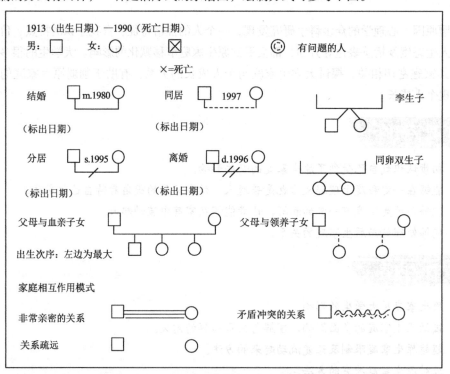

学生绘制完成后，教师邀请学生在每个家庭成员的旁边写下该家庭成员的姓名、职业、兴趣、爱好、信仰、3个优点和3个缺点。之后教师通过提问"你最欣赏你的父亲、母亲的优点是什么？你有哪些方面和他们相像吗？父亲、母亲的缺点你身上是否也有？你现在的哪些优点是自己做了改变所具备的？"帮助学生看到自己从原生家庭里传承了哪些品质，又有哪些不同之处，引出"我们会受到一些影响，也可以超越影响，有自己的创造"这一观点。

第二种是绘制开放式的家庭图，即用动物、植物或其他自然界的事物代表家庭成员，直接作画。画完后在每个象征物旁边写3个优点、3个缺点。教师可以在上述提问之外，询问学生"你为什么选择这个意象代表父亲/母亲/自己，他们之间的相似之处是什么？"

活动指导语可参考如下内容。

> 当我们谈到原生家庭的时候你会想到一些什么样的词呢？你的脑海中会浮现出怎样的画面？你会怎么去描绘你和原生家庭成员之间的关系？接下来我们用植物、动物，或者大山、建筑等来代表你的家庭成员并将其画出来。当你画出来每个家庭成员的形象之后，可以在旁边标上他们的年龄、学历、职业，然后在每个家庭成员的旁边写上3个优点和3个缺点，最后给这幅画起一个名字。
>
> 好，我看到大家都差不多完成了绘画，现在请大家回顾一下，你在画和写的过程当中有什么样的体验？谁的形象容易确定？谁的形象很难确定？你在哪些代表物之间犹豫？哪些信息你容易写出来？哪些信息对你来说很难写出来？优点写得快还是缺点写得快？能写够3个吗？

3. 蝴蝶飞——父母的幻游

教师关掉灯光及投影，配合适合冥想的音乐，如《kiss the rain》等，在冥想洞的引导下，帮助学生在一定程度上理解父母、放下一些怨恨，以成人视角来看待父母。

可参考的冥想词如下。

> 亲爱的同学们，当音乐响起来的时候，我邀请你跟我一起去体验一段美妙的旅程。你如果愿意，可以闭上眼睛，做几个慢而深的呼吸，吸气，吐气……对，就这样，感受氧气顺着鼻腔进入身体的各个部位，给身体带来活力……想象每一次吐气，会将疲劳、紧张带出体外……
>
> 接下来，跟随老师的声音，对自己说出下面这些话。
>
> 我感到自己的身体越来越轻，越来越轻，我慢慢变成了一只蝴蝶，开始向遥远的地方飞去，飞过高山，飞过河流，我要飞到一个村庄里去，飞到爸爸的家乡，我飞呀飞，停留在一个屋子的窗口，向里望去，我看到了一个小男孩，我心里知道，他就是我的爸爸。我看着这个家中的摆设，我知道了他就是在这个家中长大的。这个男孩的边上有他的爸爸妈妈，还有他的兄弟姐妹。我也看到他的家人是如何对待他的，他们的关系是怎样的。看到他的妈妈看他时的眼神，我感受到了期待与渴望。在这个家里谁爱他呢？谁教他呢？他可以做什么？我知道他有许多理想，我也知道他有许多说不出的感受。我看到他长大、上学，在成长过程中，他尽力过好每一天。他会想到当他长大时他会有我。我想对爸爸说："爸爸你一定要好好爱自己啊。谢谢你，爸爸。现在我要暂时和你说再见了！我很舍不得你，但我要飞到远处去"。
>
> 我飞过高山，飞过河流，飞到另一个村庄，飞到妈妈的家乡去，我听到了妈妈的声音，随即看到了一个屋子里的小女孩。我知道了，我的妈妈生长在这样的家里面。在这个家里，她有机会表达她的感受吗？在她的内心里，她有什么梦想，有什么渴望？在这个家里谁最爱她？有人接纳她么？有人保护她么？如果没有，她会怎样？我也看到了她的爸爸对待她的妈妈的样子，也看到了她的爸爸妈妈对待她的样子，我想说："妈妈，我了解

了，原来你也曾是一个孩子。你和所有孩子一样，有很多渴望、希望和理想。你想做怎样的人？当你长大时，想要做一个怎样的妻子？你会爱你的孩子吗？"我看着妈妈，告诉她："妈妈，你要好好爱自己啊，因为以后你会有我。现在，我要暂时和你说再见了！"

随着音乐，我飞呀飞，飞呀飞，带着整个历程带给我的新视角和丰富的体验，飞到自己所处的空间里，回到自己的身体里，慢慢睁开眼，内心充满喜悦。

冥想体验结束后，教师请学生两两分享感受或在小组中分享感受，再到大组里分享。教师结合学生的分享进行总结。父母也是普通人，他们也有很多自己的局限性，如果我们想要父母改变对待我们的方式，常常会失望，甚至把这变成一个"未完成事件"，以后可能会想要改变恋人，或改变孩子，把失望传递下去。透过这个冥想，希望学生可以以成人的视角，去理解父母的成长经历给他们带来的局限。过去学生无意识地允许原生家庭给自己带来了负面的影响，现在可以为自己负责，主动改变，并通过自己的改变带动父母的改变。

4. 爱的体验与表达——让爱在家庭中流动起来

借由绘本《猜猜我有多爱你》，教师请学生回想在家庭中的温馨时刻，家人所做的最让自己感动的事情是什么，进而结合对爱的五种语言的讲解（具体参考本书第二部分恋爱关系主题的核心知识点），帮助学生理解父母常用的爱的语言和自己常用的爱的语言，进而意识到"当你没有感受到父母的爱的时候，并不代表爱不在你身边，也许每一个人表达爱的方式不一样"。教师进而让学生选择一种父母常用的爱的语言，向父母表达关爱，进行"爱的存款"练习，也可以鼓励学生在课间给父母打电话，直接表达对父母的爱。

5. 家庭冲突的应对

学生与父母长时间生活在一起，容易产生冲突，但这其实是一个非常好的觉察原生家庭的影响，实现自我成长的机会。

教师可以请学生先觉察自己与父母的相处模式，相处模式一般有以下几种。

① 幸福滋养型：相处融洽，互相关爱。

② 日久生厌型：相互看不顺眼，眼里都是毛病。

③ 相处太难型：生活习惯有很大的差异，情感隔离，难以沟通。

④ 相爱相杀型：感情好的时候非常好，冲突起来也会非常激烈。

教师结合实例，讲解应对家庭冲突的四步法。

第一步：积极暂停，接纳情绪。

当与父母发生冲突，情绪比较激动时，最有效的做法之一就是说一句"我们先冷静一下再谈"，及时离开冲突现场，避免负面情绪和冲突的升级。如果因为空间限制，不方便离开发生冲突的房间，也可以先闭上眼睛，做几个深呼吸，帮助自己把情绪迅速地稳定下来，只有让理性回归，才有助于问题的解决。在冲突背景之下我们会产生愤怒、委屈、无力、悲伤等负面情绪，这是非常正常的事情，我们要学会接纳，而不是和自己的情绪对抗，导致不必要的内耗。

第二步：换位思考，调整反应。

换位思考需要以"愿意理解对方"为前提，这就要求我们要先看到与父母的共性，比如共同的特点或冲突背后共同的目标，可结合前面的"我的原生家庭图"来进行。在换位思考的基础上，我们还要有意识地停止进行无效的应对。如果以前惯用的应对方法，比如生闷气、摔门而出、激烈争吵，对化解冲突没有任何帮助，就要停止使用这些无效的应对方法，并尝试一些新的方法。

第三步：主动沟通，增进理解。

我们可以采用"非暴力沟通"的技巧，更好地表达内在的需求，与父母建立协作式的关系，进一步增进对彼此的理解，明确改变的具体方法。①区分观察和评论。我们要能够不带预设地仔细观察正在发生的事情，并具体指出正影响我们的行为和事物。比如表达"过去的10分钟，你说了这件事情3次"，而不是"你无时无刻不在说我，你就是看我不顺眼！"②区分感受和想法。我们要能够识别和表达内在的身体感觉和情绪，而不包含评判、指责等。比如表达"我听你这么说，感觉特别委屈和难过"，而不是"你要这么说的话，我们完全没办法交流，你根本不理解我"。③体会内在需要是否得到满足。行为的背后体现了内在需要，比如当父母直接进入我们的房间，想直接了解我们的状态时，他们可能是希望为我们提供必要的指导和帮助，以获得自我价值感。而此时我们被尊重、被信任的需要可能受到了挑战，这会导致冲突的发生。如果我们平时有意识地主动与父母分享自己的故事，邀请父母帮忙，让他们获得自我价值感，他们可能就不会使用那些让我们觉得隐私受到侵犯的方式了。④提出具体、明确的请求。比如我们可以直接向父母表达"我希望自己可以有一个独立空间，希望你们进门之前可以先敲门，等我答应的时候再推门进来，而不是直接推门而入"。而不是抽象表达"你能不能尊重我的隐私！"因为这样可能会让对方很迷惑，不知道自己做错了什么，具体该怎么做。

第四步：强化界限，共同成长

我们也许会发现，即使尝试了与父母沟通，有的时候也未必能够说服父母改变他们的观念或行为。因为每个人的观念形成都有其背景，这就需要我们尊重彼此的观念和行为习惯，有意识地强化与父母之间的界限。我们可以从停下"改造"父母的愿望，接纳他们本来的样子开始。我们如果希望父母可以多给自己一些空间，就需要从能够照顾好自己、为自己多负一些责任开始。我们没办法一方面希望父母像照顾小孩一样提供所有我们想要的照料，另一方面又要求他们像对待成年人一样尊重我们的想法和感受。只有我们能照顾好自己，让他们放心，他们才更容易接受我们的想法。

教师小结：与父母长时间生活在一起，其实是一个非常好的自我成长的机会。学习如何应对与父母冲突的过程，也是更好地理解和接纳自己的过程；我们开始有意识地发生积极改变时，整个家庭也一定会随之发生改变，也许父母改变的不会像我们想象的那么快，但共同成长的历程早已悄然开始。

📧 布置行动作业

教师让学生进一步运用爱的五种语言，向父母表达自己的爱。鼓励学生成为幸福原生家庭的传承者，成为不幸福原生家庭的终结者，成为美好家庭的缔造者。

视频教学及设计思路

视频教学是大学生心理健康教育课程的一种常见教学形式，深受学生喜欢。教师在进行视频教学时，常存在焦点不清晰、和教学目标不贴合、形式大于内容等问题。再加之版权问题，教材和本书的教学设计中都未涉及视频素材，因此我们在这里总结了视频教学的常用设计流程和注意事项，并且提供了一个示例，推荐了一些视频素材，帮助教师更好地应用视频教学。

（一）视频教学的常用设计流程

视频教学的常用设计流程如下。

① 介绍视频的来源及背景，帮助学生形成预期。

② 提出一个聚焦于教学目标及内容的问题，组织学生观看视频。教师可以根据实际情况和课程内容的层次，设计多轮提问和观看过程。

③ 引导学生分享和讨论，教师板书记录并及时反馈。

④ 教师根据学生提供的观点并结合理论进行总结和讲解。

（二）视频教学的注意事项

视频教学的注意事项如下。

① 素材选择：教师选择自己"有感觉"的视频，注重平时的积累以及视频主人公与大学生的匹配性，同时，视频不宜过长，尽量不超过15分钟，以5分钟以内的仅截取核心内容的视频为宜。

② 课堂设计：目标导向，课堂设计要和教学目标紧密贴合，教学中要把一个视频素材用精用透。

（三）视频教学示例

下面的视频教学示例，就很好地示范了视频教学的流程，以及如何贴合课程目标，设计教学过程，把一个视频素材用精用透。

1. 背景介绍

① 课程主题：如何处理恋爱中的冲突。

② 课程目标：

• 了解冲突升级的过程（是什么）；

• 了解冲突产生的内在原因（为什么）；

• 掌握处理冲突的技能和方法（怎么办）。

③ 使用的视频素材：电影《分手男女》中男女主接待完男主家人后争吵的片段，大约4分30秒。

视频开始时刻：男主坐到沙发上开始玩游戏。

女主：我去刷盘子。

男主：很好。

女主：你要帮我就更好了。

男主：没问题，我一会儿就去做，我先玩一会儿游戏。

女主：加里，别这样，我可不想一会儿再刷，现在就刷吧，只要15分钟。

男主：亲爱的，我累坏了，我只想先歇一会儿。

······

2．教学流程

步骤一：简单介绍视频背景。

- 视频来源；
- 视频内容简要；
- 前后背景。

步骤二：提出一个聚焦的问题，引导学生观看视频。

- 第一轮播放视频：男女主是如何越吵越激烈的？（冲突是如何发生及升级的？）
- 第二轮播放视频：听到对方的回应时，男女主的内心体验分别是怎样的？

形式：将全班分为两个群体，一个群体关注男主的内心体验，一个群体关注女主的内心体验。

步骤三：引导学生分享和讨论。

- 冲突是如何升级的？（是什么？）

男女主的什么行为（对言语和非言语信息进行观察）导致对方更加愤怒。

教师亦可以再次播放视频，复盘冲突升级的过程。

- 冲突产生的内在原因。（为什么？）

听到对方的回应时，男女主的内心体验分别是什么？教师可以进一步引导学生思考：他们在这段关系中的需求是什么？

- 解决冲突的方法。（怎么做？）

请关注男主的学生分享：最希望得到女主的回应是什么？

请关注女主的学生分享：最希望得到男主的回应是什么？

步骤四：教师总结和讲解。

- 冲突升级的过程由互动导致。

一个巴掌拍不响，引导学生观察双方的行为对冲突升级的影响。

- 冲突产生的原因。

表层原因：双方诉求的差异。

深层原因：内在需求没有得到满足。

- 冲突解决的策略。

站到对方的立场去理解对方（共情），发现并满足对方的需求，直接表达自己的需求，协商和妥协······

（四）视频素材示例推荐

因为本书中教学设计的理念是创设一个可以引发丰富体验和多元视角的开放式情境，进而通过提问与反馈，组织师生之间和生生之间的讨论和互动，加深对知识或理念的理解。所以这里为教师提供的是一些可以从不同角度切入，应用于不同主题的视频素材示例，以拓展教学思路。教师可以通过搜索"高分动画短片"或"高分心理短片"等关键词，结合上面提到的视频教学的注意事项和视频教学示例，进行筛选与应用。那些着重进行特定主题或理论知识讲解与应用的视频（如心理咨询、精神障碍、学习心理等主题），在搜索和获取方面比较方便，这里不再罗列。

1.《盖章》

片长约16分钟，讲述了一个用免费停车和免费鼓励改变世界的年轻人的生活故事。该视频可用于展开对人际关系和恋爱关系等主题的讨论，学生可以看到欣赏与赞美如何改变他人的人生与整个世界，看到对他人的关爱会如何为自己的幸福铺路。

2.《成长的力量》

截取自某植物介绍的视频片段，片长约5分钟，描述的是生活在森林中的植物从生根发芽开始，如何利用自己的优势及身边的资源，不断向上攀爬，最终在最高处绽放的过程。教师可以截取类似的片段，用于展开对生涯规划、生命感悟、挫折应对等主题的讨论，学生可以设置自己希望通过课程达成的改变、感受到生命所蕴含的力量，以及如何为了达成目标而制定方案、克服困难。

3.《人生中最好的礼物》

片长约3分钟，通过设置悬念，描述了一个像乒乓球一样大小的礼物给生活带来的一系列好处和意想不到的惊喜，最终揭秘这份礼物是脑中的肿瘤，改变了演讲者的人生。该视频可用于感悟生命、情绪调节、家庭关系等主题的教学，借由视频讨论，教师应帮助学生意识到身体健康的珍贵、情绪调节的方法及家庭在自己生命中的重要性等。

4.《不负此生》

片长约5分钟，讲述3个年轻人在质疑中坚持，克服种种困难，最终实现了自己人生理想的过程。该视频可用于自我认识、感悟生命、挫折应对、生涯规划等主题的教学，借由视频讨论，教师应帮助学生意识到了解自己、接纳自己的重要性，生命意义的落脚点，克服挫折与困难的勇气，以及生涯目标的树立等。

5.《鹬》

片长约6分钟，讲述了一只小鹬在觅食过程中受挫，却因为饥饿的需求，勇敢突破舒适区，意外发现了可以捕获更多食物的方法，并分享给同类的故事。该视频可用于自我接纳、挫折应对、人际关系等主题的教学，借由视频讨论，教师应帮助学生意识到接纳和满足自己需求的价值、将挫折转化为机遇的方法、与他人协作互助的方法等。

6.《一分钟的苍蝇》

片长约4分钟，讲述了一只苍蝇在自己一分钟的生命历程中，如何精心规划、有意无意地完成所有的生命任务。该视频可用于自我接纳、时间管理、感悟生命等主题的教学，借由视频讨论，教师应帮助学生意识到接纳自己的设定与局限、高效管理时间、在体验的过程中发现生命的意义等。

案例教学及设计思路

案例教学是大学生心理健康教育课程中常见的一种教学形式，深受学生的喜爱。教师在进行案例教学时，常存在不知道如何挑选案例、不了解案例要包含哪些要素、案例和学生实际生活脱节等问题。再加之各个学校、各个专业的学生特点有所不同，一个案例并不能适用于所有的学生，因此本书教学设计中的案例仅供教师参考。我们希望教师能够根据教学对象的特点搜集和编写一些案例，我们在这里总结了案例选择（编写）要点和案例教学的常用设计流程，具体示例教师可参看本书第九课、第十课中的教学案例及教学设计，以更好地应用案例教学。另外，教材中也有大量的案例可供教师选用和参考。

（一）案例选择（编写）要点

教学案例是典型且含有问题的事件，教师在选择（编写）案例时要注意以下方面。

1. 明确主题

案例一定要和具体的教学目标结合起来。教师在选择（编写）案例时首先要考虑想通这个案例反映什么问题，要学生聚焦关注、思考和讨论的问题是什么。比如，什么样的表白方式比较恰当？怎么判断一份感情是不是真爱？如何判断对方是否适合自己？

2. 设置背景

案例需要向教学对象交代故事的有关情况：时间、地点、人物、事情的起因等。教师最好对人物进行清晰的界定，可参考生活和学习中学生实际的形象进行编写，鲜活地进行展现，让学生立体化地去感受案例中的主人翁。

3. 描述细节

有了主题，选择（编写）案例时就不会盲目，教师在描述细节阶段要对原始材料进行筛选，有针对性地向教学对象展现特定的内容，并忽略那些不重要的信息。在心理课上，教师展示的内容应该是主人翁内心的纠结、矛盾的部分，正反两方面的考虑都有所涉及，这样可以引发学生思考和讨论。而故事情节和事实类的信息是不重要的，可以省略。

4. 设定结果

一般来说教学案例还应包括结果。结果设定有两种方式：一种是不设置具体的结果，这样做的目的是引发学生的讨论，案例是开放式的、没有导向的，可以引发学生进行发散性思考，如果教师要设计一个关于生命的意义的案例，就可以采用这种方式；另一种是有结果的设定，有结果的设定包含正向结果和负向结果，正向结果的案例通常可以用于宣传正确的做法和理念等，比如教材第十章中鼓励大学生求助心理咨询中心的案例，负向结果的案例通常用来引发学生反省和反思，比如本书第九课、第十课中的案例。

（二）案例教学的常用设计流程

①案例呈现，教师可通过文字、角色扮演等形式来呈现案例。
②提出聚焦于教学目标及内容的问题。

③ 引导学生分享和讨论，教师进行板书并及时反馈。

④ 教师结合学生提供的观点及相关理论进行讲解和总结。

具体示例可参看本书第九课、第十课，这两课设计了一个贯穿始终、情节不断发展和深化的案例，通过一个案例来讲解恋爱双方从开始、相处到分手的过程。

四

课前调研及示例

对于大学生心理健康教育课程来说，教师应重视课前调研工作，强调基于学生的需求开展教学设计。

（一）课前调研学生特征，明确教学目标及内容

教师首先需根据教学大纲的要求，设定课程教学的主题、核心知识和技能。对于每一个主题下应采用何种教学素材和教学案例，则需教师事先调研所带班级学生的真实需求。课前调研的内容可以包含以下3个部分。一是选课动机，即学生选择本课堂的原因，通常包含获取学分、熟人推荐、满足个人成长需求等方面。教师可以通过选课原因了解课程口碑，并关注如何将学生为学分而来的外在动机转化为与课程内容相关的内在动机。二是课程期待，即学生对课程的氛围营造、授课环节设置、教学方法选择、教学素材选用等方面的具体期待，为课程选用恰当的教学方法提供依据。三是课程主题的兴趣度排序及每个主题下的具体困惑，了解这一内容有助于教师安排各主题的具体教学比重，从极为丰富的教材素材中，选择更贴合学生需求的授课内容。

课前调研通常有以下结果。

1．学生选课动机多元

学生选课动机主要归为认知、情感和技能3个层面。认知层面体现为想学习一些心理学的知识，了解大学生可能会遇到的心理问题，加深对身边心理现象的理解等，综合表现为学生对系统的、有针对性的心理学知识的需求；情感层面体现为希望能提升积极情绪，释放压力与负面情绪，认识新的朋友、收获友谊等，间接体现出学生对增加成员互动、营造良好课堂氛围的需求；技能层面体现为希望能提升人际交往、情绪管理、挫折应对等方面的能力，这就要求教师不只讲解理论，更要帮助学生有效地完成从学习知识到解决问题之间的迁移过程。

2．互动体验性教学更受青睐

学生更喜欢能引发自己体验、有助于解决现实困惑的教学方法。主要表现为，学生希望教师多列举教师的亲身经历或者贴近自己的案例，对自己较为关注的新闻热点进行分析讲解；期待教师结合具体的心理学知识，对自己提出的具体困惑场景给出理论解释及具体实用的解决方案；希望教师灵活采用教材中的教学资源，提升课堂的体验性和趣味性；希望教师在课堂上多设计交流讨论的环节，而非只提供一种观点视角。同时，较高的分数评价也是学生共同的期待。

3．主题兴趣和困惑具有班级特异性

关于学生对本课程主题的兴趣度调查结果显示，每一学年、每一个教学班级的学生感兴趣的主题都有所不同，其变化也表现出明显的时代特征。例如，近5年来，学生最感兴趣的主题从"恋爱关系"变为"情绪管理"，随之又变为"人际关系"。此外，同一个课程主题，不同年份或班级的学生也有不同的困惑。例如，在"恋爱关系"主题中，有的班级学生的困惑集中表现为谈恋爱的意义、如何判断自己对他人是喜欢还是爱、如何向他人表白等；在另一些班级，学生的困惑集中表现为如何维持异地恋、如何处理恋爱中的冲突、如何理性平和地分手等。如果教师不进行课前调查而是仅仅凭借以往经验和猜测进行教学设计，则很可能无法准确回应学生的需求，这样会降低学生的学习兴趣。

（二）定期收集学生的反馈，调整教学策略

通过收集学生的课前需求及课后对课程教学的反馈和评价，教师可开展自我反思，进一步调整教学方法与策略，提升课程教学的有效性。

设置课后随堂调查。课后随堂调查是以学生为主体进行的反馈环节，具体实施方式为，在每次课程结束后教师都邀请学生匿名填写一份调查问卷，内容包括对本课程的满意度评分、最喜欢的环节、本次课程的收获、课后的疑惑或建议等方面。课后随堂调查不仅能帮助教师了解课程的总体效果和组织课程的有效方式，还能帮助学生梳理并内化所学内容，其中的建议还能帮助教师改进课程设计，学生的疑惑则是下一次课上教师需集中反馈的重要方面。

设置期末总体评价。整门课程结束时，教师需通过期末课程问卷调查收集学生对整个学期课程的反馈。调查内容包括对整个学期课程内容和教学的总体满意度评分、本学期整体上最喜欢的环节、本学期课程最大的收获，对于下学期课程设计的意见和建议等方面。期末总体评价可以帮助学生巩固一学期的所学所得、分享喜欢的环节和收获的过程。调查结果也成为课程评估的重要依据和教师进行下轮课程准备的重要参考。

（三）调研问卷示例

1．课前需求调研

（1）任课教师姓名：＿＿＿＿＿＿。（若对平行班同时施测则需设置本题）

（2）性别：＿＿＿＿＿＿。

（3）年级：＿＿＿＿＿＿。

（4）你觉得自己当前的心理健康水平（1分代表非常不健康，10分代表非常健康）：＿＿＿＿＿＿。

（5）在以下的每个主题中，你有着怎样的困惑，或者最希望教师讲解哪些内容？

① 心理健康概述：＿＿＿＿＿＿＿＿＿＿＿＿＿＿＿＿＿＿＿＿＿＿＿＿＿＿＿＿＿＿＿。

② 自我意识：＿＿＿＿＿＿＿＿＿＿＿＿＿＿＿＿＿＿＿＿＿＿＿＿＿＿＿＿＿＿＿＿＿。

③ 人格发展：＿＿＿＿＿＿＿＿＿＿＿＿＿＿＿＿＿＿＿＿＿＿＿＿＿＿＿＿＿＿＿＿＿。

④ 学习心理：＿＿＿＿＿＿＿＿＿＿＿＿＿＿＿＿＿＿＿＿＿＿＿＿＿＿＿＿＿＿＿＿＿。

⑤ 生涯规划：＿＿＿＿＿＿＿＿＿＿＿＿＿＿＿＿＿＿＿＿＿＿＿＿＿＿＿＿＿＿＿＿＿。

⑥ 情绪管理：＿＿＿＿＿＿＿＿＿＿＿＿＿＿＿＿＿＿＿＿＿＿＿。

⑦ 人际关系：＿＿＿＿＿＿＿＿＿＿＿＿＿＿＿＿＿＿＿＿＿＿＿。

⑧ 恋爱及性心理：＿＿＿＿＿＿＿＿＿＿＿＿＿＿＿＿＿＿＿＿＿。

⑨ 压力管理与挫折应对：＿＿＿＿＿＿＿＿＿＿＿＿＿＿＿＿＿＿。

⑩ 生命教育与心理危机应对：＿＿＿＿＿＿＿＿＿＿＿＿＿＿＿＿。

⑪ 心理咨询：＿＿＿＿＿＿＿＿＿＿＿＿＿＿＿＿＿＿＿＿＿＿＿。

⑫ 精神障碍：＿＿＿＿＿＿＿＿＿＿＿＿＿＿＿＿＿＿＿＿＿＿＿。

（6）你对课程形式的期待：＿＿＿＿＿＿＿＿＿＿＿＿＿＿＿＿＿。

（7）你对教师的期待：＿＿＿＿＿＿＿＿＿＿＿＿＿＿＿＿＿＿＿。

（8）上述12个主题中你最感兴趣的5个主题是什么？（若课时不足32个，则可以设置本题，挑出学生最感兴趣的主题）

（9）除上述主题，你还关心哪些与心理健康相关的内容？

2. 课后收获与反馈调研

（1）如果满分是10分，你对本次课程设计的评分为：＿＿＿＿＿＿＿。

（2）如果满分是10分，你对本次教师表现的评分为：＿＿＿＿＿＿＿。

（3）你在本次课程中最喜欢或收获最大的环节或内容是？

（4）你觉得本次课程在哪些方面有待改善？如何改善更好？

（5）你觉得本次课程中教师做得最好的地方是？

（6）你觉得本次课程中教师可以改进的地方是？

（7）对于课程主题，你还有哪些困惑希望教师解答？

3. 结课反馈调研

（1）任课教师姓名：＿＿＿＿＿＿＿。（若对平行班同时施测则需设置本题）

（2）性别：＿＿＿＿＿＿＿。

（3）年级：＿＿＿＿＿＿＿。

（4）你觉得自己当前的心理健康水平（1分代表非常不健康，10分代表非常健康）：＿＿＿＿＿＿＿。

（5）在以下的每个主题中，你最大的收获是什么？

① 心理健康概述：＿＿＿＿＿＿＿＿＿＿＿＿＿＿＿＿＿＿＿＿＿。

② 自我意识：＿＿＿＿＿＿＿＿＿＿＿＿＿＿＿＿＿＿＿＿＿＿＿。

③ 人格发展：＿＿＿＿＿＿＿＿＿＿＿＿＿＿＿＿＿＿＿＿＿＿＿。

④ 学习心理：＿＿＿＿＿＿＿＿＿＿＿＿＿＿＿＿＿＿＿＿＿＿＿。

⑤ 生涯规划: _____。

⑥ 情绪管理: _____。

⑦ 人际关系: _____。

⑧ 恋爱及性心理: _____。

⑨ 压力管理与挫折应对: _____。

⑩ 生命教育与心理危机应对: _____。

⑪ 心理咨询: _____。

⑫ 精神障碍: _____。

（6）上述12个主题中，你觉得收获最大的是5个主题是什么？

（7）你对本课程的总体满意程度：

非常不满意									非常满意
1	2	3	4	5	6	7	8	9	10

（8）你对课程内容的具体评价：

课程内容	完全不符合	不太符合	一般符合	符合	非常符合
课程适合我的个人发展需要	1□	2□	3□	4□	5□
课程内容深度适中、易于理解	1□	2□	3□	4□	5□
课程时间安排合理	1□	2□	3□	4□	5□
课程内容切合实际、便于应用	1□	2□	3□	4□	5□

（9）你对任课教师的总体满意程度：

非常不满意									非常满意
1	2	3	4	5	6	7	8	9	10

（10）你对教师教学的具体评价：

教师	完全不符合	不太符合	一般符合	符合	非常符合
教师的精力充沛	1□	2□	3□	4□	5□
教师有充分的准备	1□	2□	3□	4□	5□
教师表达清楚、态度友善	1□	2□	3□	4□	5□
教师对教学内容有独特精辟的见解	1□	2□	3□	4□	5□
教师对课堂气氛的把握	1□	2□	3□	4□	5□
教师授课方式生动多样、鼓励参与	1□	2□	3□	4□	5□

（11）你对助教的总体满意程度：

非常不满意									非常满意
1	2	3	4	5	6	7	8	9	10

（12）你对教师及助教有哪些建议？

（13）请简单写下你的课程感悟（对老师、同学、助教或课程内容均可）。

五

服务学生课程准备的材料

1. 写给选课同学的一封信

为了更好地鼓励学生投入课堂，教师可以在正式上第一次课之前，给全班同学发一封信，进行初步的自我介绍、课程介绍、考核介绍，以下是具体示例。示例是以选修课为基础给出的，如果本课程为必修课，则需要做相应的调整。

写给选课同学的一封信

亲爱的同学：

欢迎你来到大学生心理健康教育的课堂！不知道当你得知在大学要学习这样一门课时，有着怎样的感受，也不知道你期待在这里学到什么。老师猜，课程名称中的"心理"二字对你一定会有吸引力吧，也许你已经从学长学姐那里打听过了怎样在这门课上获得较高的分数。但你也许没想到会在这里遇到怎样的老师，也不确定在这里学到的东西对自己是否真的有益。

大学生心理健康教育课程在我们学校已经开设了__年，课程内容紧贴大学生生活实际，课程以小组的方式进行组织，课上会有丰富多彩的活动，能给你留下深刻的印象。老师希望通过课程教学，帮助大家了解心理学的有关理论与基本概念，在大学生容易出现困惑的几个主题上，提升自我觉察能力，增加自我探索，掌握自我调适的基本方法，培养自我认知能力、人际沟通能力、自我调节能力，成为一个更了解自己、人际更和谐、人格更统整、做事更有效率、生活更幸福的人。

老师讲授这门课程已经有__年的时间，这__年的时间里，老师花了非常多的时间和精力来准备这门课程，不断地提升课程的品质。老师非常希望你能做到：

理解并认同课程的目标，珍惜学习机会；

愿意和老师、同学共同建构这个课堂，为打造学习共同体贡献你的力量；

愿意投入课堂的学习，并努力完成课程作业，把课程所学转化为生活中促进成长的工具。

这门课程的主要目标是帮助大家实现自我成长。这样的成长将通过听讲、阅读、参与活动、分享与对话等环节逐渐实现。因此，在课堂上参与教学的，不仅有我、有助教老师，还有选修这门课程的你。没有每个同学的投入，我们就无法创造出一个富有生机的课堂，一个充实饱满的学习过程。

所以，这门课的学习，既需要你打开自己的感官，也需要你打开自己的心灵；既需要你聆听别人的感受，也需要你乐于分享；既需要你全心投入，也需要你沉静思考。在这门课上，老师会尽力营造一个接纳、包容的氛围，在课堂教学与讨论中，通常没有标准答案或正确答案，只有不同的视角。也希望你在分享时，可以更多地让我

们理解你的视角，以便更好地理解你。

　　如果在学习中，有活动触发了你的特别的情绪，你可以大胆地告诉老师，为自己争得暂停、不分享、不表达的机会。如果有任何的困难需要老师给予更多的帮助，你可以通过邮件（××@××.××）告诉老师，或者直接与老师或者助教老师联系以寻求支持。

授课教师：＿＿＿＿＿

＿＿＿年＿＿＿月＿＿＿日

2. 课前自我介绍准备通知

　　学生之间良好的互动是保证课堂效果的重要基础，为了更好地促进学生对彼此的了解，教师可以通过在课前、课间播放具有积极暗示效果的音乐，并循环展示学生的自我介绍作品PPT。所以，教师可以在正式开课前，向学生发布一个准备通知，让学生提前准备好自我介绍作品，以下为通知示例。

亲爱的同学们：

　　＿＿＿月＿＿＿日，我们将开始第一次大学生心理健康教育课的学习，为了让大家能够快速认识你，请每位同学在课前做一个自我介绍的海报。

　　海报请统一设置为A4纸大小，大家可以用PPT、Word、PS等软件制作，可以是照片、简历、画作。鼓励大家采用多种形式制作！唯一要求：不可以全部是文字。期待大家的创意作品！

　　自我介绍只有一个目标：让别人了解你。因此你可以选一些最希望别人了解你的特点来呈现。自我介绍的内容可以包括家乡、性格、喜好、崇拜对象、最难忘/开心/遗憾/有成就感的时刻等，其中必须要包括你希望从这门课中学到什么。为表诚意，老师会先将自己的自我介绍分享给大家！

　　请于＿＿＿月＿＿＿日＿＿＿点前制作完成并发至邮箱：＿＿＿＿＿＿＿＿＿＿。谢谢！

六

助教管理的经验与方法

　　心理健康教育课程教学是提升大学生心理素质的重要方式，聘任有志于从事心理健康教育工作的高素质研究生担任助教，有助于解决高校心理健康教育教学师资力量不足与大学生心理素质提升的需求较大之间的矛盾，更好地满足学生心理成长的个性化需求。北京师范大学不断尝试完善课程建设体系的过程中，也逐步形成了一套比较稳定、高效的助教管理机制，在本书中也一并做出分享，供学校课程建设参考。

（一）组建高素质的助教团队的具体举措

1. 严把招募门槛，考察内部动机，关注自我成长

助教的自身心理素质高，才能更好地保障课程达到提升学生心理素质的目标。教师应主要招募真正对心理健康教育感兴趣，愿意在担任助教的过程当中，不断实现自身成长的研究生。每学期初，有意愿的研究生可通过咨询中心的官方网站、微信公众号、校园论坛等途径查看招募通知并报名，辅以往期助教推荐和授课教师推荐等方式进行报名。教师应通过面试，核对报名动机与期待，筛选出主动性和责任心强、有助人意愿、善于沟通协调、人格成长较为完善、承诺参与助教团常规活动的研究生，与因往年表现优秀而留任的助教一起组成助教团。助教团成员以心理学、教育学专业的研究生为主，其他专业有助人和教学意愿的研究生为辅，以打造出多元化、多视角的助教团队。

2. 树立责任意识，拆解课程环节，明确岗位职责

首先，助教是"学习"者，通过全程旁听上课，观摩学习过程，了解教师讲的内容、现场学生反应，学习教学经验，提高自身的教学水平；其次，助教是学生和教师之间沟通的桥梁，在配合教师传达教学思想的同时，能将学生的问题和意见反馈给教师，促进教学质量的提升；再次，通过承担批改作业、课外辅导、完善课件、线上平台管理等工作，助教可以更好地发挥自身的作用，甚至在教学研究方面可以与教师合作开展研究。

在北京师范大学，为更好地服务于"心教练"团队的教学和研修工作，同时吸纳更多优秀的学生进入队伍，研究生助教团中包含的岗位比较多元，如课程管理类、教学科研类、物资筹备类与宣传服务类，其具体职责如下图所示。正式上岗前，助教需接受岗前培训，充分了解助教团的工作机制及责任分工，鼓励他们将职责与自身的兴趣和发展规划结合起来，更好地树立责任意识。

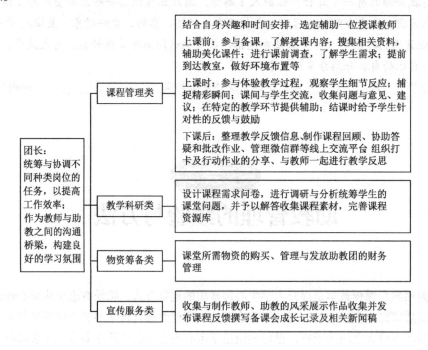

3．组织集体备课，提供专题培训，提升业务水平

因为职责的特殊性，助教需要经过一系列专业的培训方能更好地发挥职责。学校为助教安排了4个层次的培训，以全方面提升助教的业务水平。

第一，朋辈互助培训。团长及经验丰富的助教在岗前基于以往助教团总结出的课堂调研方法、课堂活动组织与观察方法、多媒体软件应用方法等为新入团的助教进行基本培训，保证助教团成员可以完成基本的岗位任务。

第二，集体说课备课。每周集体备课会上都有"心教练"教师进行与授课主题相关的说课和试讲，由经验丰富的授课教师和助教共同给予反馈与建议。接受培训的助教需反馈教师的积极方面，同时将备课过程中发现的问题和困惑提出来，集体共同讨论和回应。备课会能够帮助助教充分了解课堂教学意图与环节设置，促进每个主题教学目标的实现，也能帮助助教积累丰富而专业的课堂管理经验。

第三，短期专题培训体验。学校会定期邀请专家在备课会上进行与心理健康教育教学相关的主题培训。例如视频教学、舞动治疗、萨蒂尔雕塑、绘画心理治疗、教练技术等心理咨询技巧在课程中的应用等。学校也会定期开展情绪管理、冥想、催眠、团队建设等方面的活动，以帮助授课教师和助教掌握更多的授课技能，同时实现自我成长。

第四，教学总结会及工作坊。每学期学校会组织心理健康教育课程总结会，邀请授课教师及助教对某个教学方法或教学改革的实验点进行分享。学校也会选送助教参与学校举办的教学方法工作坊，进一步提升助教的教学能力。同时，助教借由对备课会、总结会的筹备和组织，可提升自己的事务管理能力、团队协作能力及团队归属感。

4．尊重个人期待，注重激励措施，保证精力投入

研究生的学业、科研压力大，为保证助教团成员在课程教学中的精力投入，学校需采用丰富的、具有针对性的激励方式。为此，在面试和培训过程中，团长会收集助教团成员的应聘原因和具体期待，通常包含以下方面：获得经济补助、学习心理学理论知识、学习授课及团体辅导技巧、锻炼行政管理等实践能力、获得价值感或荣誉、增加实践经历为将来就业做准备等。

针对助教的期待，学校及助教团会给予不同层面的支持。例如在物质层面，除了学校提供的助教补助之外，助教团会每月核定每位助教的工作量，给予对应的资金奖励，在学期末也会对优秀助教进行一次性的奖励。在知识学习和能力培养的层面，有的教师在授课过程中，会给予助教带领学生进行课前回顾、热身活动、课程总结等环节的机会，更直接地提供锻炼机会。在其他层面，助教通过考核，确认具体岗位职责之后，相关部门即会颁发聘用证书，同时在网站、微信公众号上进行风采展示及宣传，提升助教的荣誉感和归属感。所有教师的课程材料经整理均会分享给助教团，这是最具激励性的材料之一。

此外，重视助教考核工作，本身也有激励的作用。助教考核工作采用自评与他评相结合的方式进行。助教需撰写学期工作总结，呈现自己的工作内容，助教考评组首先通过具体核对助教工作职责的完成程度和过程性材料进行评价；其次，通过收集学生反馈、教师评价与助教互评等他评形式的材料，了解助教的综合表现，最终根据得分高低评选优秀助教，颁发证书，发放奖金。

（二）助教团在心理健康教育中的作用与成效

助教团在辅助"心教练"团队授课的过程当中，实现了教师、助教、学生三赢的局面。在

以下方面发挥了重要的作用，取得了良好的效果。

第一，有效缓解了教师的备课、答疑和课程管理的压力。教师普遍反馈，有助教参与之后，可以把精力更多地放在课程设计上，也更有动力去实现需要投入较多精力的教学计划。

第二，更好地满足了学生的成长需求，能够给学生提供更多的反馈与指导。助教在课上的分享，对于学生有较好的启发作用；助教在上课过程中能对学生给予更精细化的关注，在微信群里可以结合学生的课上表现和作业质量给出针对性的反馈；每次课前回顾中，学生得以从照片、视频中以不同视角发现自己的成长与变化；学生普遍认可助教的工作，反馈良好，有的学生甚至在日常生活中遇到难题时，也愿意向助教请教。

第三，增强了师生间的交流。教师布置的实践作业，可由助教在微信群中督促完成，提升作业完成率。教师的意见建议经由助教提出，有时也更容易被学生接受；关于课堂的意见建议也能够更畅通地得以收集和反馈，有助于进一步提升教学效果。

第四，助教本身获得了心理成长。培训体系的设置不仅有效地提升了助教的业务水平，让助教深入地参与心理健康教育课程的过程，也进一步提升了助教的心理素质。助教有了更多的自我觉察与成长，并把这份成长带到课堂当中，通过组织学生积极参与课堂活动，锻炼了自己的课堂组织能力。

第五，助力学校人才培养，为其他学校输送优秀的心理健康教育教师。系统接受培训并积极参与实践的助教，通常具备基本的授课技能。学校会积极推荐他们参加相关的实践活动，如组织学生沙龙，为中小学或企业提供简单的心理讲座等。一些之前尚未确定职业规划的学生，在担任助教的过程中，找到了教学工作的价值和意义。"心教练"研究生助教团培养出来的许多优秀助教，都已经在各地的大中小学承担心理健康教育工作，把在团队中学到的教学理念、知识和技能更广泛地传播出去。

附1：跟课助教个人评价表

1. 你的姓名：_____。

2. 你每周花在助教相关工作上的时间，包括备课、跟课、物资准备及整理等：_____（小时）。

3. 请你对本学期个人助教工作的完成情况进行评分（1~10分，评分越高代表你在该项目上表现得越好）。

项目	非常不满意									非常满意
	1	2	3	4	5	6	7	8	9	10
随堂听课的出勤率高，专注于课堂										
有效反馈学生的问题，辅助答疑										
课堂资料准备充分，并传达给学生										
准确记录学生的课堂出勤情况										
能够对课程内容设计提出建议										

续表

项目	非常不满意									非常满意
	1	2	3	4	5	6	7	8	9	10
协助组织好课堂活动与讨论										
提前到达教室进行课前准备										
综合评价										

4．你想对你的跟课老师说些什么？（此内容将呈现在教师总结会中）

5．你对中心的助教管理工作有哪些建议或期待？

附2：跟课助教教师评价表

1．您的助教的姓名：_____。

2．您觉得您的助教每周花在助教相关工作上的时间，包括备课、跟课、物资准备及整理等：_____（小时）。

3．请您对本学期助教的工作情况进行评分（1～10分，评分越高代表您的助教在该项目上表现得越好）。

项目	非常不满意									非常满意
	1	2	3	4	5	6	7	8	9	10
随堂听课的出勤率高，专注于课堂										
有效反馈学生的问题，辅助答疑										
课堂资料准备充分，并传达给学生										
准确记录学生的课堂出勤情况										

续表

| 项目 | 非常不满意 | | | | | | | | | 非常满意 |
	1	2	3	4	5	6	7	8	9	10
能够对课程内容设计提出建议										
协助组织好课堂活动与讨论										
提前到达教室进行课前准备										
综合评价										

4. 您想对助教说些什么？（此内容将呈现在助教总结会中）

5. 您对中心的助教管理工作有哪些建议或期待？

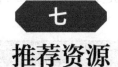

七

推荐资源

教材中每章的结尾都有两本推荐书籍，比如《蛤蟆先生去看心理医生》《追寻生命的意义》《人人都该懂的脑科学》《我有一只叫抑郁症的黑狗》等，这里不再一一罗列，教师可根据自身需求参看教材中的推荐书籍，除此之外我们推荐教师参考以下资源。

1. 书籍。《辅导员团体辅导工作技能》，樊富珉、何瑾、贾烜著，高等教育出版社，2021年7月出版。

推荐理由：因为我们的教学组织形式多采用小组方式进行，所以强烈建议非心理专业的教师及没有受过团体辅导训练的教师阅读本书；本书从理论和实践的角度通俗易懂地呈现了团体辅导的工作原理及方法，可以帮助有需要的教师了解和掌握团体辅导的相关知识和方法，并将这些方法应用于课堂的小组教学中。

2．高校心理健康宣传类微信公众号：雪绒花心理、清华小清心。

推荐理由：这是北京师范大学心理健康教育与咨询中心和清华大学学生心理发展指导中心创立的微信公众号，其中有各类大学生心理健康知识的科普文章。

3．精神健康类微信公众号：精神卫生686（快手账号名称为"中国CDC精神卫生中心"）、上海精神卫生飘扬的"绿丝带"。

推荐理由：这是北京大学第六医院和上海市精神卫生中心的科普宣传微信公众号，其中有关于精神障碍的疾病科普视频、关于心理调适的视频和其他相关信息。比如精神卫生686微信公众号的"疾病动画系列"，将常见精神障碍的科普知识制作成动画，以帮助大众了解相关的知识。